Michael Wood

BABYLONS VERMÄCHTNIS

Auf der Suche nach den Ursprüngen unserer Kultur

Aus dem Englischen von
Sieglinde Denzel und Susanne Naumann

KNESEBECK

Für Rebecca und Jyoti

Titel der Originalausgabe
Legacy. A Search for the Origins of Civilisation.

Die Deutsche Bibliothek – CIP-Einheitsaufnahme
Babylons Vermächtnis : auf der Suche nach den Ursprüngen
unserer Kultur / Michael Wood. Aus dem Engl. von Sieglinde Denzel und
Susanne Naumann. – Dt. Erstausg. – München : Knesebeck, 1997
Einheitssacht.: Legacy <dt.>
ISBN 3-89660-002-8
NE: Wood, Michael; Denzel, Sieglinde [Übers.]; EST

Deutsche Erstausgabe

Herstellung: Heidi Kitz, München
Satz: Satz & Repro Grieb, München
Umschlag: Zembsch' Werkstatt, München

First published 1992 by Network Books, an imprint of BBC Books,
a division of BBC Enterprises Limited, Woodland, 80 Wood Lane, London W12 0TT
Printed in Great Britain

Frontispiz: *Jahangir, der Moghul-Kaiser von Indien, zieht einen Sufi-Heiligen den Herrschern der Welt vor. In der linken unteren Ecke des Bildes blickt ein Europäer in elisabethanischem Gewand dem Betrachter kühl ins Auge, als wolle er sagen, er warte nur darauf, daß seine Zeit kommt.*

INHALT

VORWORT

DIESES BUCH HANDELT von den ersten und ältesten Zivilisationen der Welt und von dem Vermächtnis, das sie uns hinterlassen haben. Dabei geht es eigentlich um unsere Welt heute, die ihren Ausgangspunkt in jener Revolution vor fünftausend Jahren im Fruchtbaren Halbmond hatte, als die Menschen anfingen, in Städten zu leben. Die ersten Stadtkulturen bildeten sich unabhängig voneinander im Irak, in Ägypten, Indien, China und in Amerika. Sie prägen noch heute unser Leben.

Das Buch basiert auf einer Filmreihe, die Anfang der neunziger Jahre entstand, geht jedoch auf eine weit ältere Begeisterung für das Thema zurück. Schon als Zwölfjähriger war ich gefesselt von William Loftus' packendem Bericht über seine Reise zu dem rätselhaften Warka. Auch Sir Mortimer Wheelers faszinierende Prosa über das Geheimnis der Indus-Kultur begeisterte mich. Später, im Studium und danach, beschäftigte ich mich zwar hauptsächlich mit dem England der Angelsachsen. Aber Peter Brown schaffte es, mich und eine ganze Generation von Studenten in Oxford für den Reichtum der nahöstlichen Kultur und für die historische Tragweite, die der Verwandlung der alten Welt durch den Islam zukam, zu begeistern. Er öffnete uns auch die Augen für die Traditionen der Manichäer und der Gnostiker (einschließlich der großen Strömung islamischer Gnosis).

Meine Forschungen und schriftstellerischen Arbeiten konzentrierten sich lange Zeit auf das England des 10. Jahrhunderts, und der Horizont meines Denkens reichte allenfalls bis nach Griechenland und Anatolien, wenn nicht sogar nur bis Rom. Erst in den vergangenen fünfzehn Jahren begann ich, um die ganze Welt zu reisen, um Filme zu machen. Diese Erfahrungen haben meinen Blick für die Relativität der westlichen Geschichte geschärft. Wenn man in China durch das alte jüdische Viertel von Kaifeng gestreift ist (während vom Gelben Meer ein Taifun heraufzieht), durch die Gassen einer Stadt, die im 10. Jahrhundert weltweit führend war in der Industrie, in der Wissenschaft und im Buchdruck; wenn man gehört hat, wie im riesigen Tempel von Tschidambaram in Südindien vor einem großen und begeisterten Festpublikum tamilische Hymnen aus dem 6., 10. und 11. Jahrhundert erklangen; wenn man dem »Acht Affe«-Fest in Momostenango im Hochland von Guatemala beigewohnt hat, bei dem neue Maya-Schamanen geweiht werden, die sich noch an ihren vorchristlichen Kalender halten – dann erst wird Geschichte lebendig. An einem solchen Abend in Kaifeng z. B. spürt man etwas vom Reichtum und der Vielschichtigkeit von Chinas Geschichte, einer Komplexität, die der des Westens in nichts nachsteht.

Nicht weniger spannend und aufschlußreich waren meine Besuche in Bagdad am Vorabend des Golfkriegs. Es gibt heute nur noch ganz wenige sichtbare Überreste aus dem Bagdad des 10. Jahrhunderts, als hier eine erstaunlich pluralistische Kultur blühte. Doch in den Gesprächen mit irakischen Gelehrten und Freunden im Irak selbst und im Exil wurde mir immer wieder bewußt, wie sehr die großartigen Zeugnisse der Literatur und Philosophie jener Zeit in der gebildeten arabischen Welt noch heute Allgemeingut sind, weit stärker, als wir es im Westen von unserem eigenen kulturellen Erbe sagen können. Meine Angelsachsen aus dem 10. Jahrhundert erschienen daneben auf einmal in einem ganz anderen Licht, sie wurden weniger wichtig. Damit sollen ihre Leistungen keineswegs geschmälert werden, im Gegenteil, die gebildeten Männer und Frauen des Mittelalters (und viele Schriftsteller und Künstler *waren* damals Frauen) waren vielleicht keine überragenden Genies, doch sie versuchten, aus dem Strandgut der Geschichte zusammenzutragen, »was den Menschen zu wissen am nötigsten war«. Und darin liegt ein ganz eigenes Heldentum, wie der verstorbene Arnaldo Momigliano erkannte, der kurz nach den Schrecken des Zweiten Weltkriegs schrieb: »Wir, die Angehörigen der eisernen Rasse, haben gelernt, die Bescheideneren unter uns zu schätzen – Menschen, die versuchten zu retten, was zu retten war, und die sich für die Aufgabe der elementaren Bildung nicht zu schade waren, als elementare Bildung nottat.« Auch wir leben in einer solchen Zeit, denn trotz all unserer glänzenden Technologie steht mittlerweile das Schicksal unserer eigenen »großen Tradition« auf dem Spiel.

Auch wenn ferne Horizonte locken, ist es doch selbst für den Spezialisten schwer, angesichts der schieren Quantität des Quellenmaterials den Überblick zu behalten. In islamischen Bibliotheken sind wohl allein sechshunderttausend mittelalterliche Manuskripte erhalten. Dagegen nimmt sich E. A. Lowes großer Katalog erhalten gebliebener lateinischer Schriften, die in Europa vor 800 n. Chr. geschrieben wurden, mit etwa zweitausend Titeln eher dürftig aus. Aus dem darauffolgenden Jahrhundert sind schätzungsweise siebentausend weitere Manuskripte auf uns gekommen, nach 900 n. Chr. waren es noch mehr. Dennoch weist schon die inhaltliche Vielfalt des Textmaterials der reichen Produktivität der nahöstlichen Tradition eindeutig eine Vorrangstellung zu (dort gab es natürlich billiges Papier, seit diese chinesische Erfindung Mitte des 8. Jahrhunderts den Nahen Osten erobert hatte). Was China selbst angeht, so werden in einem neueren Katalog der Werke, die im 10. Jahrhundert auf Sung-Pressen hauptsächlich in Kaifeng gedruckt wurden, über zehntausend Titel genannt. Nicht weniger gewaltig ist die Bandbreite der behandelten Themen.

Aus dieser Sicht scheint die teleologische Betrachtungsweise so vieler historischer Werke des Westens besonders fehl am Platz. Die Annahme, der Weg der Menschheit müsse unausweichlich von Griechenland über Rom, über Renaissance und Aufklärung führen und im »Triumphs des Westens« gipfeln, in dessen »neuer Ordnung« (die als »Ziel der Geschichte« gefeiert wird), kann wohl schon im Hinblick auf unsere eigene Vergangenheit kaum als Beleg für eine methodisch befriedigende Form der Geschichtsbetrachtung gewertet werden, ganz zu schweigen von der Geschichte der Menschheit. Wenn das kommende Jahrhundert weniger Katastrophen bringen soll als das jetzige, weniger Zerstörung für die Natur und den menschlichen Geist, weniger entmutigende Erfahrungen für die »kleinen Leute« auf dieser Welt, dann muß unser gemeinsames Erbe unbedingt in die Lehrpläne aufgenommen werden. Genau hier setzt der vorliegende Versuch an, Geschichte mit offeneren Augen und vor einem weiteren Horizont zu betrachten, der Versuch eines Nicht-Spezialisten, der das Privileg hatte, einige Zeit in all diesen fremden Kulturen zu leben und ein Eckchen ihres geistigen und physikalischen Universums zu bewohnen.

Im Text taucht neben dem Begriff »Kultur« immer wieder der der »Zivilisation« auf – ein heutzutage alles andere als unbelasteter Begriff, dem rasch der üble Beigeschmack rassischer und kultureller Überheblichkeit anhaftet, wenn zum Beispiel westliche Politiker von der »zivilisierten Welt« sprechen und dabei die liberale, demokratische Kultur ihrer eigenen Länder meinen. Die Definition von »Zivilisation«, wie sie von Anthropologen und Archäologen verwendet wird, ist daneben eher simpel. Hier bedeutet »Zivilisation« einfach ganz wörtlich »Leben in den Städten«. In diesem Sinne ist im vorliegenden Buch vom »Aufstieg der Zivilisaton« oder von den »ersten Zivilisationen« die Rede. Wie wir sehen werden, unterschieden sich die ersten Zivilisationen der Welt radikal in ihrem ethisch-moralischen und spirituell-religiösen Charakter. In ihrem äußeren Erscheinungsbild dagegen zeigten sich immer wieder dieselben Grundmerkmale: Städte, Bronzebearbeitung, Schrift, kolossale Zeremonialbauten, Tempel, monumentale Kunst, Hierarchie und Schichttrennung, durchgehend sanktioniert durch irgendeine Form von Gesetz und zusammengehalten von einer straff durchorganisierten Militärgewalt. Von den sechs ältesten Zivilisationen – im Irak, in Ägypten, Indien, China, Mittelamerika und Peru – entwickelte lediglich die letzte, auf die in diesem Buch nicht detailliert eingegangen wird, nicht alle diese Merkmale (wobei sicherlich am bemerkenswertesten ist, daß die alten Peruaner keine Schrift kannten). Hinter diesen äußeren Parallelen stehen jedoch ganz unterschiedliche Auffassungen darüber, was Zivilisation im Hinblick auf das eigentliche Ziel organisierten menschlichen Lebens auf Erden überhaupt ist – in moralischer, geistiger, politischer und religiöser Hinsicht. Von daher werden wir unsere Definition wahrscheinlich erweitern und modifizieren müssen, je weiter uns unsere Reise führt – wenn wir zum Beispiel entdecken, daß unsere Kernaussagen nicht mit der Realität übereinstimmen, wie sie die chinesischen Denker wahrnahmen.

Die Auswahl der in diesem Buch behandelten Zivilisationen ergab sich daraus, daß es mir um die Darstellung *unabhängig* sich entwickelnden urbanen Lebens ging. Aus diesem Grund wurden andere, nicht weniger faszinierende Kulturen wie etwa Japan, Kambodscha, Kreta oder Westafrika ausgeklammert, die nicht zu den ersten Stadtkulturen gerechnet werden. Nur wenn wir uns mit den echten Uranfängen der Zivilisation befassen und uns bemühen, dem langen, kontinuierlichen Einfluß jener ersten Zivilisationen nachzugehen, können wir hoffen, das universell Gültige in unserer eigenen Geschichte und Geschichtserfahrung aufzuspüren und von bloßer westlicher Idiosynkrasie zu trennen. Einige der grundlegenden Glaubenssätze des modernen Westens, zum Beispiel der auf Besitz ausgerichtete Individualismus, das nutzenorientierte Wissenschaftsverständnis und die Philosophie des freien Marktes sollten vielleicht einmal unter diesem Aspekt betrachtet und nicht länger als universalistisches Inventar gehandelt werden. Auch unsere westliche Einstellung zu Natur und Umwelt erhält eine neue Dimension, wenn man sie mit der Sichtweise traditioneller östlicher Zivilisationen konfrontiert. In der Tat lassen sich viele der Fragen zu Freiheit, Gleichheit und Naturverständnis, mit denen wir uns heute auseinandersetzen, bis zu jener urbanen Revolution im Bronzezeitalter zurückverfolgen, in deren Schatten wir nach wie vor leben.

ERSTES KAPITEL

IRAK

Die Wiege der Kultur

IM WINTER 1849 führte ein junger Engländer, William Loftus, eine kleine Reisegesellschaft zu Pferd von Bagdad aus in die Tiefebene des südlichen Irak. Einst berühmt als das alte Chaldäa oder Babylonien, war das Land nun eine weite Einöde, unterbrochen von Sümpfen und nur noch von halbnomadischen Stämmen oder Beduinen bewohnt, die sich während der langen Periode türkischer Herrschaft im Irak als unregierbar erwiesen hatten. Die erste Etappe von Loftus' Reise führte die palmengesäumten Ufer des Euphrat hinab. Dort lebten in verfallenden Lehmziegel-Städten uralte Gemeinden von Juden und mandäischen Täufern friedlich Seite an Seite mit ihren moslemischen Brüdern, die noch immer einige der alten Bräuche Babyloniens bewahrten. Nicht ohne Zagen drang Loftus in die heiligen Städte der schiitischen Moslems vor und war tief beeindruckt von ihren fremdartigen und bedrohlich anmutenden Ritualen. Die düstere Pracht ihrer Heiligtümer und ihre archaischen Begräbnisriten schienen ihm in eine Vergangenheit zurückzureichen, die weit älter war als der Islam. Er begegnete Gemeinden nestorianischer Christen, deren Vorfahren in den ersten Tagen der Christenheit in den Irak gekommen waren und deren Glaube und Gottesdienstpraxis Welten von der römischen und der orthodoxen Kirche des Mittelmeerraumes entfernt waren. Allerorten stieß er auf Spuren einer jahrtausendealten Kontinuität. Hier, im Lande Abrahams, hatten die drei monotheistischen Weltreligionen – Judentum, Christentum und Islam – ihren Ausgang genommen. Für den gebildeten christlichen Europäer des 19. Jahrhunderts, der fasziniert war von den Anfängen der eigenen, mittlerweile weltweit auf dem Vormarsch begriffenen Kultur, verkörperte dieses Fleckchen Erde sein Ur-Erbe, älter noch als das Vermächtnis des klassischen Griechenland. »Von Kindesbeinen an lernen wir, daß hier die Wiege der Menschheit stand«, schrieb Loftus. Hier war der Garten Eden, hier ragte der Turm zu Babel in den Himmel, hier hatte Noachs Arche die Sintflut überdauert, und hier waren nach dem Bericht des Buches Genesis aus Lehmziegeln die ersten Städte gebaut worden – »im Lande Schinar«, offenbar eine Entstellung von S(ch)umer, der alten Bezeichnung für den südlichen Irak. Der Verfasser der Genesis nannte sogar einige jener Städte mit Namen: Babylon, Akkad und Erech.

Jetzt waren weite Gebiete des südlichsten Teils der Ebene von Sümpfen bedeckt, und außerhalb der Trockenzeit war das Mutterland der antiken Zivilisation nur mit dem Boot erreichbar. Seine Bewohner waren die geheimnisvollen Madan, die Marschland-Araber, die auf künstlichen Inseln eine halbamphibische Existenz führten, vom Fischfang lebten und von ihren verpichten Booten aus die Schilfgründe bestellten. Unter ihrer Führung überquerte Loftus »einen toten See mit salzverkrusteten Ufern«. Überall sah er aufgeworfene Erdwälle, Überreste alter Siedlungen. Er war nicht der erste Europäer, der hier-

Die Ruine der Zikkurat von Borsippa bei Babylon. Die ersten westlichen Reisenden, die in den Irak kamen, sahen in ihr ein Abbild der biblischen Geschichte von dem Turm, der bis in den Himmel ragte. Ca. 1840.

her kam. Um 1750 hatte der Deutsche Karsten Niebuhr eine Zeitlang bei den Marsch-Arabern gelebt, und J. Baillie Fraser hatte in den zwanziger Jahren des 19. Jahrhunderts einige Orte im südlichen Tiefland besucht. Loftus aber wollte die alten Geschichten durch Ausgrabungen überprüfen. Sein Ziel war »die auffallendste und bedeutendste der Erderhebungen in Chaldäa«, ein Ort, den die Einheimischen *Warka* nannten.

»Ich kann mir nichts Geheimnisvolleres oder Beeindruckenderes vorstellen«, schrieb er später, »als den Anblick eines dieser riesigen chaldäischen Erdhügel, wie er sich in einsamer Größe aus den umgebenden Ebenen und Marschen erhebt; besonders im dunstigen Licht des frühen Morgens, wenn das Feenhafte des Eindrucks noch durch Luftspiegelungen verstärkt wird, wobei sich die Umrisse seltsam und phantastisch vergrößern und die ganze Erscheinung über dem Boden zu schweben und in der klaren Luft zu tanzen und zu flimmern scheint.«

Unter sengender Sonne, gepeitscht von »Sandtornados«, erreichte Loftus schließlich den Hügel von Warka. Er war überrascht, einen neun Kilometer langen Mauerkreis zu finden, verschüttet von riesigen Sanddünen, aber noch gut erhalten und stellenweise bis zu fünfzehn Meter hoch. In der Mitte des Kreises erhoben sich gigantische Pyramidenstümpfe aus zerfressenen Lehmziegeln, die einst Plattformen für die Tempel der Stadtgötter gebildet hatten. »Nie habe ich etwas Erschütternderes und Trostloseres gesehen«, notierte Loftus.

Er hatte die alte Stadt Uruk entdeckt, das biblische Erech aus dem Buch Genesis. In dem arabischen Wort *Warka* hatten die einheimischen Stämme die Erinnerung an den alten Namen bewahrt, auch wenn es die Stadt selbst seit über tausend Jahren nicht mehr gab. Die Trümmerschichten ehemaliger Besiedelungsperioden reichten stellenweise bis in dreißig Meter Tiefe. Loftus konnte nachweisen, daß der Ort tausend Jahre lang bewohnt gewesen war, bis hinein ins 1. Jahrtausend n. Chr., als Griechen, Parther und Sassaniden hier lebten und Spuren ihres Daseins in Form von Keramik, Münzen, Grabbeigaben und nicht zuletzt mit ihrer Schrift hinterließen. Was Loftus damals nicht wissen konnte – die erste Schrift der Welt, die Keilschrift, enstand hier, im südlichen Irak, vielleicht sogar in Uruk.

»Unzählige Fragen und Vermutungen gehen einem durch den Sinn«, schrieb Loftus, »wenn man an die Geschichte dieses Ortes denkt, an seine Anfänge, seinen allmählichen Aufstieg und seinen raschen Niedergang.« Noch heute, einhundertfünfzig Jahre später, sind diese Fragen nicht beantwortet, ja sie stellen sich sogar mit verstärkter Dringlichkeit in einer Zeit, in der wir modernen Menschen versuchen, die Ursprünge urbanen Lebens auf der Erde zu verstehen, denn Loftus hatte die erste wirkliche Stadt der Welt entdeckt: einen ausgedehnten, komplexen, lebendigen Organismus, der Jahrtausende überdauerte, bis er schließlich starb. Noch immer sind viele der wichtigsten Fragen im Blick auf jene revolutionäre Epoche in der Menschheitsgeschichte offen, in der das Geschick unseres Planeten eine völlig neue Wendung nahm, zum Guten wie zum Bösen.

DIE ANFÄNGE DER ZIVILISATION

»DAS LAND«, wie die Sumerer es nannten, ist ein flacher Streifen Schwemmland, der sich in etwa vierhundertfünfzig Kilometer Länge erstreckt und nirgends breiter ist als zweihundertzwanzig Kilometer. Es entstand aus dem angeschwemmten Schlamm von Euphrat und Tigris, den beiden Strömen, die durch die Tiefebene fließen – daher sein griechischer Name *Mesopotamien*, »Land zwischen den Flüssen«. In den Bergen Armeniens entspringend, ist der Tigris der mächtigere, schnellere und unberechenbarere der beiden Ströme, gefährlicher auch in seinen Überschwemmungen. Allein in den letzten hundert Jahren hat er mehrfach seine Dämme gesprengt und Bagdad überflutet. Der Euphrat ist sanfter und weniger reißend – das ist vielleicht einer der Gründe dafür, daß die meisten der ersten Städte an seinem Lauf lagen. Die beiden Flüsse bildeten den Lebensraum für eine über hundertfünfzig Generationen hinweg aufgebaute Zivilisation – breite braune Arterien, die den lebenspendenden Schlamm mitführten und die im Sommer vor Hitze flirrende, braun verbrannte Ebene mit Wasser versorgten. Ohne Bewässerung ist Ackerbau in einer solchen Landschaft unmöglich, und die Bewässerungssysteme, die notwendig waren, um große Stadtpopulationen zu ernähren, konnten nur im Rahmen groß angelegter Gemeinschaftsprojekte realisiert werden. Dazu besaß die Ebene wenig andere natürliche Ressourcen; es gab kaum Stein, kein Holz und keine Edelmetalle. Abgesehen von Schilf und Palmen boten sich Lehmziegel als einziges Baumaterial an, ein Material, dessen sich die damaligen Baumeister in genialer Weise bedienten, als sie

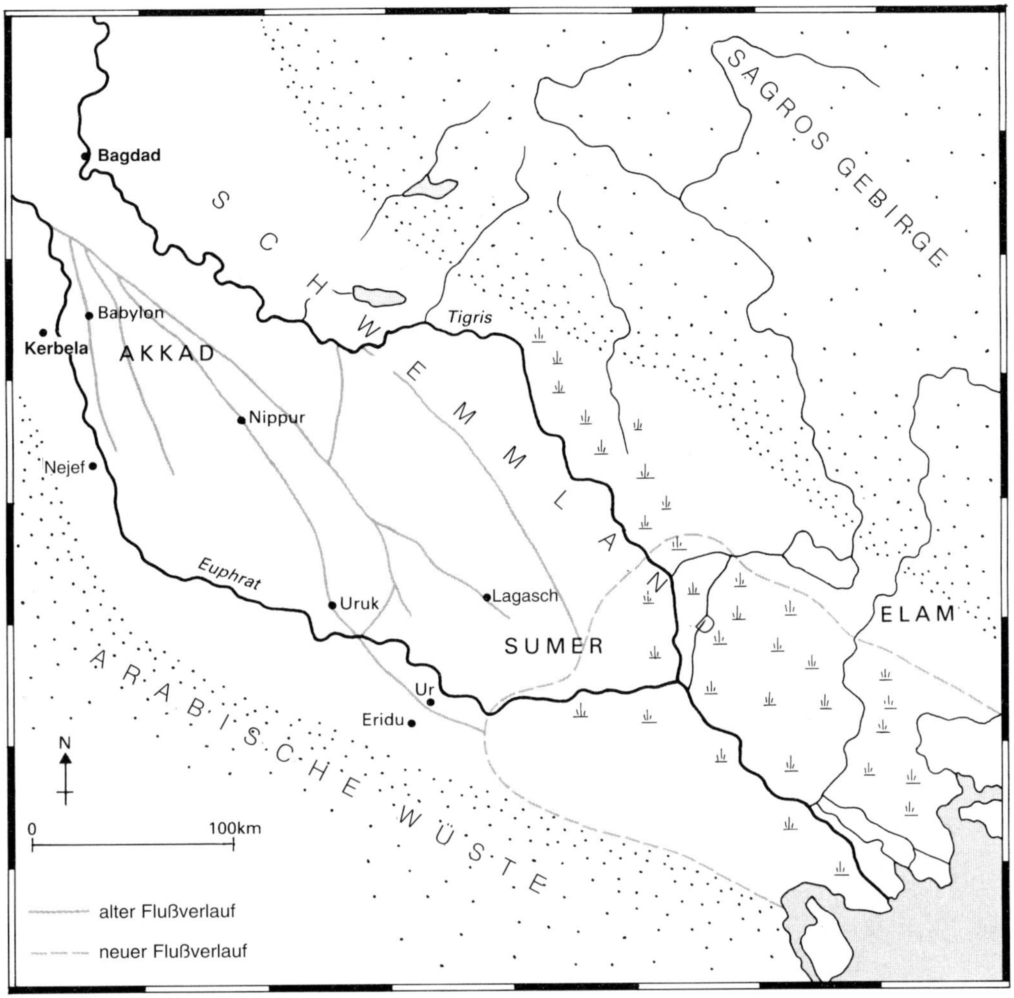

Karte des Südirak mit den alten Verläufen von Tigris und Euphrat. Sumer erstreckte sich von Nippur bis ans Meer und südwestlich bis nach Ur und Eridu. Keine der alten Städte ist heute noch bewohnt.

das Kuppelgewölbe erfanden und einige der größten und eindrucksvollsten Ziegelbauten der Welt errichteten.

Die Schaffung einer künstlichen Landschaft in den südlichen Ebenen, mit ausgeklügelten Bewässerungssystemen, die für die Versorgung der Stadtbevölkerung notwendig waren, machte die sumerische Kultur besonders anfällig für Angriffe von außen. Das war denn auch einer der entscheidenden Faktoren in ihrer Geschichte überhaupt. Ohne natürliche Grenzen bot Mesopotamien ein leichtes Ziel für die Eroberungsgelüste seiner Nachbarvölker, die Elamiter zum Beispiel und später die Perser, die alten Feinde aus dem Sagrosgebirge, das den Irak im Osten flankiert und ein rauhes, schroffes Plateau bildet; eine karge, unfruchtbare Landschaft, die sich bis nach Afghanistan und

Ktesiphon, südlich von Bagdad. Zu den Überresten des einstigen sassanidischen persischen Palastes (6. Jahrhundert n. Chr.) gehört das größte freitragende Ziegelgewölbe der Welt.

an den Indus erstreckt. Bergbewohner gegen Leute aus dem Flachland, Nomaden gegen seßhafte Bauern – die beiden ältesten Konfliktfronten in der Geschichte der Menschheit.

Nach Westen und Süden hin lebten die Wüstenvölker, »Leute, die niemals eine Stadt gesehen haben«, wie die Sumerer sie gerne abschätzig nannten. Auch sie unternahmen in regelmäßigen Abständen Raubzüge gegen die reichen Städte. Das war die ständig gefährdete Balance der irakischen Geschichte, um die sich ein jahrtausendealtes Drama rankt, dessen einzelne Akte wir noch heute auf unseren Fernsehbildschirmen miterleben. Die Wüstennomaden mögen heute keine ernstzunehmende Gefahr mehr darstellen, doch die seßhafte Bevölkerung des »Landes zwischen den Flüssen« liegt noch immer mit dem traditionellen Gegner in Persien im Kampf, und die Bergbewohner im Norden, die Kurden, ziehen sich noch heute nach ihren Scharmützeln mit den Despoten in Bagdad in ihre kahlen, unwirtlichen Berge zurück.

Landschaft und Klima geben das Grundmuster vor, das die Geschichte der Region geprägt hat. Hier haben Menschen Kulturen geschaffen, die Aufstieg, Blüte und Untergang sahen, und ganz zweifellos waren die landschaftlichen und klimatischen Bedingungen auch entscheidende Determinanten bei der Entstehung der Zivilisation. Alle vier großen Zivilisationen der Alten Welt entstanden an Flüssen. Alle lagen sie in dem schmalen Gürtel um den dreißigsten Breitengrad, in der gemäßigten Zone der nördlichen

Hemisphäre: an Euphrat und Tigris, am Nil, am Indus und am Gelben Fluß. In ihrem Charakter ganz unterschiedlich, finden sich in ihren Ausgangsbedingungen und in den Aufgaben, die sie zu lösen hatten, viele Parallelen.

Die erste Bedingung für das Entstehen einer Zivilisation ist natürlich die Nahrung. Städte und Landstriche mit hoher Bevölkerungsdichte können nicht existieren, wenn sie nicht imstande sind, ihre Bewohner zu ernähren. Die Züchtung und der Anbau bestimmter Getreidesorten wie Weizen und Gerste als Hauptnahrungsmittel war deshalb der erste Schritt hin zu großen, seßhaften Gemeinschaften. Die Entwicklung der Agrikultur scheint vor etwa zehn- bis zwölftausend Jahren in jenem breiten Gürtel von Vorbergen eingesetzt zu haben, der sich rund um den Fruchtbaren Halbmond, von Palästina, Jordanien, Israel und Syrien aus durch die südöstliche Türkei und den nördlichen Irak bis in den westlichen Iran erstreckt. Im 8. Jahrtausend v. Chr. schufen neolithische Ackerbaugesellschaften kleinere Städte wie Jericho im Jordantal, dessen steinerne Festungsanlagen etwa elf Morgen Land umschlossen. Die eindrucksvolle (und bis heute erst teilweise freigelegte) Siedlung bei Catal Hüyük in Anatolien aus dem 6. Jahrtausend v. Chr. erstreckte sich sogar über zweiunddreißig Morgen – ein stattlicher Flecken mit tausend Häusern, in denen wohl an die fünftausend Menschen lebten. Die Bauweise ähnelte bereits stark jener der kleinen Städtchen mit ihren Flachdachhäusern, wie man sie heute noch im kurdischen Hochland antrifft.

Wir wissen nichts über die soziale oder politische Ordnung dieser Siedlungen, doch spielte wohl schon damals die Religion eine wichtige Rolle bei der Entstehung des Gemeinwesens. Bei Catal Hüyük wurde ein Heiligtum entdeckt, in dem sich Anzeichen für einen Stierkult und für die Verehrung der prähistorischen Muttergottheit fanden, deren Kult im alten Anatolien und im ganzen Nahen Osten beheimatet war. Ein spektakulärer Fund aus neuerer Zeit im oberen Euphrattal, in der Nähe von Urfa in der Türkei, hat möglicherweise den ältesten Tempel der Welt zutage gefördert. Das auf einer Grundfläche von zehn mal zehn Metern errichtete Bauwerk aus dem 8. Jahrtausend v. Chr. wird von Säulen getragen, der Fußboden besteht aus poliertem Kiesel- und Kalkstein. Dem Zentralbau waren offenbar Küchen-, Laden- und Werkstatträume angeschlossen, wie bei den Tempel- und Moscheeanlagen aus späterer Zeit. Im Hauptraum wurden geflügelte, halb menschliche Figuren entdeckt, die eine frappierende Ähnlichkeit mit den Engeln und Genien der religiösen Bildwelt des späteren Nahen Ostens aufweisen. Ein weiterer archäologischer Fund aus jüngster Zeit bei En Gazal in Jordanien macht uns die weitreichenden religiösen und mythologischen Verflechtungen dieser gesamten Region deutlich. Man hat hier nahezu lebensgroße Abbilder von menschlichen Gestalten gefunden, die aus der Zeit um 7000 v. Chr. stammen – die ältesten Statuen der Welt. Sie sind mit einer weißen Gipsschicht überzogen und zeigen die charakteristischen, tief in den Höhlen liegenden, schwarzumrandeten Augen, die für den mesopotamischen Kult bis hinein ins gräkoromanische Zeitalter und sogar in die christliche Zeit typisch werden sollten.

Im 7. Jahrtausend v. Chr. entstanden auch im nördlichen Hügelland des Irak Ackerbaugesellschaften. Im 6. Jahrtausend bauten sie bereits Dörfer, die mit Verteidigungsmauern aus sonnengetrockneten Ziegeln versehen waren. Einige dieser alten Dörfer sind

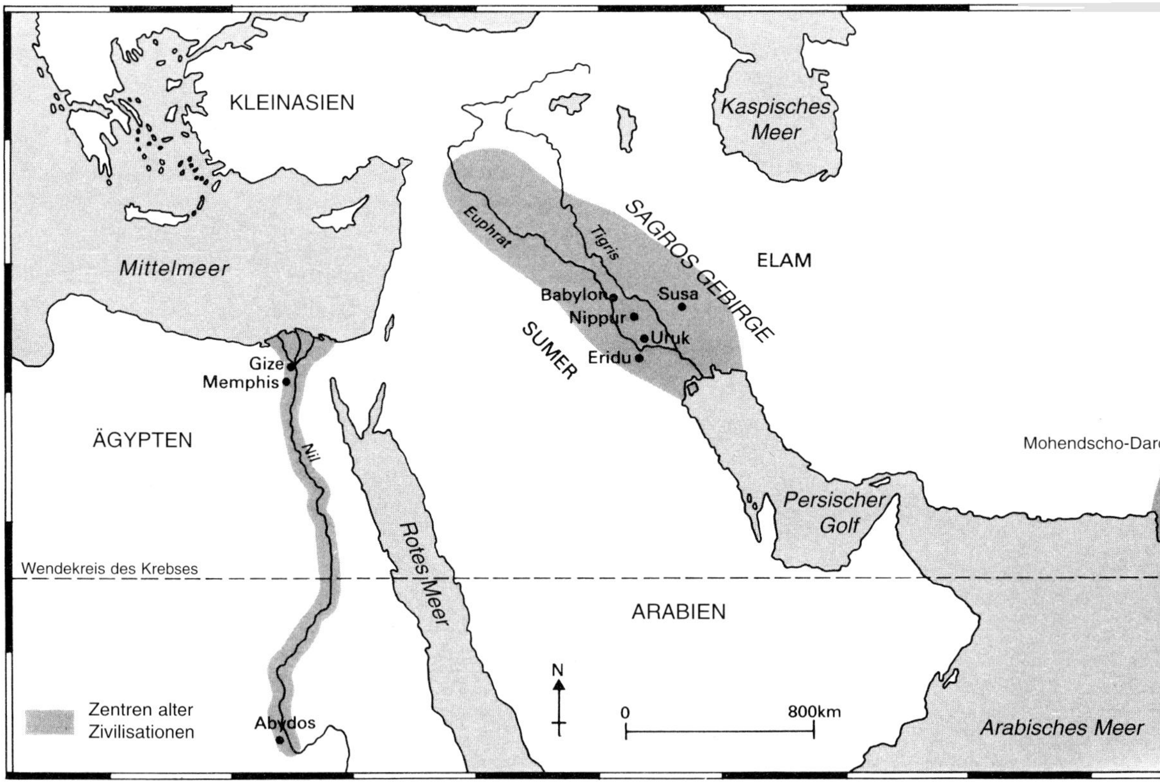

bis heute bewohnt. In der Zitadelle von Tell Afar, einer turkmenischen Stadt an der alten Karawanenstraße von Mosul nach Syrien, wurden Tongefäße aus dem 5. Jahrtausend v. Chr. gefunden, und Irbil auf seinem Hügel in der Nähe des Großen Zab dürfte ähnlich alt sein. Beide gehören zu den am längsten bewohnten Siedlungen der Erde. Die allmählich wachsende Bevölkerung hinterließ bereits ihre Spuren in der Umwelt: Wälder wurden niedergebrannt oder abgeholzt, das Buschwerk gerodet, bis schließlich die charakteristische kahle Hügellandschaft von Ostanatolien und Kurdistan übrigblieb. Jedes Jahr fließen die Winterrregen »als schokoladenbraune Sturzbäche von den Hügeln herab«, wie es der Entdecker von Jarmo beschrieben hat. Sie waschen immer mehr von dem fruchtbaren Boden in die Flüsse und liefern damit das Material für das Schwemmland der südlichen Tiefebene, die seit dem 4. Jahrtausend v. Chr. hundertfünfzig Kilometer weiter ins Meer hinaus wuchs. So griff der Mensch schon vor der Entstehung der ersten Städte dauerhaft in das Gleichgewicht der Natur der irakischen Tiefebene ein, und zweifellos lag es an der Notwendigkeit, neues Land für die wachsende Bevölkerung zu erschließen, daß zum ersten Mal große Gruppen einen Vorstoß in den Süden wagten.

Wann genau wurde das Tiefland besiedelt? In prähistorischer Zeit müssen hier Jäger und Sammler umhergestreift sein wie noch heute die nomadischen Hirtenstämme. Doch sie haben keinen Eintrag im archäologischen Weißbuch hinterlassen, einmal abgesehen von jenem faszinierenden, aber isoliert dastehenden paläolithischen Ort in der Nähe der

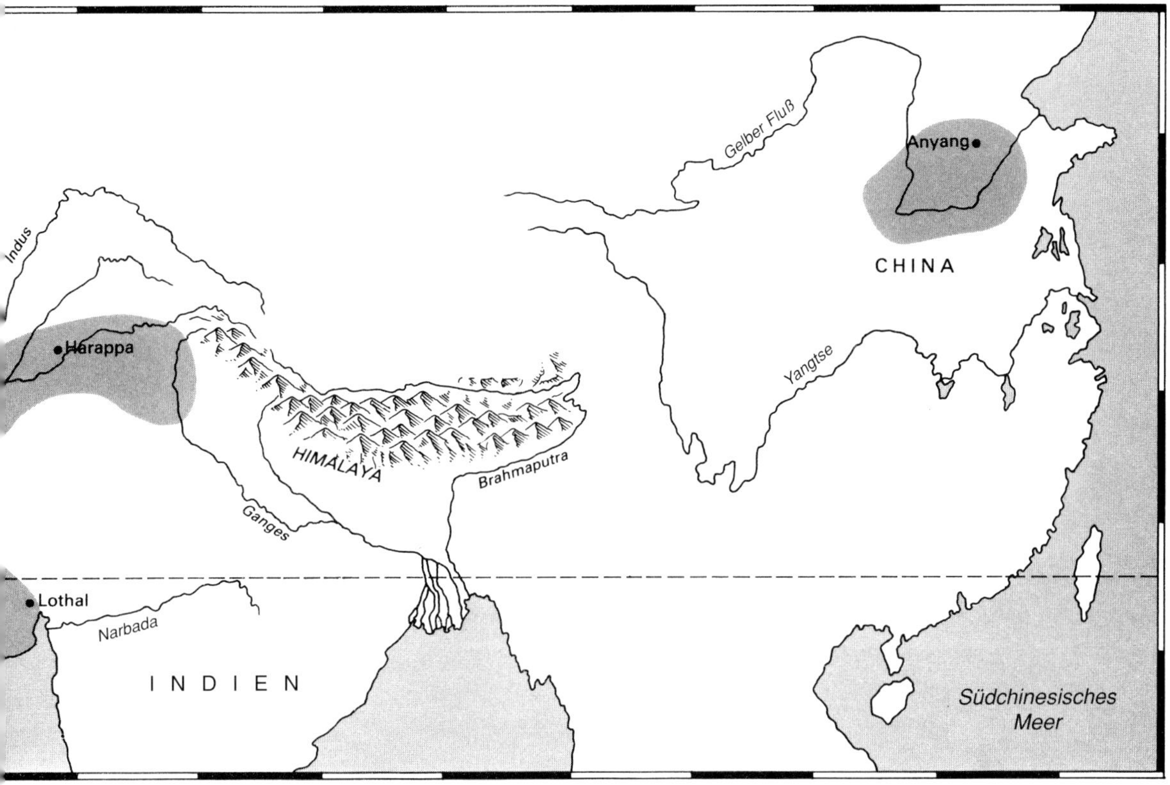

Die ersten Zivilisationen. Alle frühen Zivilisationen der Alten Welt entstanden an Flüssen, unter ähnlichen klimatischen Bedingungen und um denselben Breitengrad. Die irakischen Verbindungen nach Ägypten, in die Hochebene des Iran und bis zum Indus reichten weit in die Vorgeschichte zurück. Eine völlig eigenständige Entwicklung hat, so scheint es, China durchgemacht.

ältesten Kultstätte des Südens, Eridu. Fünfzehn Kilometer nördlich jedoch, bei Warka, findet sich eine rätselhafte Siedlung, möglicherweise aus dem 5. Jahrtausend v. Chr., die uns vielleicht Aufschluß über die frühesten Bewohner der Ebene gibt. Auf einer Fläche von nur neunzig Quadratmetern lebten hier wahrscheinlich drei Familienverbände. Sie stellten Tongefäße her, fischten mit Netzen und brannten Tongewichte. Sie besaßen Steinwerkzeuge, Mahlsteine und Handmühlen. Sie formten Tonfigürchen der Muttergottheit, die denen ähneln, die in späteren Zeiten in Gebrauch waren. Ihre Häuser bestanden wahrscheinlich aus Lehm und Schilfrohr. Das Wachstum solcher Gemeinschaften läßt sich über das ganze nächste Jahrtausend anhand ihrer typischen Terrakottakunst verfolgen, die nach einer ihrer wichtigsten frühen Siedlungen als Obed-Keramik bezeichnet wird. Die Obed-Leute waren wohl die ersten seßhaften Siedler des Südens. Sie waren nicht sumerischer Abstammung, das heißt, sie sprachen nicht sumerisch, denn die ältesten sumerischen Ortsnamen, Ur, Eridu, Uruk, Nippur, entstammen nicht ihrer

Sprache. Vermutlich war es das Obed-Volk, das dem Süden erstmals einen Namen gab. Man geht davon aus, daß die Sumerer – das heißt, Menschen, die die Sprache sprachen, die wir heute als Sumerisch bezeichnen – etwa um 4000 v. Chr. von Südosten in die Ebene vorstießen und eine bereits existierende Kultur vorfanden. Wer die Sumerer waren, ist jedoch noch immer eines der großen Rätsel der Archäologie. Ihre Sprache zum Beispiel weist keinerlei Ähnlichkeit mit irgendeiner anderen lebenden oder toten Sprache auf. Vielleicht werden neuere Entdeckungen zum Elamischen, der alten Sprache Persiens (s. Kapitel 2), auch Hinweise zur geheimnisumwitterten Herkunft der Sumerer liefern.

Es gibt noch heute lebendige Bindeglieder zu dieser Frühzeit der Kultur, die uns als Anschauungsmaterial dafür dienen können, wie sich wohl die ersten Schritte zur Herausbildung einer Zivilisation vollzogen. Die alten Obed-Siedlungen ähnelten vielleicht den traditionellen Dörfern aus Lehmziegeln, die man noch vor zwanzig oder dreißig Jahren im Schwemmland von Euphrat und Tigris antreffen konnte. In der Nähe der Erhebung des alten Schuruppak, mitten im einstigen Sumer, finden wir ein verlassenes Dorf, das in den sechziger Jahren unseres Jahrhunderts aufgegeben wurde, als sein Kanal austrocknete. Damals lebten dort zweihundert Menschen in Hütten aus Lehm und Schilfrohr. Jeder Hof war von einem Schutzwall aus in der Sonne gehärtetem Lehm umgeben. Innerhalb des Walls befanden sich ein erhöhter Schlafplatz, ein Viehpferch, ein Getreidespeicher und ein Backofen zum Brotbacken. Es gab noch immer alte weise Frauen, die in alten religiösen Traditionen lebten, ihre Gesänge und Zaubersprüche kannten und als Hebammen fungierten. Es war eine archaische Welt, deren Wurzeln weit zurückreichten in die Zeit vor der Ausbreitung des Islam. Auch die Siedlungen der Marsch-Araber im äußersten Süden sehen sicherlich heute noch ganz ähnlich aus wie einst die obedischen und sumerischen Dörfer, die verstreut im Schwemmland lagen: auf künstlichen Inseln in den Süßwasserlagunen errichtet, von deren Fischreichtum sie leben, aus deren Schilfbestand sie sich mit Baumaterial versorgen und an deren fruchtbarem Uferland sie den Boden bestellen. Ihre kunstvollen Schilfhütten, die bis zu dreißig Meter lang sein können, und ihre bemalten schlanken, eleganten, mit natürlichem Bitumen verpichten Boote werden immer noch genauso gebaut, wie es die fünftausend Jahre alten Abbildungen sumerischer Künstler zeigen. Hier konnte man zumindest bis zum Golfkrieg und kurz danach noch einmal in eine Welt eintauchen, in der die uralten Mythen lebendig waren.

Es ist eine Welt aus kleinen, von Menschenhand geschaffenen Inseln, die auf Pfählen aus Schilf gelagert sind – jede mit einem Reethaus darauf, einer Scheune, dem tönernen Trocken- und Backofen und dem bemalten Boot. Hier lebten Familien mit ihren Tieren, Rindern und Wasserbüffeln (die übrigens erst im 3. Jahrtausend aus Indien eingeführt wurden). Jede dieser Inseln ist ein Mikrokosmos, lebendiges Symbol geduldiger Arbeit, mit der die Menschen im südlichen Irak jahrtausendelang ihr Land dem Wasser abgerungen haben und in der öden Sumpflandschaft unter dem weiten, unerbittlichen Himmel eine Zivilisation schufen.

So kann der Reisende auch heute noch im südlichen Tiefland des Irak Spuren des Lebens prähistorischer Gemeinwesen finden, die an der Schwelle zum Städtezeitalter

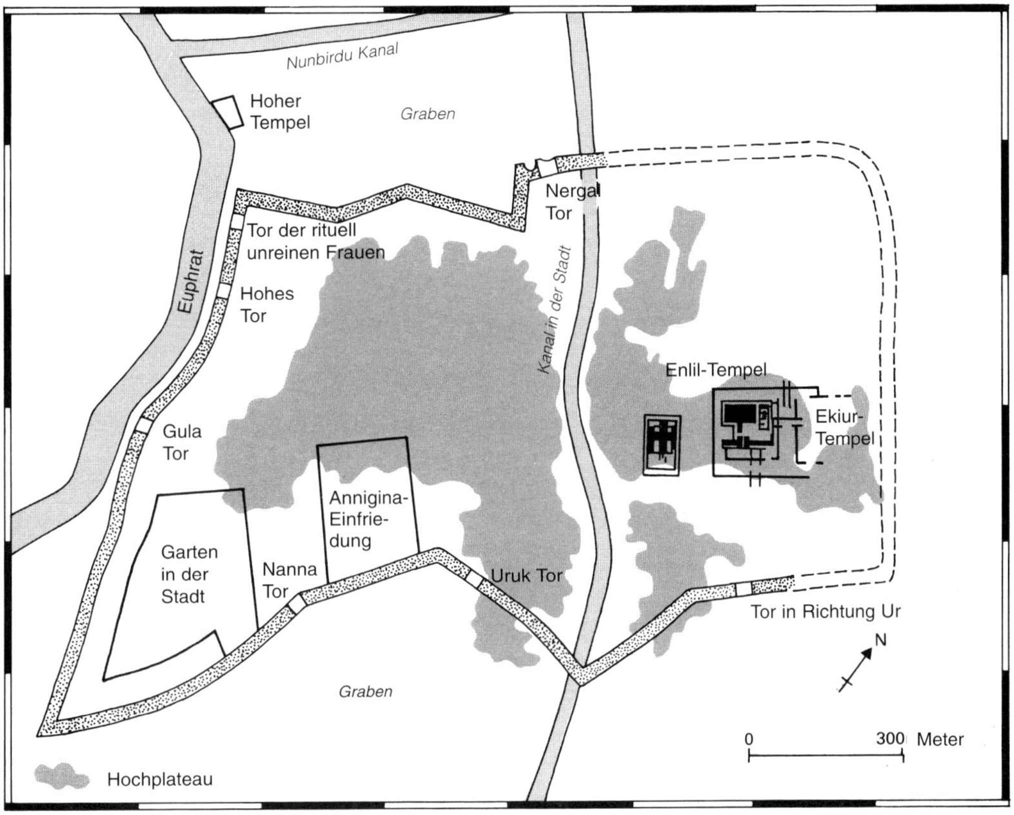

Nippur, die heilige Stadt von Sumer. Die Details zum Mauerverlauf, zur Lage der Tore und andere Einzelheiten stammen von einer bemerkenswert genauen Karte aus der Zeit um 1300 v. Chr. Im 1. Jahrtausend n. Chr. war der westliche Hügel Zentrum der Stadt.

bestanden. Da sind die Lehmdörfer der seßhaften Bauern und Viehzüchter, und daneben der rein nomadische Lebensstil der Beduinen, die mit ihren schwarzen Zelten zu ihren im Jahresrhythmus wechselnden Weideplätzen ziehen. Und da sind die Marsch-Araber, deren Lebensform ein Gemisch aus beidem darstellt. In einer solch vielgestaltigen Welt liegen die Vorteile dauerhafter Siedlungen auf der Hand. Wenn es gelang, Getreide und Gemüse gegen die Produkte der Marsch-Bewohner oder der nomadischen Hirten zu tauschen, war es möglich, Überschüsse zu erzielen, mit denen sich ein Fernhandel für Luxusgüter und Edelmetalle aufbauen ließ. Diese handfesten sozialen und ökonomischen Gründe für die Urbanisierung wurden unterstützt vom Streben der Sumerer nach weltlichem Erfolg.

Auch die Religion muß ihre Rolle gespielt haben. Wo immer sie entstehen, sind die Städte von Sumer um Heiligtümer für die Gottheiten der Ebene herumgebaut: die Götter des Windes und des Himmels, der Weintraube, des Getreides und der Fruchtbarkeit. Schreine für Hirten, für Viehzüchter, für Fischer. Oft lagen die heiligen Stätten in

Grenzgebieten. Die Göttin der Geburt hatte ihren Wohnort in Kisch »am oberen Ende der Ebene«. Nippur, die Stadt des Windgottes Enlil, lag an der nördlichen Grenze von Sumer. Enki von Eridu, der Herr des Süßwassers, residierte im Süden, im Marschland. Der Mondgott Sin wohnte in Ur im Tiefland der Euphratmündung. Das waren die Grenzorte, an denen die Fischer oder Hirten des Tieflandes mit den seßhaften Bauern in Tauschhandel traten. Noch heute stößt der Reisende in der Wüste immer wieder auf kleine islamische Schreine aus verputzten Ziegeln, umgeben von Bergen von Gerät: Fahrräder, Pflüge, Werkzeug, Transistorradios, von Nomaden oder Hirten hier zur sicheren Verwahrung abgestellt. Vielleicht wurden in alten Zeiten solche bevorzugten Treffpunkte allmählich größer, wurden zu Siedlungen, in denen Erzeugnisse und Waren gelagert werden konnten, und schließlich zu Handelsplätzen. So bildete das Heiligtum möglicherweise aus durchaus pragmatischen Gründen die Keimzelle der mesopotamischen Stadt.

DIE ERSTEN STÄDTE

KURZ VOR BEGINN des 3. Jahrtausends v. Chr. entstanden in Mesopotamien die ersten Städte der Welt. In der schriftlichen Überlieferung der Sumerer aus späterer Zeit wird der erste Ort in Sumer genannt, der diese Bezeichnung verdient: Eridu, das älteste sumerische Heiligtum. Nachdem es über zweitausend Jahre für die Welt verschollen war, wurde Eridu 1853 von John Taylor, dem britischen Vizekonsul in Basra, wiederentdeckt, der auch in Ur, der Stadt Abrahams, archäologische Pionierarbeit leistete. Achtzehn Kilometer hinter Ur in der Wüste aufragend, hieß der Hügel von Eridu bei den Nomaden »Abu Schachren«, »Vater der Zwei Halbmonde« – vielleicht eine Anspielung auf das Motiv, das sich auf den Mauern der alten Stadt fand (es gab in Eridu einen »Neumond-Kai«), es

Dieses Kupferrelief aus Obed zeigt den gütigen löwenköpfigen Adlergott Imdugud mit Hirschen. Ursprünglich war das Relief ein Teil des Schmuckfrieses am Tempel der Ninhursanga, der Göttin der Geburt. Ca. 2700 v. Chr.

könnte aber ebenso eine Erinnerung an den alten Kult im nahegelegenen Ur sein, das im Gedächtnis der Einheimischen als »Mondstadt« weiterlebt.

Eridu liegt heute, nach einer absurden Wiederbelebung als Luftabwehrstützpunkt im Krieg gegen den Iran, wieder öde, windverweht und verlassen. Einst aber stand hier die berühmteste Stadt in der Geschichte Mesopotamiens. Nach dem Glauben der Sumerer befand sich an dieser Stelle der Hügel der Schöpfung – das erste Land, das am Anfang der Zeiten aus dem Urmeer emporstieg; hier kam »das Königtum vom Himmel herab«, das heißt, hier entstand das erste Staatsgebilde. Die sumerischen Mythen erzählen davon, wie die Künste und Errungenschaften der Zivilisation zuerst in Eridu zu Hause waren, bevor sie auch in anderen Städten bekannt wurden. Eridu lag ursprünglich am Rand des Abzu, eines großen Süßwassersees, der sich nach Süden erstreckte (im Griechischen wurde aus Abzu *abyssos*, Abgrund). Auch der große Tempel von Eridu, der älteste Schrein von Sumer, trug den Namen Abzu. Hier war der Wohnsitz von Enki, dem archaischen Gott des Wassers und der Weisheit, der nach dem Urozean aus Süßwasser benannt war, aus dem, wie die Sumerer glaubten, alles menschliche Leben und alles Leben der Natur hervorgegangen war. Noch im 10. Jahrhundert n. Chr. hielten sich in den Marschen und Küstengebieten im Süden des Irak Überreste alter Sekten, die das Wasser verehrten, und in deren Mythen und Kosmologien die sumerische Mythologie eingegangen war. Hier stand in einem von einer Mauer umgebenen Garten der heilige Kiskanu-Baum, »der wie Lapislazuli schimmerte«, möglicherweise das Vorbild für den Baum des Lebens im biblischen Garten Eden.

Erst 1949 wurde in Eridu mit großangelegten Ausgrabungen begonnen, bei denen man tief in den Hügel unter der Plattform der Tempel-Zikkurat vorstieß, die um 2000 v. Chr. von den Königen des nahegelegenen Ur errichtet worden war. Die Archäologen legten neunzehn Schichten früherer Besiedlung frei, die bis zur Gründung des Heiligtums um 5000 v. Chr. zurückreichten. In der untersten Schicht fand sich ein kleiner, von einem Schilfzaun umgebener Sandhügel mit einer winzigen Kapelle, der den Ort des mystischen Schöpfungshügels bezeichnete. Wenn es irgendwo einen Ursprung für die biblische Geschichte vom Garten Eden gibt, so liegt er hier. Der biblische Name für Paradies, *Eden*, ist einfach das sumerische Wort Edin, mit dem die wilde, unkultivierte Prärie im Süden bezeichnet wurde, eine natürliche Landschaft, die jenseits der künstlichen Landschaft der Stadt lag. Wenn wir heute anschauen, was aus dem einstigen »Paradies« geworden ist, drängt sich die psychologische Wahrheit der biblischen Geschichte beinahe von selbst auf: daß der Uranfang unseres Aufstiegs zur Zivilisation zugleich der Sündenfall war, bei dem wir die schicksalhafte Frucht vom Baum der Erkenntnis kosteten, jener Erkenntnis, durch die wir Herren der Erde wurden und am Ende sogar die Macht bekamen, diese Erde und uns zu vernichten.

Solche Überlegungen gewinnen eine ganz neue Eindringlichkeit, wenn wir die Schichten von Eridu betrachten, die das frühe Dorf der Obed-Zeit mit seinem primitiven, aus Lehm und Schilfrohr errichteten Schrein überlagerten. Denn um 4000 v. Chr. erlebte der Ort eine dramatische Metamorphose. Massive Zeremonial-Bauten wurden errichtet, ein gigantisches Heiligtum im Monumentalstil entstand. Großartige Mausoleen, die offensichtlich für eine Elite bestimmt waren, deuten darauf hin, daß es nun Klas-

Die Marsch-Araber. Im Marschland zwischen Tigris und Euphrat, im Süden des Irak, liegt eine ganz eigene Welt mit unzähligen winzigen Inseln. Häuser und Boote werden dort heute noch genauso gebaut, wie es auf Siegeln aus dem 3. Jahrtausend v. Chr. (oben und rechts) *zu sehen ist. Rechts außen das Innere einer aus Schilf gebauten Gästehütte (mudhif).*

senunterschiede in der Gesellschaft gab. Reiche Gold- und Metallarbeiten und importierte Luxusgegenstände liefern einen Hinweis darauf, daß der Reichtum Eridus von besagter Elite kontrolliert wurde. Mehrere tausend Menschen lebten damals am Fuße des Hügels. Ihre Spuren geben uns vielleicht Aufschluß über jenen entscheidenden Augenblick, in dem »das Königtum vom Himmel auf die Erde herabstieg« und die politische Macht in den Händen einiger weniger konzentriert wurde.

In diesem Fall spiegeln die Mythen von Eridu den realen historischen Prozeß der Entstehung organisierter Gemeinschaften im Süden der Ebene bis hin zur Errichtung des ersten Tempels, der ersten Stadt, der ersten Königsherrschaft. Das sind die tragenden Säulen der Zivilisation, deren Ursprung die sumerische Mythologie nach Eridu verlegt und die die Götter dann von Eridu aus weitergaben an die erste wirkliche Großstadt der Welt, Uruk.

Der Weg von Eridu nach Uruk führt an Ur und Nasirija vorbei – Namen, die uns seit dem Krieg von 1991 nicht mehr fremd sind. Jenseits von Samawa setzt der Reisende über den Euphrat und gelangt schließlich im Südosten in die Wüste, in eine Mondlandschaft, eine von Sandstürmen durchtoste Einöde. Gewaltige Erdhügel ragen aus dem Dunst flirrender Backofenhitze. Im Sommer kann es hier draußen siebenundfünfzig Grad Celsius heiß werden. Endlich steht man vor einem Stadttor, das noch heute, nach beinahe fünftausend Jahren, deutlich zu erkennen ist, der Zugang selbst nahezu verschüttet durch einen Berg von Tonscherben und Knochen. Hier stand 1849 William Loftus.

Die Zikkurat in Ur während der Ausgrabungsarbeiten in den zwanziger Jahren. Ursprünglich erhob sich auf der oberen Plattform der Tempel des Mondgottes Sin.

Noch immer zieht sich die Linie der verwitterten Mauern bis zu fünfzehn Meter hoch über den Horizont. Das Zentrum der Stadt wird beherrscht von den Ruinen eines großen, mit Stufen versehenen Turmes, einer Zikkurat, auf deren Terrasse sich einst der Tempel der Stadtgöttin Inanna-Ischtar erhob. Auch Uruk, die erste Metropole der Welt, war am Anfang vielleicht ein religiöses Zentrum, möglicherweise ein Hirten-Heiligtum, das in der Gegend als Kullaba, Schrein des Himmelsgottes, bekannt war. Der Tempel der Göttin kam erst später. Von der oberen Plattform der Zikkurat aus hat man einen weiten Blick über das, was von der fruchtbaren Landschaft Sumers übriggeblieben ist. Wo sich einst üppige Felder, durchzogen von einem feinen Netzwerk von Kanälen und gesäumt von schattigen Palmenhainen, erstreckten, ist heute ausgedörrtes, windgepeitschtes Wüstenland. Nach Nordosten zu, jenseits des ausgetrockneten Euphratbettes, erhebt sich ein hoher Grabkegel aus persischer Zeit. Überall in der Wüste finden sich Spuren der einstigen Besiedelung: ausgetrocknete Bewässerungskanäle, Tonscherben, seltsam geformte Schlacken. Dazwischen die eindrucksvollen Erdwälle der alten Städte, von denen manche nach dem Glauben der Alten schon vor der Großen Flut da waren. In der Ferne, erleuchtet von der sinkenden Sonne, ist gerade noch der Hügel von Larsa zu erahnen. Weiter draußen liegen Umma, ebenfalls eine der ältesten Städte Sumers, und Tell Chidr, das bis ins Mittelalter hinein bewohnt war. Im Norden, jenseits der gewaltigen Sanddünen, dem Auge verborgen, wissen wir Schurrupak, die Heimatstadt des sumerischen Noach. Es gibt wenige Landschaften auf der Welt, in denen die Menschheitsgeschichte so greifbar wird.

Von der Zikkurat der Göttin aus wird die Ausdehnung von Uruk mit seinem über neun Kilometer langen Mauerring sichtbar. Schon vor 4000 v. Chr. gab es hier zwei Ansiedlungen, im nächsten Jahrtausend entstand dann eine Stadt von beträchtlicher Größe. Die moderne Archäologie konnte zeigen, daß die Stadtmauer am Ende einer Periode starker Expansion errichtet wurde, in deren Verlauf Uruk seine Flächenausdehnung innerhalb weniger Generationen, nämlich in der Zeit von 3000 bis 2700 v. Chr., vervierfachte. Wahrscheinlich zog das faszinierende Abenteuer des Stadtlebens damals Zehntausende vom Land in die Stadt. Es gibt in der Weltgeschichte zeitlich und geographisch weit entfernte Parallelen für eine solche Verschiebung vom ländlichen zum städtischen Leben: In China verfünffachte sich als Folge einer Agrarrevolution zwischen 1100 und 1250 n. Chr. die Bevölkerung der Städte im Süden, zum Beispiel in Hangchou. In England wuchs die Einwohnerzahl während der industriellen Revolution zwischen 1700 und 1800 n. Chr., also in hundert Jahren, um mehr als das Vierfache. Und in einigen Teilen des mittelalterlichen Europa zeigte sich zwischen 1100 und 1300 n. Chr. in Regionen, in denen durch Urbarmachung und Bewässerung neues Land erschlossen werden konnte, ein Bevölkerungsanstieg um das Zehnfache. Diese Entwicklung ging in Europa offenbar Hand in Hand mit einer Senkung des Heiratsalters, was wiederum die Geburtenrate emporschnellen ließ, weil der Abstand zwischen den Generationen kleiner wurde.

Angesichts dieser historisch belegten Entwicklungen ist es gut vorstellbar, daß es Anfang des 3. Jahrtausends v. Chr. möglicherweise zu einem Zusammentreffen ganz ähnlicher Faktoren kam. Verbesserte Bewässerungssysteme und Fortschritte bei der Urbar-

Uruk, die erste Großstadt der Welt. Die sandverschütteten Mauern am Nordtor, die nach der Gilgamesch-Überlieferung um 2700 v. Chr. errichtet wurden.

machung von Land führten zu einer Vergrößerung der agrarisch nutzbaren Fläche; die Intensivierung des Ackerbaus brachte eine Steigerung der Erträge; größere, befestigte Siedlungen garantierten mehr Sicherheit. Mehr Land, mehr Nahrung und mehr Sicherheit bewogen die Menschen, vom Land in die Städte zu ziehen, vom Hochland in die südliche Ebene. Die Verlockung der städtischen Märkte mit ihrer Vielfalt an Waren und Luxusgütern muß die Anziehungskraft der Stadt noch gesteigert haben. Sobald aber mächtige Herrscher, seien es nun Könige, Priesterkasten oder Patrizierfamilien (oder eine Kombination aus allen dreien), Kontrolle über das Gemeinwesen ausübten, waren sie zweifellos auch in der Lage, der ärmeren Landbevölkerung schwere Abgabelasten aufzubürden. So mag der Traum vom Stadtleben im alten Sumer für die weniger Glücklichen genauso zum Alptraum geworden sein wie später die Industriestadt des 19. Jahrhunderts. Die meisten Fragen nach den sozialen und politischen Strukturen, die diesen epochalen Wandel in Mesopotamien heraufführten, insbesondere auch die Frage nach dem Ursprung des Königtums, können wir nicht endgültig beantworten. Fest steht allerdings, daß die Menschen damals wie ihre Nachfahren im 19. Jahrhundert keinen Zweifel an der Großartigkeit ihrer Schöpfungen hegten: »Sieh an seine Mauer, deren Friese wie Bronzeschalen scheinen! Ihren Sockel beschau, dem niemandes Werk gleicht! … Auch steig auf die Mauer von Uruk … prüfe die Gründung, besieh das Ziegelwerk! Ob ihr Ziegelwerk nicht aus Backsteinen ist, ihren Grund nicht legten die sieben Weisen!« (Gilgamesch-Epos)

Ein anderes sumerisches Epos, die Geschichte von Etana, vermittelt gleichsam aus der Vogelperspektive die berauschende Wirkung, die sie auf jene ersten Generationen ausübten, die das »Wunder der Stadt« erlebten. Die schwärmerische Betrachtung Etanas leitet uns vom blauen Meer durch die braune Wüste hin bis zu ihrem Häuserlabyrinth und dem »wie ein Insektenschwarm unablässig summenden« Menschengewimmel und verliert sich in der Bewunderung der Fähigkeit des Menschen, seine Welt zu gestalten.

Auf dem Höhepunkt des 3. Jahrtausends v. Chr. lagen über vierzig Städte in der babylonischen Tiefebene. Die meisten von ihnen waren unabhängige Stadtstaaten mit auffallend hoher Bevölkerungsdichte. In einem größeren Stadtstaat wie Lagasch gab es allein sechsunddreißigtausend wehrfähige Männer; in Uruk sah es wahrscheinlich ganz ähnlich aus. Alle Stadtstaaten waren hervorragend verwaltet und organisiert. Nippur zum Beispiel wurde in späterer Zeit von zweihundert Dörfern in seinem Umkreis versorgt, die an fünf Hauptkanälen und sechzig Nebenkanälen lagen, von denen wiederum ein dichtes Netz zahlloser schmaler Bewässerungsläufe ausging. Sämtliche Dörfer hatten strenge Auflagen und Vorschriften zu erfüllen – eine ständige Quelle für Reibereien und Rechtsstreitigkeiten!

Uruk bestand nach Auskunft des Gilgamesch-Epos zu einem Drittel aus Häusern, einem weiteren Drittel aus Gärten, und ein Drittel war Tempelareal. Ausgegrabene Straßen in Ur und Nippur erinnern an das Häusergewirr, das wir noch heute im alten Irbil, Kirkuk, Tell Afar oder in der heiligen Stadt Nejef vorfinden. Die viertausend Menschen, die heute in der verfallenden Festungsstadt Irbil leben, sind drei Bezirken zugeteilt, jedem der drei Stadttore entspricht einer. Zu jedem Bezirk gehören ein kleines Heiligtum, ein öffentliches Bad und ein Suk; außerdem hat jeder seinen eigenen Schreiber. Dieses System spiegelt sicherlich recht getreu die Verhältnisse im alten Ur oder Nippur. Auch am Zuschnitt der Häuser mit ihren Innenhöfen, Windfängen und Serdabs (unterirdischen Gewölben zum Schutz gegen die Sommerhitze) hat sich bis zum Aufkommen der Air Condition nicht viel geändert. Die Straßen der alten Städte waren bewußt so angelegt, daß sie Schatten und einen kühlenden Luftzug brachten. Diese alte wohldurchdachte Bauweise ist erst in den letzten zwanzig Jahren aus dem Irak verschwunden.

Im Zentrum der Stadt, wo heute die Moschee steht, erhob sich der Tempel, dessen Verwaltung zweifellos ähnlich geregelt war wie die der Moscheen. So kamen die Vorsteher des Inanna-Tempels im Nippur des 2. Jahrtausends v. Chr. über Generationen aus der Ur-Meme-Familie. In ganz ähnlicher Weise wird die Hauptmoschee in Irbil schon seit sechshundert Jahren von der Familie al-Mulla geleitet, die zahlreiche herausragende Dichter, Astronomen und Gelehrte hervorgebracht hat. In Bagdad steht die Gailani-Familie seit dem 12. Jahrhundert dem größten der städtischen Heiligtümer vor, das als Träger sozialer Einrichtungen in der Stadt und mit seiner Bibliothek, seiner Großküche, der angeschlossenen Herberge und dem dazugehörigen umfangreichen Landbesitz in der Dijala-Ebene in vieler Hinsicht den alten Tempelanlagen gleicht. Die mittelalterlichen und in einigen Fällen sogar die modernen islamischen Städte sind unmittelbare Ableger der antiken Gründungen.

Doch noch in einer anderen Hinsicht glich die mesopotamische Stadt ihrem modernen Pendant: Sie saugte den Boden aus und zerstörte die Umwelt. Die Ebene um Uruk war einst ein reiches Weizenland mit Erträgen, wie sie im amerikanischen Mittelwesten und in Kanada erzielt werden. Heute ist der Boden salzverkrustet und unfruchtbar, so weit das Auge reicht. Der Zwang zur Erweiterung der Anbauflächen und zu immer intensiverem Landbau, um die ständig wachsende Stadtbevölkerung zu ernähren, führte schließlich zur Zerstörung der Natur. Heute wissen wir, daß die Zivilisation unausweichlich zerstörerisch auf die Umwelt einwirkt, doch hier im irakischen Tiefland entdeckten die Menschen diesen verhängnisvollen Zusammenhang zum ersten Mal. So gibt es bezeichnenderweise praktisch keine kontinuierliche agrarische Landnutzung über die großen Epochen mesopotamischer Geschichte hinweg, bei den Alten, den Hellenen und den Sassaniden und später vom Islam bis zur Moderne. Eine verbesserte Bewässerung und Düngung gekoppelt mit der Einhaltung von Brachzeiten, vor allem aber der Bau breiter neuer Wasserläufe unter den Sassaniden und Arabern haben zwar dazu beigetragen, daß einige Landstriche wieder bestellt werden konnten. Im Grunde jedoch mußte in jeder der großen Epochen neues Land für die Kultivierung erschlossen werden, während das ausgelaugte alte Land wieder versteppte.

Es ist auf jeden Fall eine heilsame Erfahrung, durch die verwitterten Wasserrinnen des »weitläufigen Uruk« zu gehen und die zahllosen Zeugnisse des unaufhaltsamen Aufstiegs der Menschheit, dessen zweifelhaftes Erbe hier überdeutlich wird, auf sich wirken zu lassen. Hier ragten einmal gigantische Tempel in den Himmel, groß wie Kathedralen. Ihre Fassaden waren mit leuchtenden blauglasierten Blendziegeln geschmückt, wie wir sie heute noch an den Moscheen im Irak sehen können. Noch sind die Plattformen der riesigen Heiligtümer zu erkennen, die im 3. Jahrhundert v. Chr. unter den griechischen Thronfolgern Alexanders des Großen im traditionellen babylonischen Stil wiederaufgebaut wurden, als Uruk noch reich und lebendig war, möglicherweise nach wie vor ein wichtiges Wallfahrtszentrum. Damals hatten die alt-sumerischen Städte noch ihre eigenen, althergebrachten Bräuche und Ordnungen bewahrt; man baute im alten Stil und huldigte den alten Göttern. Bis hinein ins christliche Zeitalter war noch Leben in der alten Stadt. Im südöstlichen Viertel befindet sich ein kleiner Tempel des Lokalgottes Gareus, der im November 110 n. Chr. von einer Gilde griechisch sprechender Einheimischer aus dem nahegelegenen Mosul geweiht wurde, wahrscheinlich Kaufleute, die im Seehandel bis nach Bahrein und in die Indusregion tätig waren. Auf der rückseitigen Mauer des Bauwerks ist die gleiche fischschwänzige Meeresgöttin abgebildet, die wir auch in Heiligtümern im Gudscharat und am Golf von Cambay finden, wo irakische Kaufleute noch heute Handel treiben.

Mit allen Höhen und Tiefen, wie sie jeder lebende Organismus durchläuft, überdauerte die Stadt Uruk mit ihren Institutionen bis ins 4. Jahrhundert n. Chr. Eine kleine Siedlung vor den Mauern der Stadt existierte sogar bis zur arabischen Eroberung. Noch im 8. Jahrhundert bezeichnete sich der christliche Bischof der Region als »Bischof von Uruk und Kaskar«. Danach jedoch legte sich Totenstille über den Ort, in dem fünftausend Jahre das Leben pulsiert hatte.

REICHES ERBE

MITTEN UNTER DEM SCHUTT menschlicher Geschichte finden sich Spuren des Genius jener ersten Städtebauer. Überall stößt man auf Reste von Terrakotten: auf der Scheibe gedrehte Töpferwaren in einem wunderschönen Grünton mit zarten, schwarzen, geometrischen Mustern. Neben vielen anderen großen Erfindungen, die noch heute unser Leben bestimmen, taucht auch die Töpferscheibe hier in Sumer zum ersten Mal in der menschlichen Geschichte auf. Hier wurde erstmals Astronomie betrieben, hier entstand die erste Literatur, die erste Gesetzgebung, hier gab es die ersten Schulen, die erste Weltkarte. Hier wurde zum ersten Mal über eine Zeit- und Raumeinteilung in Sechzigstel nachgedacht. Jeder Blick auf die Armbanduhr verbindet uns mit den alten Sumerern.

Die größte aller sumerischen Errungenschaften aber war die Schrift. Kurz vor Beginn

Oben: *Babylonisches Jadesiegel in Zylinderform aus dem 3. Jahrtausend v. Chr., das einen Mondgott darstellt. Die Wurzeln organisierter Religion überhaupt und die Anfänge des Monotheismus, des religiösen Ausdrucks der nahöstlichen Kultur, liegen in Sumer.*

Links: *Beispiel für die erste Schrift der Welt. Tontafel aus Kisch in Akkad.*

Irbil heute: Die Straße, die mitten durch die Zitadelle verläuft, ist neueren Datums. In allen anderen Details ist Irbil ein lebendiges Beispiel einer mesopotamischen Stadt.

des 3. Jahrtausends v. Chr. wurde sie von einem unbekannten Genie in Uruk entwickelt. Bei über fünfundneunzig Prozent der Schriftzeugnisse, die im Irak gefunden wurden, handelt es sich übrigens um Dokumente aus dem Geschäftsleben: Zahlen, Fakten, Rechnungen, Buchführung, Verzeichnisse und Listen, Angaben in Zeit- und Hohlmaßen, Landparzellen, bis auf Rute und Elle genau berechnet. Deutlicher kann man sich die radikale Verschiedenheit der alten Hochkulturen nicht vor Augen führen, als bei einem Vergleich dieser Tontafel-Aufzeichnungen aus Sumer mit den ersten Texten in Sanskrit (religiöse Inhalte) oder mit den chinesischen Orakelknochen (schamanistische Weissagungen). Hier in Mesopotamien wurde der *homo oeconomicus* geboren, der Ahnherr des modernen westlichen Menschen, dessen Beziehungen von einer säkularen Gesetzgebung geregelt werden.

Ihr nachhaltigstes Vermächtnis hat die mesopotamische Kultur uns jedoch in ihrer Literatur, ganz besonders in ihren Mythen, hinterlassen. Die persische Kunst des Geschichtenerzählens gründet, weit vor Tausendundeiner Nacht, auf diesen ersten – sumerischen – Erzeugnissen der Weltliteratur und dem Gilgamesch-Epos. Gilgamesch war mit hoher Wahrscheinlichkeit eine historische Gestalt, vielleicht, wie die spätere Legende sagt, jener König von Uruk, der um 2700 v. Chr. die Stadtmauer errichten ließ. Mit ihm verbunden ist die sumerische Version der Erzählung von der Großen Flut und der Arche, die viele Jahrhunderte später in der Bibel wieder auftaucht und heute in der

Die »Königliche Standarte« von Ur: Der Reichtum der Zivilisation wird dem König dargebracht. Lapislazuli in Holz eingelegt, vielleicht der Klangkörper eines Saiteninstruments. Ca. 2700 v. Chr.

ganzen Welt bekannt ist. Gilgameschs letztes Abenteuer war seine vergebliche Suche nach dem ewigen Leben, die er in Begleitung seines treuen Freundes Enkidu unternahm, des »Wilden«, der das *alter ego* des zivilisierten Städters ist. Gilgamesch wurde zum literarischen Vorbild für alle großen Sucher, von Odysseus über Parzival bis hin zu Indiana Jones. Die Gilgamesch-Geschichten wurden kopiert, übersetzt und bis in die griechische Zeit im ganzen Nahen Osten erzählt. Einige Motive schlichen sich sogar in die homerischen Epen der ägäischen Welt des 8. Jahrhunderts v. Chr. ein. Sie überdauerten, mit jüdischen und hellenistischen Elementen versetzt, bis in die ersten nachchristlichen Jahrhunderte. Danach erscheinen sie moslemisch überformt in Tausendundeiner Nacht, in den Geschichten von Aladin und Sindbad, klingt doch in Bulukijas Suche nach dem ewigen Leben und dem Baum des Paradieses unzweifelhaft jene erste Suche von Gilgamesch nach. Im 8. Jahrhundert n. Chr. war die Gilgamesch-Legende im südlichen Kernland von Kaskar ganz in der Nähe jener mittlerweile toten Stadt, deren Mauern ihr Held vielleicht erbauen ließ, noch immer bekannt; damals erwähnte der nestorianische Bischof der Region in einem religiösen Handbuch Gilgameschs Namen in der Reihe der Könige, die nach der Sintflut herrschten und »in deren Tagen Abraham im Ur der Chaldäer geboren wurde«. Zweifellos hatte der Bischof die Geschichte selbst auf dem Schoß seiner Mutter gehört, denn ganz ähnliche »Märchen« werden noch heute den Kindern im Irak erzählt.

In der Geschichte von Gilgamesch begegnen wir auch einem der Grundzüge des Wesens der mesopotamischen Kultur von ihren Anfängen bis heute: ihrem Pessimismus. Über dreitausend Jahre lang, vom Altertum bis ins goldene Zeitalter des Islam, offenbaren ihre Literatur, ihre Sprichwörter und religiösen Texte durchgehend diese düstere Grundhaltung, die sich so scharf vom Optimismus der ägyptischen Kultur oder der ethischen Zuversicht des klassischen China abhebt. Sie findet sich in kristallisierter Form in der um 1300 v. Chr. entstandenen Fassung des Gilgamesch-Epos durch den urukischen Oberschreiber Sin-leqe-unnini, in den wohl berühmtesten Zeilen altbabylonischer Literatur:

Gilgamesch, wohin läufst du? Das Leben, das du suchst, wirst du sicher nicht finden! Als die Götter die Menschen erschufen, teilten den Tod sie der Menschheit zu, nahmen das Leben für sich in die Hand. Du, Gilgamesch – dein Bauch sei voll ... feiere täglich ein Freudenfest! ... Schau den Kleinen an deiner Hand, die Gattin freu' sich auf deinem Schoß! Solcher Art ist das Werk der Menschen.

DER UNTERGANG SUMERS

ANGESICHTS IHRER GEMEINSAMEN ABHÄNGIGKEIT vom Bewässerungssystem des Euphrat hätte es eigentlich im Interesse der Stadtstaaten im irakischen Tiefland liegen müssen, trotz aller politischen Differenzen miteinander zu kooperieren. Statt dessen ziehen sich bis zur gegenseitigen Vernichtung betriebene kriegerische Auseinandersetzungen wie ein Leitmotiv durch das gesamte 3. Jahrtausend v. Chr. Auch hier läßt sich kein größerer Kontrast denken als das früh geeinte und geeint bleibende Ägypten. Die Rivalität zwischen den Stadtstaaten wurde oft mit erbitterter Heftigkeit ausgetragen, wie etwa in der langen Fehde zwischen Umma und Girsu, in der es um die Kontrolle über einen Arm des Euphrat ging (2500–2300 v. Chr.). Die Oberherrschaft der Dynastie von Akkad (2300–2150 v. Chr.) im Norden der Tiefebene war ein weiterer Konfliktstoff. Seine letzte Blütezeit in Unabhängigkeit erlebte der Süden zwischen 2100 und 2000 v. Chr. unter der Führung der Stadt Ur. Begründet von einem Feldherrn, Urnammu, knüpfte die III. Dynastie von Ur an die alte, glanzvolle Tradition Sumers an. An den alten sumerischen Kultstätten wurden große Zikkurats errichtet – in Uruk, Eridu, Ur, Larsa und Nippur. Ihre prachtvollen Tempel wiesen Kostbarkeiten von unermeßlichem Wert auf. Urnammu und seine Familie waren große Förderer der Literatur. Sie ließen unter anderem Abschriften der alten sumerischen Heldenepen über die Könige von Uruk und ganz besonders über Gilgamesch, von dem sie ihren Anspruch auf die Königswürde herleiteten, anfertigen. Schulgi von Ur führte im Laufe seiner achtundvierzigjährigen Herrschaft folgenschwere und kostspielige Reformen durch, die unter anderem die Wiederbelebung eines uralten Brauchs vorsahen, demzufolge die neunzehn Städte von Sumer dem Nationalheiligtum von Nippur einen hohen monatlichen Tribut zu entrichten hatten. Monat für Monat gingen nun große Mengen von Nahrungsmitteln und Opfertieren an ein zentrales Depot für Opfergaben in Nippur. Diese enormen Ausgaben führten wahrscheinlich auch zu den wachsenden Finanznöten der Dynastie. Dazu kam, daß sich das Klima in der Ebene offenbar veränderte. Durch lange Trockenperioden wurde ein großer Teil des bestellbaren Landes unbrauchbar. Alte Aufzeichnungen zeigen, wie man vom Weizenanbau zum Anbau der salzresistenteren Gerste überging, um mit der Versalzung des Bodens fertigzuwerden. Verheerend wirkten sich die alljährlichen Raubzüge fremder Nomaden aus. Vor den Eindringlingen aus Syrien sollte die von Schusin gebaute »Martu-Mauer« im Nordwesten schützen, auf der ständig Soldaten patroullierten. Den endgültigen Zusammenbruch des sumerischen Reiches erlebte Schusins Nachfolger,

Die »Geierstele«: der Anfang organisierter Kriegsführung.
Ca. 2400 v. Chr.

Ibbisin. Mittlerweile mußte war viel Land wegen Versalzung aufgegeben worden. Es gab nicht mehr genügend Nahrung für die Bevölkerung. Die Preise schossen in die Höhe, allen voran die für Getreide mit einer sechzigfachen Teuerungsrate. Der internationale Handel, auf den Sumer für lebenswichtige Rohstoffe immer angewiesen war, kam zum Erliegen. Die Handlungsfähigkeit der Regierung versagte, schreckerfüllte Botschaften verloren sich zwischen dem König und seinen Außenposten, während der Kreis der Feinde sich enger zog. Düstere Orakelsprüche prophezeiten das Schlimmste, das dann in der Tat auch eintraf. Es war das ewige Problem in der Geschichte der irakischen Tiefebene – wie sollte man die fruchtbare und dichtbesiedelte Ebene, die keinerlei natürliche Grenzen besitzt, gegen die zahlreichen Feinde von außen, die es nach ihrem Reichtum gelüstete, verteidigen? Erst in jüngster Zeit wurden wir selbst Zeugen dieses immerwährenden Kampfes.

Das Ende der III. Dynastie von Ur ist der tiefste Einschnitt in der Geschichte von Sumer. Um 2000 v. Chr. wurde das Land von einer alliierten feindlichen Armee verwüstet. Die Elamiter aus der Gegend des heutigen Iran hatten sich mit den Wüstennomaden verbündet. Alle großen Städte von Sumer wurden geschleift, die Tempel zerstört, ihre Schätze geplündert und die Einwohnerschaft hingemetzelt, versklavt oder vertrieben. Schließlich fiel Ur selbst und wurde niedergebrannt. Ibbisin, der letzte König von Ur, wurde als Gefangener nach Elam verschleppt. Die schrecklichen Ereignisse jener Tage hinterließen unauslöschliche Narben auf der Seele dieser Kultur. Alte Klagelieder schildern die Vernichtung Sumers und seiner Städte:

> *Zerstört ist Ur, bitter schallt sein Klagen. Das Blut des Landes ergießt sich wie flüssige Bronze in ihre Form. Leichname schmelzen wie Fett in der Sonne. Unser Tempel liegt in Trümmern, die Götter haben uns verlassen wie Zugvögel. Rauch hängt über unserer Stadt wie eine dunkle Wolke.*

Bis ins hellenistische Zeitalter hinein wurden diese Wehklagen jedes Jahr bei den Tempelfesten im Süden rezitiert. Auch beim Wiederaufbau eines im Krieg oder Frieden zerstörten Tempels erklangen diese Worte, als sollten sie die Menschen an die Zerbrechlichkeit der Zivilisation erinnern. Das Klagelied hatte eine lange Tradition in der sumerischen Kultur, und die Stadtklagen stellen nur einen kleinen Teil einer riesigen Zahl ähnlicher, als *Ersemma* oder *Balag* bezeichneter Kompositionen dar, die aus den Tempelarchiven erhalten sind. Sie alle verstärken den Eindruck einer bemerkenswert pessimistischen Einschätzung der Geschichte und des menschlichen Schicksals. Man ist unwillkürlich geneigt, diese Einstellung mit der späteren schiitischen Kultur zu vergleichen, die auf demselben fruchtbaren Boden des südirakischen Schwemmlands entstand.

VON DER ALTEN WELT ZUM ISLAM

DIE URBANE KULTUR des Südirak erwies sich jedoch trotz aller geschichtlicher Katastrophen als ungeheuer beständig und dauerhaft. Auch nach der Zerstörung um 2000 v. Chr. wurden die Städte und Tempel wiederaufgebaut. Das Land zwischen den Strömen stand im 2. und 1. Jahrtausend v. Chr. nacheinander unter der Herrschaft der Babylonier, Kassiten, Hethiter, Assyrer, der Neo-Babylonier Nebukadnezars, der Perser, Griechen, Parther und anschließend, in der Zeit vor der arabischen Eroberung, der sassanidischen Perser. Trotz dieser fortwährenden Fremdherrschaft blieb die Kultur selbst mesopotamisch in ihrem Brauchtum, in ihren administrativen Strukturen und in der Sprache der einheimischen Bevölkerung, deren Arabisch vom Aramäischen herkommt, das in frühchristlicher Zeit im Nahen Osten gesprochen wurde und wiederum vom semitischen Akkadisch abstammt, das bereits 2000 v. Chr. in Babylonien Landessprache war. (Offenbar war das Sumerische schon damals eine tote Sprache, in griechischer Zeit allenfalls für die Aufzeichnung literarischer und liturgischer Texte noch in Gebrauch.) Bis ins 3. Jahrhundert v. Chr. bewahrten sich die großen Tempel im Süden ihre kultische und administrative Eigenständigkeit und wurden in traditioneller Bauweise wiederaufgebaut. Doch das Gesicht der Welt änderte sich. Die griechische Eroberung des Nahen Ostens unter Alexander brachte neue geistige Strömungen ins Land. Der Irak war immer ein Knotenpunkt, an dem sich Morgen- und Abendland begegneten, und die internationale Kultur des Hellenismus legte den Grundstein zu einem Zeitalter großartiger geistiger Leistungen, zu Gedankengebäuden auf kulturellem, historiographischem und religiösem Gebiet. Im Laufe der folgenden Jahrhunderte brachte der Fruchtbare Halbmond neue Weltreligionen hervor, die alle stark von den unterschiedlichen Traditionen und Einflüssen inspiriert waren, die die hellenistische Epoche mit ihrer Vermischung von Elementen aus der persischen, arabischen, jüdischen und griechischen Religion und Kultur charakterisierten. Bis ins 4. Jahrhundert stritten sich noch das Christentum und der Manichäismus um den Titel »Weltreligion«. Den Sieg als letzlich prägende und verändernde Kraft im Nahen Osten trug jedoch der Islam davon. Wie die anderen Religionen nahm auch er jüdische, christliche und zoroastrische Elemente in sein Gedankengut auf, doch mit seiner radikalen und demokratischen Botschaft und mit seinem Gebrauch der arabischen Sprache sollte er die alten Kulturen des Nahen Ostens grundlegend wandeln.

Im 7. Jahrhundert v. Chr. besiegten arabische Heere die Armeen des sassanidisch-persischen Reiches, dessen Stern im Sinken begriffen war, und brachten den neuen Glauben nach Mesopotamien. Wie die meisten Invasoren der Geschichte bildeten sie zunächst eine kleine Minderheit. Die Mehrheit der Bevölkerung übernahm den Islam erst im Laufe der nächsten vierhundert Jahre, folgte allerdings der sunnitischen Tradition ihrer islamischen Eroberer nicht. Vielmehr entwickelte der Islam nach der arabischen Eroberung des irakischen Südens, des alten Sumer, in dieser Region eine Sonderform, die die alten Wurzeln bewahrte: den Schiismus. Die Masse der Bevölkerung, die armen Bauern des Südens, Nachkommen der aramäisch sprechenden Bewohner des präislamischen Mesopotamien, verleugneten nie ihre althergebrachten Gottesdienstformen, auch wenn ihr Glaube sich nun auf die beiden Märtyrergestalten des 7. Jahrhunderts, Hussain und Ali, konzentrierte, die nach schiitischer Überzeugung die wahren Erben der geistlichen Autorität des Propheten Mohammed sind. Die damit entstandene Spaltung in Sunna und Schia ist eines der Grundprobleme der islamischen Welt geblieben. In der heiligen Stadt Kerbela haben die Schiiten die schon vor der Islamisierung jahrtausendealte sumerische Tradition der Klage so treu bewahrt wie kaum eine andere Glaubensrichtung. Überhaupt scheinen viele der Bräuche der Schiiten in eine weit ältere irakische Vergangenheit zurückzureichen: ihre Gottesdienstformen, ihre Reinigungsrituale, der Ehevertrag, die Organisation der Priesterschaft und ihre Begräbnisriten. Besonders enge Parallelen zu den Riten der versunkenen Welt Sumers aber weist das schiitische Klagelied auf, vor allem in seiner weiblichen Form. Diese eindrucksvollen Traditionen sind lebendige Überreste der vielleicht am tiefsten verwurzelten religiösen Erfahrung Mesopotamiens. Selbst das äußere Erscheinungsbild der großen schiitischen Moscheen von Hussain und Abbas in Kerbela und von Ali in Nejef rufen Erinnerungen an die Bauweise des alten Sumer wach. Auch wenn sie durch iranische Mäzene zahlreiche Renovierungen im persischen Stil erfuhren, zeigen die kunstvollen Mosaiken und geometrischen Zeichnungen auf ihren Fassaden doch noch immer dieselben Muster, wie sie schon die Heiligtümer von Uruk, Obed und Eridu zierten. »Wahre Tempel«, heißt es in den sumerischen Hymnen, »schimmern wie Regenbogen in der hellen Sonne«.

DIE FRÜHZEIT DES ISLAM

IN DEN ERSTEN JAHRHUNDERTEN der moslemischen Herrschaft blühte der Irak auf. Aus dem 10. Jahrhundert sind zwei faszinierende Momentaufnahmen des damaligen Mesopotamien erhalten. Die eine stammt von Ibn Serab (ca. 900), die andere aus einem persischen Geographiebuch von 982 n. Chr. Beide beschreiben die Fruchtbarkeit des Landes und die lebendige Atmosphäre der Städte: »Sitz von Gelehrten und Kaufleuten … inmitten kühlender Gewässer und einer blühenden Landschaft«. Eine dieser wohlhabenden Städte war das alte Heiligtum von Mesopotamien, Nippur. In den Jahrhunderten nach der islamischen Eroberung entstand hier in einer Stadt, die so multikulturell war wie eine der amerikanischen Metropolen heute, eine gemischte Gesellschaft, die nicht das geringste mit unseren konventionellen westlichen Vorstellungen vom Islam zu tun hatte. So war unter den Dächern der Lehmziegelbauten unter anderem eine rührige jüdische Gemeinde mit einer eigenen Schule zu Hause. Im 1. Jahrtausend n. Chr., in einer Zeit dynamischen Austauschs zwischen jüdischer und islamischer Kultur, entstand hier, in den städtischen Zentren des südlichen Irak wie Nippur, der Talmud, die größte Sammlung jüdischer Lehren. Neben der Freitags-Moschee gab es in Nippur eine nestorianisch christliche Kirche mit einem Bischof – im 10. Jahrhundert waren die Christen wahrscheinlich sogar noch in der Mehrzahl. Es gab Mandäer und Manichäer (deren Prophet Mani bei Ktesiphon geboren und in den Marschen aufgewachsen war; er begründete eine Weltreligion, die sich vom Irak über Asien bis nach China ausbreitete).

Doch welcher Gemeinschaft man auch angehörte, man lebte weiterhin mit den alten babylonischen Vorstellungen von Planeten, Sternen und Dämonen. Noch heute fördern schwere Regenfälle in den Wadis des westlichen Viertels der Altstadt von Nippur alte Tonschalen mit Zaubersprüchen zutage, die Inschriften in Hebräisch, Syrisch, Mandäisch und im Aramäisch der Anhänger Manis tragen. Sie geben uns einen faszinierenden Einblick in die offenbar ungebrochen fortbestehende Welt der alten babylonischen Zauberkunst in den Jahren vor und nach der islamischen Eroberung. Die Schalen hatten eine höchst simple Funktion. Wenn man ein Problem hatte, ging man zum Zauberer des Viertels. Der wählte dann einen passenden Zauberspruch aus und schrieb ihn spiralförmig in die Höhlung des Gefäßes. Der Zauberspruch forderte zum Beispiel die Dämonin Lilitu (ein altes babylonisches Geistwesen) auf: »Verschwinde aus unserem Leben, laß meine Frau in Frieden, laß meine Familie in Ruhe, meine Schafe, mein Vieh, meine Felder, hebe dich hinweg von uns.« Der Zauberer malte dazu ein Bild des Dämons in die Mitte der Schale. Einige dieser Wesen waren insektenartige Geschöpfe, ihre Füße gefesselt, um sie am Boden festzuhalten; andere hatten Zikkurats als Köpfe, als besäßen die alten Ruinentürme noch immer geheimnisvolle Macht. Der Ratsuchende nahm die Schale mit nach Hause und vergrub sie mit der Öffnung nach unten an der Mauer oder unter der Schwelle seines Hauses, so daß die Dämonen innen gefangen waren. Dieser Brauch zeigt deutlich den endgültigen Niedergang des alten babylonischen Pantheons, dessen Götter allenfalls noch als Dämonen ein kärgliches Dasein fristeten, ein Aberglaube für die Ungebildeten und Armen. Da finden sich Bel und Nergal, griechische Gottheiten wie

Zeus, Hermes und Apoll, und iranische Geister aus der sassanidischen Herrschaftsepoche. Dies war das traurige Ende von Inanna, »der Herrin des Himmels«, die auf den Gefäßen als Dschinn Nanna erscheint. Auch die Welt der Geister bleibt vom Wandel der Zeiten nicht verschont. Einige der alten Glaubensüberzeugungen, besonders der Beschwörungszauber, haben unter der armen Bevölkerung des Irak – und zwar jüdischer, christlicher wie muslimischer Prägung – bis in unsere Zeit überlebt. Noch in den sechziger Jahren konnte man im Süden weise Männer finden, Kundige der alten Volksreligion, sogenannte »Öffner«, die noch immer ihre Bücher mit den alten Zaubersprüchen zu Rate zogen.

Im 9. Jahrhundert dann brachte die kraftvolle Mischung arabischer und persischer Kultur mit ihren jüdischen, christlichen und moslemischen Elementen eine neue mystische Bewegung hervor und mit ihr religiöse Dichter, die in der Welt ihresgleichen suchen – die Sufis. Bagdad und die Städte des Irak bildeten damals das Zentrum der islamischen Welt. Handelsknotenpunkte wie Kufa und Basra waren wahre Sammelbecken neuer geistiger und religiöser Strömungen, kamen doch über die Handelsrouten nach Indien und Zentralasien, Ägypten und in den Mittelmeerraum ständig neue Gedanken und Kunsterzeugnisse in die Stadt. Viele der ersten Sufis aus Bagdad und Basra ließen sich von dieser Vielfalt inspirieren. Der große Mystiker und Märtyrer al-Halladsch war in der christlichen und griechischen Gnosis bewandert und hatte Indien besucht, wo er wahrscheinlich die Upanischaden und die Bhagavadgita kennenlernte. Ein anderer großer Sufi wurde in der alten heiligen Stadt Nippur geboren: al-Niffari, der »Mann der Visionen«. In den fünfziger und sechziger Jahren des 10. Jahrhunderts bereiste Niffari – wie Halladsch – zahlreiche Länder, darunter auch Ägypten, kehrte jedoch immer wieder in den Süden zurück, nach Basra, Nil und Nippur. Dabei kritzelte er unablässig Offenbarungen in seine Notizbücher, »Worte, die ihm als Gabe und Geschenk von Gott zuteil wurden«. An einem Ort so voller unsterblicher Traditionen – im Schatten der Ruinen der Zikkurat von Urnammu – kann es im Grunde nicht verwundern, daß aus Niffaris Visionen die uralte Stimme Sumers zu uns zu sprechen scheint. »Ich sah die Furcht über die Hoffnung herrschen und Reichtum zu Staub werden, ich sah die Armut als Feind, ich sah, wie diese Welt eine Täuschung war und der Himmel ein Trug, ich sah jedes geschaffene Ding, und es floh vor mir, und ich blieb allein zurück«.

Die meisten religiösen Gemeinschaften des frühislamischen Mesopotamien bestanden bis in die Moderne. Als Nippur im 14. Jahrhundert unterging, wanderte die mandäische Gemeinde ins Marschland aus, nach Amara und Suk-esch-Schujuch und in jene dreißig anderen Dörfer, die in den Berichten der ersten europäischen Reisenden, die in diese Gegenden vordrangen, erwähnt werden. Dort existierte sie bis ins 20. Jahrhundert, als viele ihrer Glieder nach Bagdad zogen, wo sie bis heute ihr traditionelles Gold- und Metallhandwerk ausüben. Als »Volk des Buches« wie die Juden und Christen unter dem Schutz des Koran stehend, sind die Mandäer ein erstaunliches Überbleibsel der alten religiösen Traditionen Mesopotamiens, aber sie verbinden uns auch mit der Täufer-Bewegung, aus der das Christentum hervorging. Das Ursprungsland ihrer Sekte war Palästina, und sie bezeichneten sich wie Jesus als Anhänger Johannes des Täufers: *mandaje* oder *nasoraje*. (Wenn Matthäus Jesus einen »Nasoräer« nennt, dann mög-

Oben: *Die Jesiden, deren Religion im Mittelalter aus der Verschmelzung christlicher, jüdischer und islamischer Traditionen entstand, haben auch den manichäischen Dualismus in ihren Glauben aufgenommen. Für sie muß vor allem Satan versöhnt werden.*

Rechts: *Das Spiralminarett in Samarra. Ein frühislamisches Abbild des Turms zu Babel? Im 8. Jahrhundert n. Chr. erbaut, ist das Minarett fünfzig Meter hoch.*

licherweise, weil er ein der Täuferbewegung angehörender »Gnostiker« oder »Frommer« war.)

Zu den mandäischen Hochzeitszeremonien gehört unter anderem die Eintauchung im Tigris, der zum Gedächtnis an Palästina noch immer Jordan genannt wird. Das Ritual wird in mandäischer Sprache gehalten, einem Dialekt des Aramäischen, das auch Jesus sprach.

Andere mandäische Bräuche vermitteln das fast zweitausendjährige Leben der Mandäer in Babylon. Wenn der Bischof einen neuen Priester weiht, muß dieser sich einer Prüfung im dunkelblauen Zelt unterziehen, einem Zelt in der Farbe des bösen Blicks. Er muß sieben Tage und sieben Nächte wachen, wie Gilgamesch bei seiner gescheiterten Initiation in die Unterwelt. Die Mandäer erinnern uns daran, daß Pluralismus und Toleranz wesentliche Eigenschaften der Zivilisation sind, und sie sind zugleich ein lebendiges Beispiel dafür, mit welcher Zähigkeit die Iraker trotz aller Katastrophen in ihrer wechselhaften Geschichte an einigen ihrer ältesten Traditionen festgehalten haben. »Das Leben siegt«, heißt es in der mandäischen Hochzeitsliturgie.

BAGDAD: »DIE VORNEHMSTE STADT DER WELT«

BAGDAD WURDE im 8. Jahrhundert n. Chr. von den arabischen Eroberern am Westufer des Tigris gegründet, eine der letzten nach mesopotamischem Zuschnitt erbauten Städte. Stellte sich Babylon auf dem Reißbrett als riesiger Rhombus dar, Borsippa als Quadrat und Akkad als Dreieck, so bildete das Herz des abbasidischen Bagdad einen weiten Kreis mit einem Durchmesser von drei Kilometern, unterteilt in Bezirke für die verschiedenen Gewerbe, Handwerkszweige und Läden, mit der königlichen Moschee als Zentrum. Wie Venedig war die Stadt durch ein Netzwerk unzähliger Kanäle verbunden. Bagdad wurde zur kulturellen Metropole der damaligen Welt: »Eine Stadt der Gelehrten und erlesensten Kunstschätze«, schrieb der persische Geograph 982, »die reichste Stadt der Welt, Treffpunkt der Kaufleute, wimmelnd von Menschen«. Heute ist nur noch wenig von dieser Zeit zu spüren. Die zahlreichen Zerstörungen, die Bagdad trafen, haben so gut wie alle Spuren der einstigen Herrlichkeit ausgelöscht, bis auf den alten Friedhof und die zugige Gedenkstätte für Halladsch. Die mittelalterliche, mauerbewehrte Stadt erhob sich am Ostufer des Flusses, wo noch Reste der Stadtmauer mit ihren Toren und einige mittelalterliche Gebäude zu sehen sind, am auffallendsten die Moschee des Schutzheiligen der Stadt, Abd al-Gailani, die immer noch zahlreiche Pilger anzieht. Sie wurde zu einer Zeit erbaut, als in der ganzen islamischen Welt Ausbildungsstätten für Gelehrte entstanden, noch vor den ersten Universitäten des Westens, vor Oxford, der Sorbonne und Bologna: eine Kombination aus Schule und religiösem Zentrum mit Küchen und Nebengebäuden ganz im Stil ähnlicher Institutionen des alten Mesopotamien. Die vergeistigte Atmosphäre der Innenhöfe läßt die großen Gelehrten der Vergangenheit lebendig werden, die hier forschten und lehrten, Männer, die die heiligen Bücher des Judentums und des Christentums übersetzten, »um die Ratschlüsse Gottes besser begreifen zu können«. Das mittelalterliche Bagdad war berühmt für seinen wissenschaftlichen Forschergeist. Man denke zum Beispiel an al-Nadim, den Sohn eines der achthundert humanistischen Buchhändler im Bagdad des 10. Jahrhunderts n. Chr., der es unternahm, »einen Katalog der Bücher aller Völker« zu erstellen, »arabischer und ausländischer, die in arabischer Sprache geschrieben sind und von den verschiedenen Wissenschaften handeln, nebst Auskünften über ihre Verfasser«. Da war al-Masudi, ein Historiker, der Christen, Anhänger Zoroasters, Juden, Griechen und sogar Hindus für seine *Historischen Annalen* interviewte und den seine Recherchen von der Türkei bis ins Dekkan in Indien führten. Und wie steht es mit al-Rasi, dem großen Arzt, der die arabische Medizin revolutionierte und im übrigen die Autorität sämtlicher Propheten schlankweg leugnete? »Humanistische Bildung«, schrieb einer der bedeutendsten Lehrer von hier, Abd al-Latif, »hinterläßt ein Leuchten, wie einen hellen Strahl, der auf die fällt, die nach uns kommen.«

Im Gailani-Schrein, im funkelnden Allerheiligsten mit seinen zahllosen Spiegeln und Prismen, deren Pracht noch heute etwas von der versunkenen prä-islamischen Welt ahnen läßt, wird der Besucher einmal mehr an die alten religiösen Bräuche Mesopotamiens erinnert. Gailani, Heiliger, Dichter und Mystiker, war der Begründer des großen

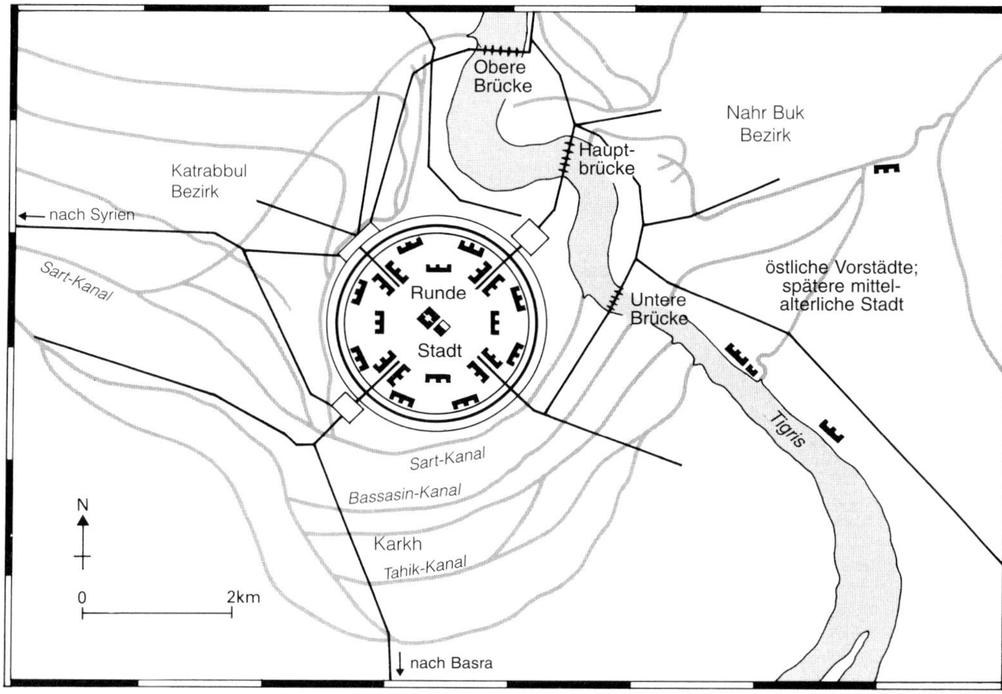

Bagdad ca. 800–1000 n. Chr. Die Runde Stadt war von Vorstädten, die Sitz der einzelnen Handwerke und Gewerbe waren, umgeben. Die zahlreichen Buchhändler zum Beispiel waren zwischen dem Sart-Kanal und dem Bassasin-Kanal ansässig.

Sufi-Ordens Qadirija. Wer sich in seinem Heiligtum die Zeit für einen Augenblick der Ruhe und der Kontemplation nimmt, spürt zugleich etwas von der lebendigen Kraft des irakischen Islam – Schia und Sunna. Der »fundamentalistische« Schiismus, wie er seit der Revolution von 1979 im Iran Khomeinis und der Ajatollahs propagiert wird, unterscheidet sich radikal vom traditionellen Islam der mittelalterlichen Humanisten, dem Islam visionärer Lehrer wie Ibn Arabi oder Suhrawardi. Heute, am Ausgang des 20. Jahrhunderts, ist der Islam, so wenig es dem reichen, selbstzufriedenen Westen auch gefallen mag, wieder eine gewaltige Macht in der Welt, ein Fanal für die entrechteten Völker Asiens und Afrikas. Er verkörpert ein Ideal, für das Menschen leben und sterben, gerade weil er im Kampf zwischen Tradition und Moderne, der heute in der ganzen Welt ausgetragen wird, eine echte und umfassende Alternative zu den modernen säkularen Werten des Westens bietet.

Rechts: *Weihe eines mandäischen Priesters, Bagdad, Dezember 1989. Ein Brauch der vorislamischen Welt, der bis heute überlebt hat.*

Mitte: *Beschwörungsschale aus dem 6. Jahrhundert aus Nippur. Mesopotamische Zauberpraktiken überdauerten im südlichen Irak bis in die sechziger Jahre, vielleicht bestehen sie bis heute fort.*

Ganz rechts: *Nippur, die heilige Stadt von Sumer, die bis weit in die islamische Epoche hinein ihre religiöse Bedeutung behielt.*

Rechts unten: *Eine prachtvolle mittelalterliche schiitische Kalligraphie: Koran aus Mesched im Iran. »Die Erkenntnisse der Wissenschaften aus der ganzen Welt sind in die arabische Sprache übersetzt und in ihr zusammengetragen worden«, schrieb Al Biruni. »Durch das Arabische sind sie so harmonisiert worden, daß sie unsere Herzen überzeugen und ihre Anziehungskraft direkt in unsere Adern strömt.«*

DER FALL BAGDADS

VON DER ZEIT Harun al Raschids (763–809 n. Chr.) bis ins 11. Jahrhundert war Bagdad neben Konstantinopel und dem chinesischen Hsi'an eine der drei größten Städte der Welt. Wie sie war auch Bagdad Vermittlerin zwischen dem kulturellen Erbe der Antike, des Mittelalters und der Moderne. Das Gelehrtentum der mittelalterlichen Stadt erlebte durch die Einführung des Papiers aus China in der Mitte des 8. Jahrhunderts, in deren Folge die Massenproduktion von Büchern bei geringem Kostenaufwand möglich wurde, einen ungeheuren Aufschwung. Es war eine Welt der Korrespondenz, der Bibliotheken und Buchläden – eine Kultur des geschriebenen Wortes. Bagdad war aber auch Bindeglied zwischen der persischen und der arabischen Kultur – eine überaus fruchtbare Begegnung, die noch heute fortwirkt und aus der in der Vergangenheit einige der größten Werke auf dem Gebiet der Kunst, Architektur, Philosophie und Literatur hervorgingen. Daneben – und das wird im Westen oft vergessen – ist auch vieles vom wissenschaftlichen und philosophischen Vermächtnis der griechischen Welt durch arabische Gelehrte auf uns gekommen. In der Tradition des Islam, aber auch der alten mesopotamischen Astronomie und Mathematik stehend, haben sie das Wissen Griechenlands aufgenommen und verarbeitet. In Bagdad, diesem einzigartigen Schmelztiegel, flossen christliche, griechische und iranische Vorstellungen aus Naturwissenschaft, Medizin und Philosophie zusammen und wurden durch die arabische Sprache, Kultur und Gelehrsamkeit geprägt. Hier wurde das Erbe der Antike vermittelt, wie es die europäische Renaissance nicht besser vermochte.

Das gigantische Abenteuer eines ungegängelten geistigen Pluralismus und Forscherdrangs, auf das die mittelalterliche islamische Kultur sich eingelassen hatte, blieb im Hinblick auf die traditionellen Gesellschaften des Nahen Ostens folgenlos. Aufgerieben von inneren Streitigkeiten und sozialen Unruhen, hatte das Bagdad des 12. Jahrhunderts seinen Zenith endgültig überschritten. Der wirtschaftliche Niedergang des Irak schien unaufhaltsam. Es kam schließlich zu einer weiteren jener Tragödien, die den Verlauf der gesamten mesopotamischen Geschichte bis in unsere Zeit bestimmen, einer Tragödie, die noch heute als eine der größten Katastrophen in der tragischen Geschichte des Irak betrachtet wird. Das goldene Zeitalter kultureller Blüte in Bagdad endete mit dem verheerenden Mongolenangriff um 1258, bei dem die Stadt und ihr Kanalsystem vollständig zerstört wurden. Schon allein die Vernichtung der Bibliotheken von Bagdad war ein unermeßlicher Verlust für die Welt. Zu den vernichteten Werken gehört auch Nadims eigenhändige Abschrift seines gigantischen Bücherverzeichnisses *(Fihrist)*, von dem allerdings noch Teile einer anderen Abschrift erhalten sind, und Masudis Meisterwerk, die *Annalen*, sind für immer verloren. Einer der Überlebenden der Katastrophe hinterließ in einem eselsohrigen, wasserfleckigen Taschenkommentar zum Koran, der noch heute in der Gailani-Bibliothek zu sehen ist, die folgende ergreifende Notiz:

»Dieses Buch habe ich aus dem Tigris gerettet, in den die Mongolen es geworfen hatten. Jahr d. Hedschra 656 (nach dem westlichen Kalender 1258). Ich ermangle des Erbarmens Gottes, Mohammed Abdul Qadir aus Mekka.« Das ist ein Zeugnis für den unbesiegbaren Glauben, nicht nur an Gott, sondern auch an die kulturschaffende Macht des geschriebenen Wortes: eine der ureigenen Überzeugungen der mesopotamischen Zivilisation von ihren Anfängen an.

Der persische Dichter Saadi von Schiras befand sich in Abadan, als er die Nachricht von der Zerstörung »der vornehmsten Stadt der Welt« vernahm. Aus seiner Wohnung über den Tigris blickend, sah er vor seinem geistigen Auge, wie sich die Fluten des Stroms blutrot färbten. »Du fragst mich«, schrieb er, »nach der Zerstörung Bagdads? Sie war so entsetzlich, daß sie nicht mit Worten zu beschreiben ist. Ich wollte, ich wäre früher gestorben und hätte nicht mit ansehen müssen, wie die Barbaren die kostbarsten Früchte der Erkenntnis und Gelehrsamkeit vernichteten. Ich glaubte die Welt zu verstehen, doch dieses Gemetzel ist so unbegreiflich und sinnlos, daß mir der Verstand stillsteht. Die zermalmenden Räder der Zeit haben den Sieg über Vernunft und Wissen davongetragen.«

AUF DEM WEG IN DIE MODERNE

DIE ZERSTÖRUNG BAGDADS und seines Bewässerungssystems im Jahr 1258 markierte einen Wendepunkt in der Geschichte des Nahen Ostens. »Zweifellos wird es, selbst wenn den Irak in den nächsten tausend Jahren kein weiteres Unglück träfe, nicht möglich sein, das Land wieder zu dem zu machen, was es vorher war«, schrieb ein persischer Schriftsteller in bitterer, aber nüchterner Voraussicht. Gegen Ende des 16. Jahrhunderts hatte der Irak, die Wiege der Zivilisation, seinen kulturellen Tiefpunkt erreicht. Die alten Städte des Südens waren tot, das Land war wieder Wüste geworden; selbst die Neugründungen der islamischen Zeit, Kufa und Wasit, waren verschwunden. In Bagdad liefen zwar immer noch wichtige Handelsrouten zusammen, doch dieses Bagdad hinter Lehmmauern auf der Ostseite des Tigris war kaum ein Schatten seines einstigen strahlenden Selbst, die Stadt der Kalifen auf der anderen Seite des Flusses nur mehr ein gigantisches Ruinenfeld. Nur im Hafen von Basra und in der Universitäts- und Pilgerstadt Nejef regte sich noch Leben. Vierhundert Jahre osmanischer Herrschaft hinterließen ein von gierigen Militärs ausgeplündertes, ausgeblutetes Land. Die großen Errungenschaften der Renaissance, die Zeit der Aufklärung, die Entdeckung der Neuen Welt – sie drangen nicht bis hierher vor. So erlebte der Irak den Anbruch der Moderne wie ein Land, in dem die Zeit stehengeblieben war. Bis in die zwanziger Jahre unseres Jahrhunderts trugen seine alten Städte noch ganz und gar das Gepräge des 3. vorchristlichen Jahrtausends. Luftaufnahmen, die in den zwanziger Jahren von den Engländern gemacht wurden, vermitteln uns einen letzten Eindruck von diesem alten Irak, insbesondere von den heiligen schiitischen Städten Samarra, Nejef, Kerbela und Kadhimain. Nejef liegt schimmernd in der Wüste wie eine Fata Morgana aus längst vergangenen Tagen, noch immer umgeben von seinen hohen Mauern aus Lehmziegeln, vor denen die sonnengedörrte Euphratebene und die Ausläufer der westlichen Wüste beginnen. Im Zentrum der Stadt überschaut die Moschee Alis die Welt, wie einst die alten Tempel von Uruk oder Eridu. Nahaufnahmen des Bezirks, der sich in nordwestlicher Richtung an das Heiligtum anschließt, zeigen gewundene Gassen, Suks, Giebelhäuser mit Dachgärten und Erkern, das Labyrinth der Häuser, noch unberührt von den Strahlen der Morgensonne. In diesem Augenblick war Nejef ein exaktes Nachbild der mittelalterlichen Welt mit ihren Handwerkergilden, ihren Schreibern, Buchläden und Herbergen, ihren heiligen Männern, Lehrern und Pilgern.

Gerade in den heiligen Städten lebte diese verzauberte und verzaubernde Vision des alten Irak bis in unsere Zeit fort. Hier wurden die reichen mittelalterlichen Schia-Traditionen in Philosophie und Rechtswissenschaft pietätvoll bewahrt. Noch in den sechziger Jahren war die alte Tradition der Buchhändler und Handschriftenkopisten in Nejef lebendig. All das ist in den Ereignissen der letzten dreißig Jahre untergegangen, im rastlosen Modernisierungsdrang des Baath-Regimes, vor allem aber in den beiden Golfkriegen von 1980–88 und 1991, im Krieg in Kurdistan und in den jüngsten Unruhen im Süden.

Die Entdeckung des Öls, und zwar des zweitgrößten Vorkommens der Welt, veränderte den Lauf der irakischen Geschichte. Nach dem Zusammenbruch des osmani-

Die schiitische heilige Stadt Kerbela mit ihrem Zwillingsheiligtum für Hussain und Abbas. Das Herz der Altstadt, einschließlich des Suks zwischen den beiden Moscheen, wurde nach dem Aufstand von 1991 dem Erdboden gleichgemacht.

schen Reiches war die Unabhängigkeit des nordirakischen Staats an Bündnisse mit größeren und entfernteren Mächten als einst in Mesopotamien geknüpft, Mächte, die nach wie vor die Staaten und Völker der Region gegeneinander ausspielten, um die Kontrolle über den natürlichen Reichtum des Landes zwischen den Strömen zu erlangen. So wurde der Irak wieder zu einem Mitspieler auf der Bühne der Welt, die Spaltung zwischen Schia und Sunna wieder zum entscheidenden Faktor im nahöstlichen Spiel der Kräfte. In den achtziger Jahren zog der Irak erneut gegen seinen alten Feind jenseits des Sagrosgebirges, die Perser; wieder kämpfte Schia gegen Sunna (und lag Schia im bitteren Bruderkrieg mit Schia).

DIE ZERSTÖRUNG SUMERS 1991

1991 tobte im Süden Mesopotamiens, in jener Wüste, in der die ersten Städte entstanden waren, ein neuer Krieg. Wieder war es ein Krieg um natürliche Ressourcen, ein Krieg der Zivilisation gegen die Barbarei. Und wieder sahen wir, wie es die alten Klagelieder schildern, »Rauch wie eine dunkle Wolke« über Sumer hängen.

In der Zeit nach dem Krieg von 1991 erhoben sich die Schiiten des Südens gegen ihre

Rekonstruktion des Palastes von Nebukadnezar in Babylon unter Saddam Hussein, 1989: Geschichte im Dienste der Diktatur.

sunnitischen Herren in Bagdad, wie sie es seit dem Mittelalter immer wieder getan hatten. Kerbela und Nejef, die heiligen Städte von Sumer, wurden wieder einmal geplündert, ihre Heiligtümer entweiht. Moscheen und Gebetshallen wurden in Trümmer gelegt, Lehrer hingerichtet oder ins Gefängnis geworfen, Bibliotheken zerstört und Handschriften verbrannt oder geraubt.

Nach dem Aufstand von 1991 wurde das Marschland des südlichen Irak, Heimat der fünftausend Jahre alten Kultur der Marsch-Araber, verwüstet und danach teilweise trockengelegt; Siedlungen wurden zerstört, eine Viertelmillion Menschen vertrieben, als das Feuer bis tief in die Sümpfe vordrang. Der lange Krieg, den die Regierung in Bagdad gegen die Mehrheit des eigenen Volkes austrug, hatte schließlich, nach den zerstörten Dörfern von Kurdistan und den geschändeten heiligen Städten der Schia, auf das Herz des Marschlandes übergegriffen. Der systematische Versuch, die traditionellen Kulturen des Irak zu zerstören, hatte seinen traurigen Höhepunkt erreicht, und das ausgerechnet in dem Land, in dem zum ersten Mal eine Zivilisation so etwas wie humanistische Ideale formuliert und eine Gesetzgebung hervorgebracht hatte, um die nackte Gewalt zu zügeln, »damit«, wie die Alten sagten, »Gerechtigkeit im Lande herrsche und die Starken die Schwachen nicht unterdrücken«. Die alten babylonischen Gelehrten glaubten nicht daran, daß die Geschichte der Menschheit auf Fortschritt ausgerichtet sei. Sie betrachteten sie vielmehr als einen Kreisprozeß menschlicher Weiterentwicklung, der jederzeit durch eine unvorhergesehene Katastrophe unterbrochen werden konnte, nach der die Menschen wieder ganz von vorne anfangen mußten: »Einst hatte Sumer, das große Land göttlicher Gesetze, alles, was zum Leben notwendig war. Du, Sumer, hast der Menschheit die Ideale der Zivilisation geschenkt, hohe Ideale, in ewiges Licht getaucht. Einst … als es keine Furcht gab, keinen Schrecken.«

DAS VERMÄCHTNIS DES IRAK

DIE ALTE ZIVILISATION des Irak beruhte auf der Stadt als Zentrum des wirtschaftlichen und politischen Lebens. Sie war abhängig vom internationalen Handel, von einer weitverzweigten Wirtschaft und folgenschweren Eingriffen in die Natur. Sie machte Gebrauch von der Schrift und vom geschriebenen Gesetz. Sie brachte, soweit wir es heute beurteilen können, eine pluralistische Gesellschaft hervor, und zwar von Anfang an. Die Kultur der sumerischen Städte war eine Kultur des Pessimismus, wenn auch eines »zuversichtlichen Pessimismus«, wie es in der Schia heißt. Ihre Weltsicht wurzelte tief in der kargen Landschaft, in der alles, wofür die Menschen sich abmühten, immer wieder durch Krieg oder Naturkatastrophen vernichtet wird – bis heute.

Die Einwohner Mesopotamiens betrachteten die Zivilisation als von der Natur abgetrennt, angesiedelt in einer künstlichen, vom Menschen geschaffenen Umwelt, die die menschliche Gesellschaft gegen die Bedrohungen der ursprünglichen Natur abschirmen sollte (ein Gegensatz, der auch dem Gilgamesch-Epos zugrundeliegt). Der Monotheismus, der religiöse Ausdruck der nahöstlichen Kultur, mit dem Schöpfer-Gott, der außerhalb seiner Schöpfung steht und ihr Gesetze gibt, spiegelte eine ganz ähnliche Naturauffassung. Die mesopotamische Stadtkultur repräsentiert damit einen dramatischen Bruch mit dem kulturellen Kontinuum der prähistorischen Welt, die Zehntausende von Jahren überdauert hatte und die klassischen Kulturen Indiens, Chinas und des amerikanischen Kontinents entscheidend prägte. Nur hier im Nahen Osten erfolgte dieser ungeheure Sprung nach vorn: in Technologie, Handel, Bewässerungsbodenbau, im Gebrauch der Schrift für ökonomische Zwecke, im Gedanken des territorialen Stadtstaats, der über die Bindungen traditioneller Clans und Familienverbände hinausging, in der kosmologischen Revolution, die die Götter von der Natur absonderte. Warum das nur im Nahen Osten um 3000 v. Chr. geschah, ist eine der großen Fragen der Geschichte. Auf jeden Fall wurden die hier zum ersten Mal gedachten Vorstellungen und Ideen zum Fundament der westlichen Kultur, wo sie in den letzten drei Jahrhunderten weiterentwickelt und schließlich zur universalen Erfahrung erklärt wurden. Zusammen mit dem Gedanken von der Freiheit des einzelnen gelten sie heute als die treibende Kraft der Geschichte.

Im Fernen Osten und auch auf dem amerikanischen Kontinent kam es nicht zu einer solchen Spaltung in der Psyche der Menschheit. Dort blieben die Stadt und ihre natürliche Umgebung Teil eines ganzheitlichen kosmologischen Gebildes, das zum Beispiel die Chinesen bis ins 19. Jahrhundert als sinngebende Basis der weltlichen Herrschaft

Sumer 1991. »Der Sturm erfüllte die Ebene … der Tag wurde vom Schatten des Rauches ausgelöscht … die Himmel verfinsterten sich.«

betrachten konnten. In der westlichen Kultur dagegen war die Stadt von Anfang an ein Artefakt der Zivilisation, ein Ort, an dem Gesetze und Institutionen die Identität des Menschen scharf von der ursprünglichen Natur trennten. Mit dieser Revolution, die vor fünftausend Jahren im Zweistromland ihren Ausgang nahm, versucht heute der Rest der Welt unter dem Druck des kolonialistischen und imperialistischen Zeitalters gleichzuziehen.

ZWEITES KAPITEL

INDIEN

Das Reich des Geistes

IM JAHR 1856 wurden die beiden britischen Ingenieure John und William Brunton mit dem Bau der ostindischen Eisenbahn von Karatschi nach Lahore im heutigen Pakistan beauftragt. Der eine der beiden, John, gehört zweifellos zu den Sonderlingsgestalten in der schillernden Geschichte der Archäologie. Noch zwei Jahre zuvor, während er damit beschäftigt war, in den Dardanellen Feldlazarette für den Krimkrieg zu bauen, hatte er eine Abteilung von Soldaten Grabungen am Berg Hissarlik vornehmen lassen. Es waren die ersten Ausgrabungen an der antiken Stätte von Troja. Jetzt, am Vorabend der indischen »Meuterei«, noch ferner der Heimat zum Ruhme des Empires tätig, hatte John Brunton andere Sorgen. Das Hauptproblem der Eisenbahnkonstrukteure im Schwemmland des Indus bestand darin, auf dem weichen Untergrund ein stabiles Fundament für den Schienenstrang zu errichten und das dafür erforderliche Baumaterial aufzutreiben. Im Süden, in Sindh, war man in diesem Zusammenhang auf eine geradezu geniale Lösung verfallen: Man bediente sich einfach der gebrannten Ziegel aus den Ruinen einer großen mittelalterlichen Stadt in der Nähe von Hala. Im Norden, zwischen Multan und Lahore, verlief die geplante Eisenbahnlinie ganz in der Nähe der Ruinen einer verlassenen Stadt, die unter dem Namen des in ihrer Nähe gelegenen Dörfchens bekannt war: Harappa. Geschützt von massiven Befestigungsanlagen aus Ziegeln, erhob sich die alte Zitadelle über dem mittlerweile ausgetrockneten Bett eines ehemaligen Zuflusses des Ravi. Der Fluß, der jetzt acht Kilometer entfernt verlief, zog zu Bruntons Zeit noch immer zahlreiche Hindu-Pilger an, und das blieb auch so bis zur Abspaltung Pakistans im Jahr 1947. Auf der Anhöhe fanden sich ein moslemischer Friedhof, eine kleine Backsteinmoschee aus Moghul-Zeiten und das Heiligtum eines moslemischen Ortsheiligen in friedlicher Koexistenz neben einem alten Hindu-Schrein des Gottes Schiwa mit Linga- und Yoni-Steinen (ein von den Bruntons leider übersehenes Indiz für das möglicherweise sehr hohe Alter des Heiligtums, war die Region doch seit dem 8. Jahrhundert fest in moslemischer Hand!). Der einmaligen historischen Entdeckung, die da unmittelbar vor ihren Augen lag, ungeachtet gingen die Ingenieure mit dem typischen sturen Pragmatismus viktorianischer Pioniere ans Werk und ließen die Festungsmauern abreißen, um daraus das Fundament für Hunderte von Schienenkilometern zu bauen, über die noch heute Züge rattern.

Während der Abbrucharbeiten stießen die Arbeiter auf zahlreiche Zeugnisse der Vergangenheit, darunter auch Specksteinsiegel, in die unbekannte Schriftzeichen sowie seltsame Figuren von Menschen, Bäumen und Tieren, vor allem von Stieren, eingeritzt waren. Die Funde wurden einem britischen General vorgelegt, der, wie es der Zufall wollte, Direktor des 1861 ins Leben gerufenen Archaeological Survey of India wurde.

Alexander Cunningham erkannte sofort, daß die Funde von Harappa sich von ähnlichen damals bekannten indischen Altertumsfunden unterschieden. Für die historische Forschung begann die indische Geschichte im späten 4. Jahrhundert v. Chr. mit dem mauryanischen Reich, zeitgleich mit den hellenistischen Nachfolgern Alexanders des Großen. Cunningham brachte einige der Siegel in den siebziger Jahren des 19. Jahrhunderts zur Veröffentlichung. Es sollte jedoch noch einmal ein halbes Jahrhundert verstreichen, bis das Rätsel um die Herkunft der geheimnisvollen Siegel gelöst wurde. Sie stammten aus einer bronzezeitlichen Metropole und waren damit mehrere tausend Jahre älter als die frühesten historiographischen Belege. Der Name des Ortes war durch mündliche Überlieferung von den Menschen bewahrt worden, die auf dem Hügel lebten und ihre Götter anbeteten, nachdem die einstige Stadt in der Mitte des 2. Jahrtausends v. Chr. untergegangen war.

DIE WIEDERENTDECKUNG DES PRÄHISTORISCHEN INDIEN

BIS IN DIE ZWANZIGER JAHRE unseres Jahrhunderts war Indiens prähistorische Entwicklung für die Forscher im wahrsten Sinne des Wortes ein unbeschriebenes Blatt. Anders als in China gab es in Indien bis zur Ankunft des Islam keine echte Geschichtsschreibung, so daß keine schriftlichen Zeugnisse zur Chronologie der frühen Dynastien existierten. Es gab lediglich epische Gedichte wie das *Mahabharata* und das *Ramayana*, die von einem legendären heroischen Zeitalter erzählen, und religiöse Texte. Diese heiligen Bücher waren nach Ansicht der Hindus seit undenklichen Zeiten durch mündliche Überlieferung von Generation zu Generation weitergegeben worden. Im Mittelalter waren sie in Sanskrit, der »heiligen Sprache«, niedergeschrieben worden, deren gesprochene Form der Vorläufer der meisten zeitgenössischen nordindischen Dialekte ist. Die Priesterkaste, die Brahmanen, die als einzige die alten, in den Texten beschriebenen Rituale bewahrte und in ihren Zeremonien vollzog, war nicht bereit, die Texte Nicht-Brahmanen überhaupt zugänglich zu machen oder sie gar kopieren zu lassen, da sie das als ein Sakrileg betrachtete. (Ganz ähnlich berichtet Julius Cäsar, daß es nach dem Glauben der angelsächsischen Druiden »gegen ihre Prinzipien« verstieß, »ihre Lehren schriftlich niederzulegen«.) Dieses Tabu hat sich in Indien außergewöhnlich lange gehalten. Noch in unseren Tagen konnte es vorkommen, daß ein brahmanischer Priester, der weder lesen noch schreiben konnte, in Benares auftauchte und ein langes religiöses Werk in Sanskritversen diktierte, das bis dahin unbekannt war und niemals aufgezeichnet wurde, von Stil und Sprache her aber eindeutig aus dem Mittelalter oder sogar noch früher datierte und lediglich auf mündlichem Wege in einer bestimmten Priesterlinie bewahrt worden war.

Im Westen wurde Sanskrit im 17. Jahrhundert bekannt, durch Männer wie Robert de Nobilis, der nach 1605 in Madurai den faszinierenden Versuch unternahm, eine Synthese aus hinduistischer und christlicher Metaphysik zu schaffen. Im 18. Jahrhundert, als die Europäer sich in ihr militärisches und ökonomisches Abenteuer Indien stürzten, erwachte in aufklärerischen Gelehrtenkreisen Interesse für die Götter und Rituale dieses Landes. Man stellte Spekulationen darüber an, daß der Hinduismus möglicherweise die ursprünglichste Religion der Welt sei, älter noch als die monotheistischen Strömungen des Nahen Ostens. In diesem geistigen Klima teilte Sir William Jones, ein britischer Richter und Polymath, im Jahr 1786 der Asiatischen Gesellschaft in Kalkutta seine berühmte Entdeckung mit, daß das Sanskrit durch eine gemeinsame Ursprungssprache mit dem Lateinischen und Griechischen verwandt sein müsse:

> *Die Sprache des Sanskrit ist, ungeachtet ihrer Altertümlichkeit, vollkommener als das Griechische, reicher als das Lateinische und sehr viel verfeinerter als beide. Dennoch ist seine Ähnlichkeit zu den beiden genannten Sprachen größer, als sich allein dem Zufall zuschreiben ließe. Diese Ähnlichkeit ist im Gegenteil so groß, daß kein Sprachwissenschaftler, der die drei Sprachen untersucht, sich der Überzeugung entziehen kann, daß sie einer gemeinsamen Quelle entstammen, die möglicherweise nicht mehr existiert.*

Zu den auffallenden Parallelen, die Jones herausarbeitete, gehörte zum Beispiel die Identität des Wortes für »Vater« im Griechischen *(pater)*, Lateinischen *(pater)* und in Sanskrit *(pitar)*, eine Reihe, deren Verwandtschaft mit dem germanischen *fadar* und dem *father* des modernen Englisch augenfällig war. Jones (der neben zahlreichen anderen Sprachen auch Walisisch und Persisch beherrschte) ging davon aus, daß die keltischen und germanischen Sprachen einen anderen Zweig des einen »indoeuropäischen« Sprachbaumes verkörperten. In der Folgezeit wurden auch in weniger bekannten europäischen Dialekten bemerkenswerte Übereinstimmungen entdeckt. So kommt zum Beispiel dem entsprechenden Sanskrit-Wort *asva* das litauische Wort *aszwa* (Pferd) sehr nahe. Wenn aber alle diese Sprachen tatsächlich eine gemeinsame Wurzel hatten, hatten sie dann vielleicht auch einen gemeinsamen geographischen Ursprung?

Seit Jones hat die Frage nach der gemeinsamen Wurzel der indoeuropäischen Sprachen weitere Differenzierungen erfahren und ist noch heute Gegenstand heißer Debatten unter Sprachwissenschaftlern und Archäologen. Die Mehrheit der Forscher ist allerdings der Ansicht, daß Sanskrit nicht in Indien enstand, sondern im indoeuropäischen Großraum Osteuropas oder der Ukraine, von wo aus Sanskrit sprechende Völker im 2. Jahrtausend v. Chr. nach Nordwest-Indien einwanderten. Ihr Weg läßt sich relativ gut nachverfolgen. Im 14. Jahrhundert v. Chr. etablierte sich eine Indoeuropäisch sprechende Dynastie im Königreich Mitanni im oberen Mesopotamien. Die Namen einiger ihrer Gottheiten, auf Tontafeln überliefert, sind praktisch identisch mit den Götternamen des Sanskrit: Mitra, Varuna und Indra. Auch zu ihrer Terminologie für die Kriegführung mit Streitwagen – die klassische indoeuropäische Form der Kriegskunst – findet sich eine genaue Entsprechung im Sanskrit. Zur selben Zeit, um 1400 v. Chr., empfing der Prophet Zoroaster im Nordosten des Iran, am Ufer des Oxus, seine große Offenbarung, die in archaischem Persisch, das zahlreiche Parallelen zum frühen Sanskrit aufweist, in den *Gathas* aufgezeichnet ist. Allem Anschein nach hatten sich diese drei Zweige der indoeuropäischen Muttersprache damals noch nicht lange voneinander getrennt. Es gab aber bereits eine Sanskrit sprechende Bevölkerung im Gebiet der Nordwestgrenze und des Hindukusch.

Die Sanskrit sprechenden Indoeuropäer kamen im 2. Jahrtausend v. Chr. von Nordwesten nach Indien und ließen sich um den Fluß Kabul und im Pandschab nieder, wo sie vermutlich über einen langen Zeitraum ansässig waren. Die ältesten Sanskrit-Texte helfen uns, das Bild dieses Volkes weiter zu vervollständigen. So besteht der *Rigveda* aus 1028 an verschiedene Götter und Gottheiten gerichteten Opferliedern, die wahrscheinlich zwischen 1500 und 900 v. Chr. entstanden, die ältesten möglicherweise noch früher. Er wird noch heute in Hindu-Tempeln gesungen und spielt eine wichtige Rolle beim Volljährigkeitsritual der jungen Brahmanen. Obwohl die *Rigveda*-Dichtung erst im Mittelalter schriftlich niedergelegt wurde, hat sie die sprachlichen Ausdrucksformen des Bronzezeitalters doch mit erstaunlicher Genauigkeit bewahrt. In den älteren Teilen der Dichtung wird berichtet, daß die Sanskrit sprechende Bevölkerung im Nordwesten Indiens beheimatet war. Hinweise auf eine Zuwanderung von außen fehlen, so daß man davon ausgehen kann, daß das Volk bereits seit längerer Zeit in der Region lebte. Seine Angehörigen bezeichneten sich selbst als Arya, wörtlich »Edle« (ein indoeuropäisches Wort, das in Namen wie »Iran« und »Irland« (Eire) weiterlebt). Ihr Land erstreckte sich vom Kabul bis zum Oxus. Die später entstandenen Hymnen des *Rigveda* deuten darauf hin, daß sie sich bis ins Gebiet der »Sieben Flüsse«, das heutige Pandschab, ausgebreitet hatten. Erst die jüngsten Texte spielen im historischen Kernland der indischen Zivilisation, in den Tälern des Ganges und des Yamuna. Der *Rigveda* umspannt damit einen Zeitraum von mehreren Jahrhunderten, in deren Verlauf offenbar eine Sanskrit sprechende Aristokratie vom Oxus in Richtung Südosten bis zum Ganges vorstieß. Das Epos zeigt aber auch, daß die Arya nicht die einzigen Bewohner im Nordostindien des späten Bronzezeitalters waren. An vielen Stellen ist in verächtlicher Weise von den Dasa, Dasiern oder Panja die Rede, was »Dunkelhäutige« oder »Sklaven« bedeutet. Offensichtlich handelte es sich bei den Dasa um ein älteres einheimisches Volk. Sie waren »reich an Vieh«, der Goldbearbeitung kundig und besaßen Festungen und Städte, unterschieden sich jedoch in Sprache, Statur und Hautfarbe von den Arya. Darüber hinaus und zum offensichtlichen Abscheu der Arya waren sie *nisna-devi*, »Phallus-Anbeter«. Der *Rigveda* geht offensichtlich von einer langen Zeit wechselseitiger Kontakte zwischen Arya und Dasa aus, die sich zeitweise friedlich, zeitweise kriegerisch gestalteten, bis hin zur Zerstörung gegnerischer Städte und Festungen. Wer aber waren diese Dasa?

Darüber schweigen die frühesten Sanskrit-Quellen. Und das war auch der Erkenntnisstand um 1921, als die ersten wissenschaftlichen Ausgrabungen in Sindh und im Pandschab begannen, der Region der »Sieben Flüsse« aus dem *Rigveda*. Bis dahin war man allgemein davon ausgegangen, daß die klassische indische Kultur und die hinduistische Religion arischen Ursprungs seien, ein Glaube, der zweifellos durch die westlichen Ideen von der ethnischen und kulturellen Überlegenheit der Indoeuropäer zusätzlich Nahrung erhielt. Es war auf diesem Hintergrund schlechterdings unvorstellbar, daß der arischen Zivilisation eine weit ältere vorangegangen sein sollte, die zeitgleich mit den frühen Hochkulturen des alten Irak und Ägyptens blühte. Und doch wurde genau dies in den Jahren 1921–22 zur Gewißheit! Die Grenzmarke der indischen Geschichte verschob sich damit um mehrere tausend Jahre in die Frühzeit, und Indien wurde zur ältesten noch bekannten existierenden Zivilisation.

DIE VERSUNKENEN STÄDTE AM INDUS

1920 wurden unter dem indischen Archäologen Day Ram Sahni Ausgrabungen bei Harappa vorgenommen, wobei man den Spuren Alexander Cunninghams folgte. Trotz des Schadens, der durch die Material-Plünderungen der Bruntons entstanden war, förderten schon die ersten Probegrabungen weitere Siegel ähnlich denen, die um 1850 aufgetaucht waren, zutage. Die oberen Schichten zeugten von einer Besiedelung des Ortes während des mauryanischen Reiches (4.-3. Jahrhundert v. Chr.). Die tieferen Schichten waren offensichtlich prähistorisch, aber wie weit reichten sie zurück? Die Antwort auf diese Frage sollte rasch und dramatisch erfolgen.

Im nächsten Jahr begann R.D. Banerjee mit Ausgrabungen im Süden von Sindh, in Mohendscho-Daro, am »Hügel der Toten«. Gekrönt von einem Ziegel-Stupa aus dem 1. Jahrhundert n. Chr., wirkte Mohendscho-Daro wie eine Ruinenanlage buddhistischen Ursprungs, und Banerjee war auch ursprünglich auf der Suche nach buddhistischen Relikten. Fast sofort stieß er jedoch auf Belege für dieselbe prähistorische Kultur, die im Vorjahr bei Harappa entdeckt worden war. Die Festungsanlage erhob sich auf einem Hügel, der bei den Einheimischen »die Insel« hieß und durch Überflutungen des Indus von den östlichen Wohnquartieren der alten Stadt abgetrennt worden war. Die

Ganz links: *Mohendscho-Daro, Pakistan. Das »heilige Bad«, ca. 2500 v. Chr.*

Links: *Der »Priester-König« aus Mohendscho-Daro. Das Muster auf seinem Umhang entspricht dem »Himmelsgewand« mesopotamischer Gottheiten.*

Funde in Mohendscho-Daro zählen zu den spektakulärsten archäologischen Funden überhaupt.

Zu dem etwa vierhundertfünfzig Meter langen und wahrscheinlich stark befestigten Zitadellenkomplex gehörten eine Reihe eindrucksvoller Zeremonial- und Verwaltungsgebäude, unter anderem eine weitläufige Säulenhalle, ein riesiger Getreidespeicher und – besonders auffallend – ein großes, ausgemauertes Wasserbecken von zwölf mal sieben mal zweieinhalb Metern, das stark an die rituellen Wasserbecken, die heute noch überall in Indien zu sehen sind, erinnert. Mit diesem »Bad« war ein »College« (wie die Forscher den Komplex bezeichneten) verbunden. Der Tempel (falls es überhaupt einen gab) lag vermutlich unter dem buddhistischen Stupa auf dem Gipfel des Berges. Hier wurden jedoch keine Grabungen durchgeführt. In den Wohnvierteln fand man breite Straßen mit geräumigen Häusern. Jeder Wohnblock hatte einen eigenen Brunnen und öffentliche Latrinen. Die Abwasserkanäle waren so großzügig bemessen, daß man aufrecht darin gehen konnte. In mancher Hinsicht war diese Zivilisation weiter entwikkelt als die Ägyptens oder Mesopotamiens. Die Entdeckung von Siegeln aus dem Irak in Mohendscho-Daro legte eine Datierung der Blütezeit des Ortes in derselben geschichtlichen Epoche nahe, in der auch die Städte von Sumer auf dem Höhepunkt ihrer Macht waren – also um die Mitte des 3. Jahrtausends v. Chr.

Das winzige Siegel (ca. 2,5 cm²) stellt den »Herrn der Tiere« oder einen Büffelgott dar – vielleicht eine frühe Form des Gottes Schiwa.

Einige der Befunde aus Mohendscho-Daro stellten die Archäologen allerdings vor Rätsel, nicht zuletzt die auffallende Einförmigkeit der Ziegelbauweise. »Wer zum ersten Mal durch die Straßen geht, glaubt sich in die Industrieruinen einer Arbeiterstadt im heutigen Lancashire versetzt«, notierte einer von ihnen. Es fanden sich kaum Hinweise auf irgendwelche baulichen Verzierungen, fast keine figuralen Skulpturen, und der Aufriß der Straßen wirkte in seiner Regelmäßigkeit äußerst monoton. Im abschließenden Grabungsbericht ist von der »nüchternen Zweckmäßigkeit« der Architektur die Rede – kurz, das genaue Gegenteil des modernen Indien! Auf den gefundenen Siegeln waren heilige Bäume und Tiere abgebildet, darunter jene »heiligen« Kühe mit dem Fetthöcker, wie sie heute noch völlig unbehelligt durch die überfüllten indischen Basare trotten. Tonfigürchen der Muttergottheit glichen aufs Haar denen, die bis heute in Indien hergestellt werden. Ein Spielzeug-Ochsenkarren war das genaue Abbild der Karren, die noch heute im Pandschab unterwegs sind. Der eindrucksvollste Fund aber war ein Siegel, das eine Göttergestalt mit Hörnerkopfschmuck darstellt, die im Lotussitz mit ausgebreiteten Armen auf einem von gehörnten Ziegen gebildeten Thron sitzt, umgeben von Tieren des Waldes. Die Archäologen glaubten erkennen zu können, daß die Figur drei Gesichter hat und ithyphallisch ist, doch das Siegel ist so winzig, daß solche Details nicht mit letzter Sicherheit bestimmt werden können. All diese Attribute weisen jedoch eine große Nähe zu denen des Gottes Schiwa im mittelalterlichen und modernen Hinduismus auf, und zwar in seiner Rolle als »Herr der Tiere«. Es hat in neuerer Zeit Versuche gegeben, die Verbindung dieser bemerkenswerten Abbildung mit dem späteren Schiwa wegzuerklären; sie waren jedoch wenig überzeugend. Sicherlich macht auch die Ikonographie über die Jahrtausende hinweg eine Entwicklung durch, und Symbole behalten nicht unbedingt ihre ursprüngliche Bedeutung, doch daß dieses Bildchen so etwas wie einen »Proto-Schiwa« darstellt – möglicherweise in seiner Inkarnation als Stiergott – scheint unabweisbar.

Wie der Irak und Ägypten hatte also auch Indien eine bedeutende bronzezeitliche Kultur hervorgebracht, die ebenfalls schriftkundig gewesen ist. Ihre Verbindung zur späteren Geschichte blieb allerdings im Dunkeln. Das größte Hindernis war hier die Schrift selbst. Beispiele hatten als Gravuren auf Hunderten von Siegeln überlebt, doch auf keiner dieser Inschriften ist mehr als eine Handvoll Zeichen zu erkennen. Die Schrift dieser Kultur des Industales ist bis heute nicht entschlüsselt.

DIE INDUSTAL-KULTUR

IN DEN VERGANGENEN JAHRZEHNTEN hat sich unser Bild von der Zivilisation in Mohendscho-Daro und Harappa trotz mancher noch ungelöster Rätsel weiter gerundet. Wir kennen mittlerweile über eintausend Ansiedlungen dieser Kultur, von Afghanistan bis nach Delhi und von den Ausläufern des Himalaya bis nach Bombay. Das entspricht der flächenmäßigen Ausdehnung Westeuropas und ist größer als das alte Mesopotamien oder Ägypten. Am bemerkenswertesten ist jedoch, daß in diesem ganzen riesigen Gebiet eine einheitliche Kultur in Kunst, Schrift und Technologie herrschte, es wurden sogar überall die gleichen Maße und Gewichte verwendet. Die größte Stadt der Region, Mohendscho-Daro, hatte wahrscheinlich achtzigtausend Einwohner, das gesamte Staatswesen etwa fünf Millionen – falls das ein Staat war. Wie im Irak und in Ägypten war auch die Zivilisation im Industal von der Bewässerung durch den Fluß abhängig. Der Indus tritt jedes Jahr über seine Ufer und überflutet die Flußniederung. Auf dem so entstandenen Schwemmland zogen die Träger der alten Kultur Weizen, Gerste, Reis und Baumwolle. Baumwolle scheint in Sindh überhaupt zum ersten Mal in der Menschheitsgeschichte angebaut worden zu sein (daher die griechische Bezeichnung für Baumwolle – *sindon*, abgeleitet vom Namen des Anbaugebiets). Auch für die Industal-Kultur spielte der Fernhandel eine wichtige Rolle. Baumwolle, Edelhölzer, Elfenbein und Edelsteine wurden in die sumerischen Städte wie Ur verschifft, wo sich im 3. Jahrtausend v. Chr. sogar eine eigene Niederlassung von Kaufleuten aus der Indus-Region befand. Siegel der Industal-Kultur, die in Sumer gefunden wurden, lassen oft noch die Warenballen erkennen, an denen sie befestigt waren. Der Handel mit der Golfregion ist eine der ältesten internationalen Verbindungen der indischen Kultur. In den Aufzeichnungen eines griechischen Kaufmanns um 60 n. Chr. ist von Sandelholz, Elfenbein, Baumwolle, Gewürzen und Perlen aus dem Gudscherat die Rede. Dieselben Produkte sind bis heute im Mittelpunkt des Handels zwischen Basra und Indien.

DIE TIEFEREN WURZELN: NEUE AUSGRABUNGEN IN BELUTSCHISTAN

UNSER WISSEN ÜBER die Anfänge der Städte am Indus wuchs in den vergangenen Jahren durch Ausgrabungen in Mergharh bei Quetta im Nordwesten von Pakistan nochmals bedeutend. So mußte die Annahme einer kontinuierlichen Besiedelung der Indus-Region noch einmal um viertausend Jahre korrigiert werden, bis ins 7. Jahrtausend v. Chr., viertausend Jahre vor der Blütezeit von Harappa! In dieser Zeit bildeten sich im ganzen Nahen Osten von Palästina bis in den Iran die ersten Ackerbau-Kulturen heraus. Bis in die siebziger Jahre unseres Jahrhunderts gab es dagegen keine Belege für eine landwirtschaftliche Bodennutzung in Indien vor 3000 v. Chr. Die neuen Funde enthüllen, daß die Viehwirtschaft im Industal uralt war und daß es die Menschen dort schon in frühester Zeit zu hoher handwerklicher Perfektion brachten (etwa in der Speckstein-Bearbeitung). Auch der Fernhandel – mit Türkis und Lapis – reicht offensichtlich bis in jene Zeit zurück. Im 5. Jahrtausend v. Chr. verwendeten die Bauleute in Mergharh bereits die länglichen, plano-konvexen Ziegel, die in den späteren Städten am Indus als Baumaterial dienten. Auch Baumwolle wurde bereits angebaut. Im 4. Jahrtausend v. Chr. lag die kleine Stadt mitten in einer ausgedehnten, kulturell hochentwickelten Zone, die sich bis in den Iran erstreckte. Etwa um 2500 v. Chr. wurde der Ort verlassen, und eine etwa acht Kilometer entfernte, größere Stadt bei Nauschahro mit massiven Befestigungsanlagen aus Ziegeln und eindrucksvollen Bauten, zu denen möglicherweise auch ein Tempel gehörte, trat an seine Stelle. Damit aber befinden wir uns dann bereits in der Harappa-Epoche.

Nach den aufsehenerregenden neuen Entdeckungen von Mergharh steht fest, daß die Industal-Kultur ein genuin indisches Phänomen war, das sich aus den einheimischen prähistorischen Kulturen der Region entwickelte und nicht, wie manche Wissenschaftler vermutet hatten, aus der Verbreitung des irakischen Kulturguts hervorging. Wer aber waren die Menschen im Industal, wenn sie nicht arische Indo-Europäer waren? Waren sie möglicherweise die geheimnisumwitterten Dasa aus dem *Rigveda*? Seit den achtziger Jahren zeichnen sich auch hier neue Erkenntnisse ab. Entscheidend dafür war der vollgültige Beweis einer Verwandtschaft zwischen der alten prä-arischen Sprache des Iran, dem Elamischen, und den alten drawidischen Sprachen, die noch heute in Südindien gesprochen werden und deren bekannteste das Tamil ist. Diese Sprachen stammen alle von einer prähistorischen Sprache ab, die im Iran und in Nordwestindien gesprochen wurde und zweifellos auch in den alten Dörfern wie Mergharh. Die Ursprache zerfiel um 5000 v. Chr. in verschiedene Untersprachen, vermutlich erst nach der Erfindung des Ackerbaus, wie sich aus der Ähnlichkeit bestimmter landwirtschaftlicher Begriffe im Elamischen und Drawidischen schließen läßt. Der elamische Sprachzweig lebte in den frühen urbanen Gesellschaften im Iran zur Zeit der Blüte Sumers um 3000 v. Chr. weiter

Fruchtbarkeitsgöttin aus der mauryanischen Hauptstadt Patna zur Zeit Aschokas, 3. Jahrhundert v. Chr. Lebensgroße Skultpur aus poliertem Sandstein. Sie verkörpert seit prähistorischer Zeit bis heute das Ideal weiblicher Schönheit und Macht in der indischen Kunst.

und verschwand im 10. Jahrhundert n. Chr. Die drawidischen Dialekte dagegen werden noch heute von über zweihundert Millionen Südindern gesprochen.

Das wirft ein ganz neues Licht auf die altindische Geschichte, denn man muß nun davon ausgehen, daß die drawidischen Sprachen nicht hier im Süden entstanden, sondern erst nach 5000 v. Chr. von Belutschistan ins Gudscherat und nach Südindien kamen. Dort fanden die ersten Drawida Stammesverbände vor, die noch immer in den Waldgebieten, die sich nach Andhra und bis hinüber nach Orissa erstrecken, leben und wesentlich ältere religiöse und soziale Formen bewahrt haben. Erst gegen Ende des 1. Jahrtausends v. Chr., als sie im Süden Fuß gefaßt hatten, bauten die Drawida Städte und entdeckten die Schrift für sich.

Das Aufspüren dieser sprachlichen Bindeglieder verändert unser Bild von der Industal-Kultur, da sie es praktisch sicher erscheinen lassen, daß zur Zeit von Mohendscho-Daro und Harappa im Industal eine Vorform des Drawidischen, die mit dem modernen Tamil verwandt ist, gesprochen wurde. Die noch nicht entzifferten Inschriften auf den Siegeln sind also wahrscheinlich in drawidischer Sprache abgefaßt, wie Wissenschaftler schon lange vermutet haben. Dafür sprechen noch weitere faszinierende, das Bild der Belege ergänzende Mosaiksteinchen, vom Überleben der drawidischen Verwandtschafts-Terminologie im heutigen Gudscherat bis hin zur Bewahrung drawidisch geprägter Bräuche in der Indus-Region. Ein kleines Detail sei hier genannt: An Hindu-Pilgerstätten in Madurai in Südindien erscheint das Symbol der Stadtgöttin Minakschi, ein Fisch mit Sternen. Ihr Name entstammt der ältesten Sprachschicht des Tamil. »Min« bedeutet dort sowohl »Fisch« als auch »Stern«, beides uralte Symbole der Göttlichkeit. Dieselbe Symbol-Kombination ist auf der Harappa-Keramik und auf Siegeln aus Harappa abgebildet. Sie findet sich aber auch an moslemischen Pilgerstätten in Sindh, wo der Fisch mit dem moslemischen Glaubensbekenntnis in Verbindung gebracht wird – ein erstaunliches Zeugnis für die Zähigkeit, mit der sich bestimmte Symbole über die Zeit hinweg halten.

Siebzig Jahre nach den ersten Entdeckungen in Harappa und Mohendscho-Daro beginnt sich das Dunkel langsam zu lichten. Die Industal-Kultur war mit an Sicherheit grenzender Wahrscheinlichkeit drawidisch und damit eng mit der elamischen Welt des Iran verwandt. Mit der heutigen Kultur von Südindien dagegen verbinden sie eher lose Bande. Um 1700 v. Chr. begann ihr Niedergang, zu dem wohl eine ganze Reihe von Faktoren beitrugen, unter anderem ein signifikanter Rückgang der Niederschlagsmenge und der Zusammenbruch des Fernhandels. Die großen Städte im Industal wurden aufgegeben, während allenfalls kleinere Ansiedlungen in ihrer Nähe fortbestanden. Zur gleichen Zeit stießen die indoeuropäischen Arya, die den Iran erobert hatten, in die Gebirgszone zwischen Oxus und Indus vor und dominierten für lange Zeit mit ihrer Zivilisation und Sprache in Sindh und im Pandschab, wobei es zu einer vollständigen Assimilation der Drawidisch sprechenden einheimischen Bevölkerung kam (obwohl Lehnwörter im Sanskrit des *Rigveda* ihre Anwesenheit in der Region eindeutig bezeugen). Zwischen 1500 und 1000 v. Chr. ließen sich die Arya im Ganges- und Yamunatal nieder, rodeten die Wälder, bauten feste Siedlungen und bestellten das Land. In der Zwischenzeit hatte sich die drawidische Sprache und Kultur in Südindien ausgebreitet, wo wir ihre Spuren bis ins 3. Jahrtausend v. Chr. zurückverfolgen können. Aus den wechselseitigen Beziehungen der beiden Kulturen sollten die Zivilisationen des klassischen Indien hervorgehen. Noch mag dieser Versuch einer Rekonstruktion ihrer Entstehung in Teilen spekulativ sein, in seinen Grundzügen dürfte er jedoch der tatsächlichen Entwicklung sehr nahe kommen.

DAS HEROISCHE ZEITALTER DES MAHABHARATA

NACH DEM UNTERGANG der Industal-Kultur gab es in Indien lange Zeit, vielleicht für ein ganzes Jahrtausend, kein städtisches Leben, das diesen Namen verdiente. Die Bevölkerung Nordindiens bestand aus Bauern. Sie wurden von Arya-Häuptlingen regiert, die in den Flußtälern residierten, inmitten riesiger Wälder, in denen Eingeborene, die *Adiwasis*, lebten, deren Nachkommen noch heute dort zu finden sind. Möglicherweise entstand damals das Kastenwesen, jene besondere Form einer Ständegesellschaft, die auf einer ausgeklügelten Hierarchie basiert. An der Spitze der Hierarchie stehen die Brahmanen, die Priester, ganz unten die Unberührbaren, die zum Beispiel für so verpönte Aufgaben wie die Bestattung der Toten zuständig sind. Die ursprüngliche Bedeutung des Wortes für »Kaste«, *varna*, ist »Farbe«, und vielleicht diente das System zunächst auch vor allem dazu, die hellhäutigen Arya von der dunkelhäutigen einheimischen Bevölkerung abzugrenzen. Das Epos *Mahabharata* hat, obwohl es erst sehr viel später aufgezeichnet wurde, vieles aus dieser Zeit bewahrt. Es erzählt von den Ruhmestaten kriegerischer arischer Clans im Gangestal, die sich gegenseitig belagerten und Frauen, Vieh und Schätze raubten, ganz ähnlich den Sagen des heroischen Zeitalters von Homers Ilias. In einigen Fällen konnte die moderne Archäologie die Historizität der dem *Mahabharata* zugrundeliegenden Erzählungen belegen. Die Hauptstadt der Kaurava zum Beispiel war das am Ganges gelegene Hastinapura, das, wie Ausgrabungen in den fünfziger Jahren zeigten, um 800 v. Chr. durch eine Flutkatastrophe zerstört wurde. In einem der religiösen Sanskrit-Texte wird dieses Ereignis in die Regierungszeit des siebten Königs nach dem großen Krieg verlegt, von dem im *Mahabharata* berichtet wird. Der Krieg hätte demnach um 900 v. Chr. stattgefunden, was durchaus plausibel erscheint. Einige Traditionen aus dieser Zeit hielten sich sehr lange. So ist der Schauplatz der Entscheidungsschlacht im *Mahabharata*, Kurukschetra, noch heute eine bedeutende Wallfahrtsstätte.

Das *Mahabharata* legt den Schluß nahe, daß die religiöse Geographie Indiens im 1. Jahrtausend v. Chr. bereits relativ fest etabliert war und seither kaum Veränderungen erfahren hat. Die Vorstellung von Indien als dem einen Mutterland, das durch seine Pilgerstätten zusammengehalten wird, mag aus dieser Zeit stammen. Immerhin listet das Epos zweihundertsiebzig solcher heiligen Stätten auf – eine Rundreise durch ganz Indien. Die letzte und berühmteste von ihnen war Prayag, heute Allahabad, am Zusammenfluß von Ganges und Yamuna.

Noch heute wird in Allahabad jedes Jahr ein großes religiöses Fest gefeiert, und alle zwölf Jahre, anläßlich des Kumbh-Mela-Festes, kommt es hier zu gigantischen Menschenansammlungen, wie sie nirgendwo auf der Welt ihresgleichen haben. Im Februar 1989 zum Beispiel waren in der Nacht, in der das Fest seinen Höhepunkt erreicht, fünfzehn Millionen Menschen in Allahabad zusammengekommen, und während der einen

Kumbh-Mela-Fest, Februar 1989. Blick auf den Zusammenfluß von Ganges und Yamuna. Das Fest in seiner heutigen Form wird seit dem 12. Jahrhundert n. Chr. gefeiert, der Ort selbst jedoch gilt seit Urzeiten als heilig.

ganzen Monat dauernden Feierlichkeiten noch weit mehr. Schon im Jahr 644 n. Chr. hatte der buddhistische Pilger Hsuan Tsang aus China die Versammlung einer halben Million Pilger miterlebt; ihm wurde berichtet, daß dieser Brauch schon seit dem Altertum bestehe. Faszinierende neue Forschungsergebnisse haben eine Erklärung dafür geliefert, warum Prayag eine so außergewöhnliche Stellung als Heiligtum hatte und als »König der heiligen Orte« bezeichnet wurde. Prayag galt als der Nabel der Welt, der mythische Schauplatz der Schöpfung, so wie Eridu, Delphi oder Cuzco, der Ort, an dem sich der Ur-Hügel aus den Wassern erhob, ein Phänomen, das heute noch zur Zeit des Mela-Festes in Allahabad zu sehen ist, wenn die Fluten des Ganges sich wieder zurückziehen. Hier befand sich eine archaische Säulenkultstätte, genau an der Stelle, an der Himmel und Erde sich im Ur-Anfang voneinander schieden, und ein heiliger, niemals sterbender Baum, den Hsuan Tsang im Jahr 644 n. Chr. mit eigenen Augen sah – man fühlt sich sofort an den heiligen Baum in Eridu (oder im biblischen Garten Eden) erinnert. Noch im 17. Jahrhundert war Leben in dem Stamm, von dem heute nur noch der abgestorbene Stumpf übrig ist. In der Periode, in der die großen Epen geschaffen wurden, im 1. Jahrtausend v. Chr., standen die Hauptheiligtümer von Prayag auf einer Insel, deren Umrisse noch zu erkennen sind, wenngleich der Ganges über die Jahrhunderte seinen Lauf verändert hat. Auf der Nordseite der Insel erhob sich ein der Ur-Schlange, die den ewigen Baum bewachte, geweihter Schrein, der bis heute erhalten ist, das einzige Bauwerk dieser Art in Indien.

*Ein Sadhu (heiliger Mann) im Lotussitz.
Indiens asketische Tradition reicht mindestens bis ins
Bronzezeitalter zurück.*

DIE GANGES-KULTUR

UM 600 v. Chr. war im Tal des Ganges eine Reihe von Königreichen entstanden, und zum ersten Mal nach langer Zeit wurden in Indien wieder große Städte gebaut. Einige von ihnen waren mit Wall- und Grabenanlagen gut befestigt. Kauschambi in der Nähe von Allahabad zum Beispiel hatte großzügig angelegte öffentliche Bauten und war von einer acht Kilometer langen Stadtmauer mit elf Toren umgeben. Die etwas abschüssig konstruierten, gewaltigen Mauern mit ihrer Verkleidung aus gebrannten Ziegeln erinnern stark an das Mauerwerk von Harappa, wenn es auch kaum vorstellbar ist, daß diese spezielle Bauweise sich über einen so langen Zeitraum erhalten hat. Die Städte im Gangestal wurden zu wichtigen Umschlagplätzen für den Fernhandel und damit zugleich zum Sammelbecken und Nährboden neuer religiöser und geistiger Strömungen. Der kulturelle und geistige Mittelpunkt dieser glänzenden Epoche mit ihren zahlreichen neuen Entwicklungen war eine Stadt, die bis heute Indiens wichtigstes Zentrum für Kunst und Gelehrsamkeit geblieben ist: Benares oder Kaschi, die »Stadt des Lichts«.

Die Anfänge der Geschichte von Benares sind nur in Umrissen bekannt. Die ältesten Siedelungsbelege sind die Überreste einer Mauer aus gebrannten Ziegeln und eines Grabens aus dem 8. Jahrhundert v. Chr. auf eben jenem Hochplateau, auf dem die Engländer 1887 eine Eisenbahnbrücke errichteten. Erst im Mittelalter, als die Stadt sich nach Süden

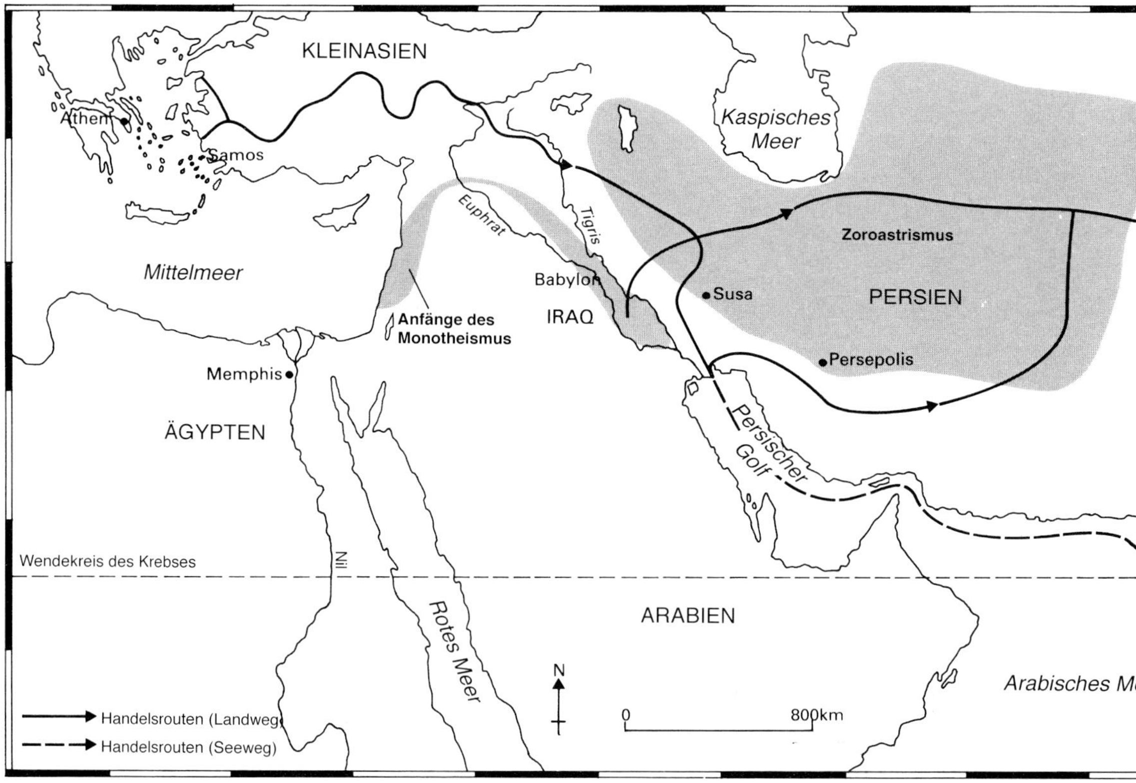

ausdehnte, entstand die imposante, viereinhalb Kilometer lange Wasserfront am Gangesufer. Im 3. Jahrhundert v. Chr. galt Benares als »bedeutendste Stadt in ganz Indien« und genoß hohe Achtung als Stadt Schiwas. Es ist nicht ganz klar, wie Benares zum Schiwa-Heiligtum wurde, denn trotz der Funde aus dem Industal liegen die Ursprünge des Schiwa-Kults noch im Dunkeln und sind mit hoher Wahrscheinlichkeit in den einheimischen prähistorischen Kulten Nordindiens zu suchen. In jüngster Zeit wurde südlich von Allahabad der Schrein einer Göttin entdeckt, der offensichtlich bereits 11 000 v. Chr. an dieser Stelle stand und denselben Baustil aufweist, der noch heute bei den ortsansässigen Stammeskulturen weiterlebt – ein Beleg mehr für das ungeheure Alter der traditionellen indischen Religion. Mesolithische Höhlenmalereien, die einen tanzenden Schamanen mit Hörner-Kopfputz, Arm- und Fußschmuck und Dreizack zeigen, der Schiwa stark ähnelt, sprechen dafür, daß es diese Gottesvorstellung schon in prähistorischer Vergangenheit gab.

Im 6. Jahrhundert v. Chr. erlebten die Städte am Ganges eine Zeit geistiger und religiöser Blüte. Die Schrift, einst mit den Städten im Industal versunken, wurde neu entdeckt. Die neue Schreibweise, Brahmi, war von der Schrift des persischen Reiches abgeleitet und wurde zur Vorläuferin aller späteren indischen Schriften. Es war eine literarisch und wissenschaftlich ungemein produktive Epoche, in der Werke zu allen möglichen Wissensgebieten entstanden: Astronomie, Geometrie, Grammatik, Phonetik,

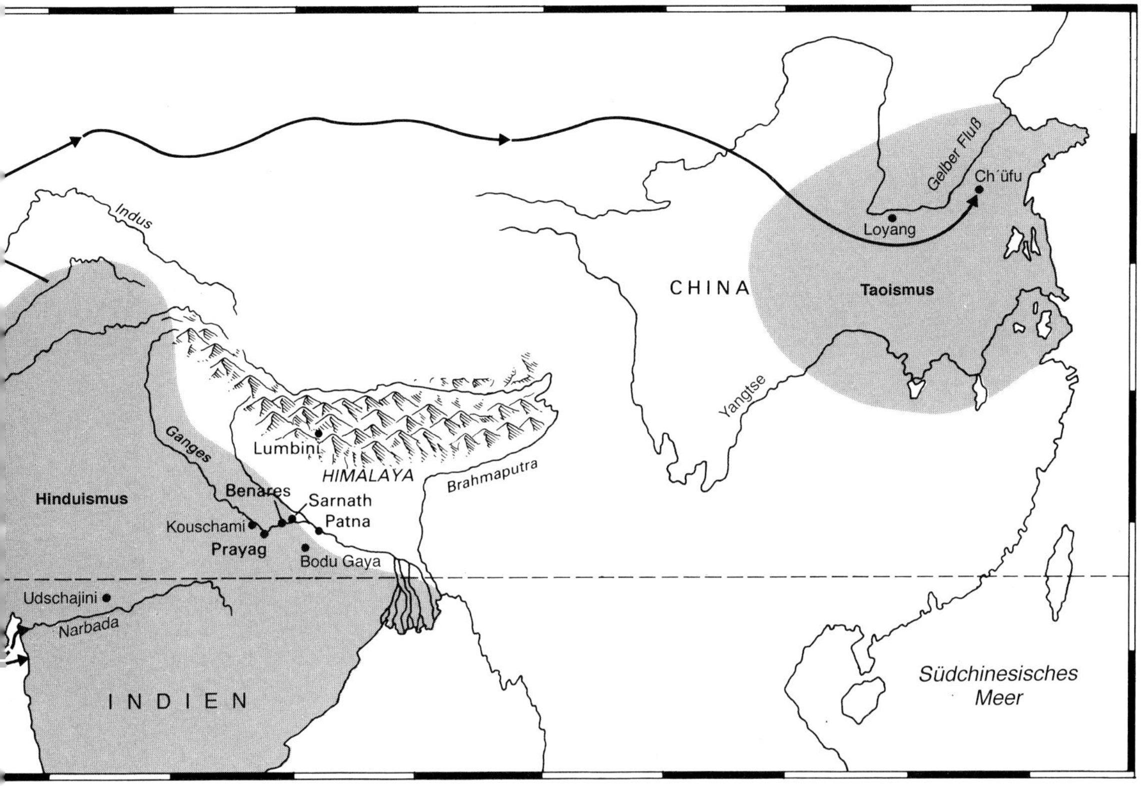

Das Achsenzeitalter, um 500 v. Chr. Innerhalb weniger Jahrzehnte, um die »Achse« des Jahres 500, lebten und lehrten der Buddha und Mahawira in Indien, Konfuzius (und möglicherweise Laotse) in China, traten in Palästina und Babylonien die bedeutendsten Propheten des Alten Testaments auf und wirkten in Griechenland die Begründer der athenischen Demokratie, ihre Naturwissenschaftler und Philosophen: das geistige Erbe des Bronzezeitalters wurde neu bewertet.

Etymologie. Den Schwerpunkt aber bildeten Religion und Philosophie. Die großartigen Spekulationen indischer Denker aus jener Zeit über die Weltschöpfung mündeten schließlich in die *Upanischaden*, eines der kostbarsten Geschenke, die Indien der Welt gemacht hat. Vom alten prä-arischen Animismus über den arischen Opferkult hatte sich die spirituelle Tradition Indiens bis zu jener höchsten geistigen Verfeinerung fortentwickelt, die bis heute ein typisches Charakteristikum indischer Kultur ist.

In einem allgemeinen Klima spirituellen Aufbruchs bildeten sich zahlreiche Sekten, die ihre Anhänger vor allem in der gesellschaftlich im Aufstieg begriffenen Schicht der Kaufleute in den großen Städten fanden, die sich von der arischen Religion nicht besonders angezogen fühlten. Die neuen Bewegungen lehnten sämtlich den Polytheismus und das Opferwesen der Arya ab; die meisten wandten sich darüber hinaus auch gegen das Kastenwesen und Rituale überhaupt. Die Denker, die diese Bewegungen hervorgebracht

Oben: *Am Ufer des Ganges in Benares. »Es gibt viele heilige Orte auf der Welt, aber welcher kommt auch nur einem Stäubchen von Kaschi gleich?«*

Links: *Pilger in Benares am Tag von Surya puja (einem Sonnenfest).*

hatten, vertraten – ganz ähnlich wie ihre Zeitgenossen, die Naturphilosophen des ionischen Griechenlands – den Gedanken eines von Naturgesetzen bestimmten Universums. Unter ihren Gurus waren Atheisten, Rationalisten, Skeptiker und konsequente Materialisten wie Adschita Kesakambalin, der die Vorstellung eines Lebens nach dem Tode entschieden verwarf. Kassapa Kaccayanas atomistische Vorstellungswelt und sein Satz, daß alle Veränderung Illusion sei, erinnern stark an die Aussagen von Vorsokratikern wie Heraklit von Ephesus. All diese Strömungen finden sich im mittelalterlichen und modernen Hinduismus wieder. Die beiden bedeutendsten religiösen Bewegungen der Ganges-Kultur aber waren der Dschinismus und der Buddhismus.

BUDDHISMUS UND DSCHINISMUS

SECHS KILOMETER VON der städtischen Betriebsamkeit von Benares entfernt verkündete etwa 500 v. Chr. ein junger indischer Prinz eine Lehre, die die Welt verändern sollte. Sein Name war Gotama, doch wir kennen ihn wie seine Anhänger als den Buddha, den »Erleuchteten«. »Ich bin zu der Überzeugung gekommen«, sagte er, »daß das Leiden erduldet werden muß.« Seine Antwort auf die ewige Frage nach dem Sinn des Lebens war einfach und typisch indisch. »Die Wurzel allen menschlichen Unglücks«, lehrte der

Buddha, »ist das Verhaftetsein in der sinnlichen Erfahrung und in materiellen Bedürfnissen. Löse dich von diesen Bedürfnissen, und du findest den Weg zur Erlösung.« Diese nüchterne, im Grunde atheistische Botschaft sollte sich über Asien bis nach China, Korea und Japan verbreiten, wo der Buddhismus bis heute eine wichtige Kraft ist.

Der Buddha (563-483 v. Chr.) war nicht der einzige Reformator dieser Zeit. Mahavira, der letzte Guru der Dschaina, der um 477 v. Chr. starb, war sein Zeitgenosse. Der Dschinismus ist wie der Buddhismus seinem Wesen nach atheistisch, da die Existenz eines Gottes für ihn irrelevant ist. Für die Anhänger des Dschinismus hat alles im Universum eine Seele. Deshalb praktizieren sie eine äußerst strenge Form der Gewaltlosigkeit und des Vegetarismus. Im Gegensatz zum Buddhismus konnte sich der Dschinismus in Indien behaupten, insbesondere in den Handelsmetropolen Westindiens. Manche Gelehrte gehen sogar davon aus, daß die dschinistische Religion letztlich, wenn auch indirekt, auf die religiösen Gemeinschaften der alten Handelsstädte der Industal-Kultur zurückgeht. Sie hat sich auf jeden Fall bis heute ihre Lebendigkeit bewahrt. So kehrten Mahaviras Lehren in der Ethik Gandhis wieder, der in einer Kaufmannskaste in der dschinistisch geprägten Kultur des Gudscherat aufwuchs.

Sowohl Buddhismus als auch Dschinismus zeichneten sich durch ihre Ablehnung der brahmanischen Kultur mit ihrer Kastentrennung und ihrem Opferkult (einschließlich ihrer indoeuropäischen Hierarchie rein männlicher Gottheiten) aus. Sie stehen für den Übergang vom magischen Denken der Veden zu einer neuen Rationalität, versinnbildlicht in Buddhas vier »edlen Wahrheiten« und seinem achtfachen Pfad zur Erlösung, der auf einer vom einzelnen getragenen Moral und Ethik beruht. Beide sind sie pessimistisch gefärbt, vor allem in Buddhas Auffassung vom Leben als einer Kette unerträglichen Leidens, aus der der Mensch nur ausbrechen kann, wenn er alle irdischen Wünsche zum Verstummen bringt. Dieses Welt- und Menschenbild war so im tiefsten Wesen indisch, wie die Tragödie und die Philosophie natürliche Bestandteile des Griechischen. Wenn wir uns den Buddha in seinem Park vorstellen, wie er als »Herr der Tiere« im Lotussitz unter dem heiligen Feigenbaum sitzt, in derselben Haltung wie der rätselhafte Proto-Schiwa auf dem Siegel aus dem Industal, fragen wir uns, wie weit dieses Bild der sitzenden Gestalt, die die materielle Welt überwindet, in die indische Vergangenheit zurückreicht.

Es ist vielleicht kein Zufall, daß eine Persönlichkeit wie der Buddha gerade zu dieser Zeit auftrat. Der Historiker Karl Jaspers bezeichnete die Periode vom 6. bis zum 5. Jahrhundert v. Chr., in die auch Buddhas Leben fiel, als Achsenzeitalter, weil so viele der großen Denker der Weltgeschichte gerade in dieser Zeit lebten und wirkten: der Buddha und Mahavira in Indien; Pythagoras, Heraklit und die frühen Philosophen in Griechenland; die bedeutendsten der alttestamentlichen Propheten, insbesondere der Verfasser des Deuterojesaja, in Palästina; Konfuzius, Laotse und die Taoisten in China. Es ist ein erregender Gedanke, sich vorzustellen, daß einige dieser Männer sich tatsächlich hätten begegnen können. Auf jeden Fall legt das etwa zeitgleiche Auftreten dieser Reformergestalten, die dem geistigen und religiösen Leben weit über ihre Zeit hinaus ihren Stempel aufdrückten, den Gedanken nahe, daß die alte Welt, die aus den ersten Zivilisationen im Irak, in Ägypten, China und Indien hervorgegangen war, eine tiefgreifende geistige Krise durchmachte. Man stellte grundlegende Fragen, Fragen nach dem Wesen Gottes, nach dem Sinn des Lebens und nach dem Rechtfertigungsgrund der Autorität von König und Staatswesen. Und inmitten all dieser Fragen brachen schon genau die Probleme auf, mit denen die Regierungen noch heute zu kämpfen haben, selbst in so hochentwickelten technokratischen Gesellschaften wie denen der USA und Westeuropas, Fragen, die sich vielleicht mit umso größerer Dringlichkeit stellen, wenn die Religion ihre Funktion als Zucht- und Lehrmeister verloren hat. Wie bringt man seine Bürger dazu, als moralische Wesen zu handeln? Wie bringt man sie dazu, »gut« zu sein? Die unterschiedlichen Lösungsversuche, die die alten Kulturen für dieses Grundproblem anboten, wirken bis heute fort. Der Nahe Osten wählte den Weg des Monotheismus, der für die Ideologie des Westens wie des Islam zentral werden sollte. China hielt sich an die konfuzianische Vorstellung von einer auf Erden zu moralischer Vollkommenheit zu führenden Ordnung, in der der einzelne, die Familie und der Staat ihren Platz haben. Die Tradition Indiens hielt daran fest, daß das Verhaftetsein an dieses irdische, materielle Leben Illusion ist und daß wahre Erleuchtung erst möglich ist durch die Überwindung dieser Illusion – ein Gegensatz zum westlichen Denken, wie er wohl krasser nicht sein könnte. Noch heute stehen die großen Kulturen im Schatten dieser geistesgeschichtlich revolutionären Epoche.

DAS MAURYANISCHE REICH

IM 4. Jahrhundert v. Chr. wurde im mauryanischen Reich zum ersten Mal der Versuch gemacht, Indien zu einer politischen Einheit zusammenzufassen. Aus dieser Zeit stammt auch der erste Bericht über Indien aus westlicher Sicht, verfaßt von einem griechischen Diplomaten Megasthenes. Bei ihrer Ankunft in der mauryanischen Hauptstadt Patna am Ganges sah sich die griechische Delegation zu ihrer Überraschung der größten Stadt der damaligen Welt gegenüber. Ein gigantisches Quadrat von fünfunddreißig Kilometern Seitenlänge mit fünfhundertsiebzig Wehrtürmen, vierundsechzig Toren und einer Einwohnerschaft von vierhunderttausend Menschen, war Patna größer als Rom im Zenith seiner Macht. Was die Griechen außerdem in Erstaunen setzte, war, daß die indische Gesellschaft – anders als das heimatliche Griechenland – keine Sklavenhaltergesellschaft war. Dabei lagen Welten zwischen der straffen, hervorragend organisierten Administration der damaligen Stadt und der Anarchie des heutigen Patna. Tschandragupta Maurya, dessen Hof Megasthenes besuchte, soll ein Anhänger der Dschaina-Religion gewesen sein und sein Leben damit beendet haben, daß er abdankte und sich zu Tode hungerte, wie es die großen Heiligen der Dschaina-Tradition zu tun pflegten. Sein Enkel Aschoka erweiterte das Reich beträchtlich, so daß es schließlich einen Großteil von Indien umfaßte. Doch nicht wegen seiner Eroberungsfeldzüge ist Aschokas fünfunddreißigjährige Regierungszeit als außergewöhnliche Epoche in die Weltgeschichte eingegangen. Aschokas Geschichte läßt sich in seinen eigenen Worten aus Inschriften auf Steinsäulen, wie jener Säule in Kauschambi, die noch heute ein Gegenstand der Verehrung für buddhistische Pilger aus Korea, Japan und Tibet ist, stückweise zusammensetzen. Nach dem siegreichen Krieg in Orissa, in dem hunderttausend Menschen getötet wurden, kam Aschoka nach eigener Aussage zu der Überzeugung, daß Krieg ein Unrecht sei. Er wandte sich einer Idee zu, die nach ihm immer wieder bedeutende Vertreter finden sollte, bis hin zu Mahatma Gandhi: der Idee der *ahimsa*, der Gewaltlosigkeit. »Von nun an«, schrieb Aschoka, »will ich versuchen, allein durch rechtes Verhalten zu erobern.«

In ganz Indien, vom Khaiberpaß bis ins südliche Dekkan, ließ Aschoka seine Edikte in Stein hauen. Oft bediente er sich dazu der alten kosmischen Hindu-Säulen, die an Stätten, die besonders heilig waren, aufragten, wie zum Beispiel in Prayag und in Sarnath, wo einst der Buddha seine erste Predigt gehalten hatte. Diese archaischen Symbole wurden im wahrsten Sinne des Wortes in Säulen der Moral umgewandelt, steinernen Kommentaren zur Lehre des *dharma*, des »rechten Verhaltens«. Bemerkenswerterweise beruhte diese Lehre nicht auf irgendeiner religiösen Autorität. Sie vertrat ein weltliches Ideal menschlicher Würde und bürgerlicher Rechtschaffenheit, basierend auf dem achtfachen Pfad des »rechten Denkens« aus dem Buddhismus und auf dem dschinistischen Glauben an die Gewaltlosigkeit. »Ich habe Menschen aller Glaubensbekenntnisse geehrt«, sagte Aschoka, »am Wesentlichsten erscheint mir jedoch jene Haltung, die ich den ›Weg durch den eigenen freien Willen‹ nenne.« Auf den Säulenedikten Aschokas erscheinen alle die Worte, die den modernen Politikern so schwer über die Lippen gehen: Mitgefühl, Toleranz, Höflichkeit, Wahrhaftigkeit. Aschokas Aussagen über die Gewaltlosigkeit verbieten den Fleischverzehr und schützen eine ganze Reihe von Spezies, vom Papagei bis zur weißen Ameise, vom Ganges-Tümmler bis zum Rhinozeros. »Wälder«, so schrieb der Herrscher in prophetischer Weitsicht, »dürfen nicht grundlos abgebrannt werden.« Mit seinen die Umwelt schützenden und bewahrenden Maßnahmen wirkt Aschoka für unsere Ohren erstaunlich modern, auch wenn es sicherlich falsch wäre, hier Parallelen zu unserem heutigen ökologischen Verständnis zu sehen. Beeindruckend ist auch seine umfassende Sozialgesetzgebung. Bedrückend wirkt Aschokas Überwachungsstaat mit einem Heer von Informanten und seiner Geheimpolizei. Dennoch bleibt Aschoka mit seiner Abkehr von der Autorität der Religion und der Magie und seiner Hinwendung zu Vernunft und Moral als Grundlagen der Politik ein außergewöhnlicher Sohn jenes außergewöhnlichen Zeitalters, das Jaspers das Achsenzeitalter nennt. Und wie unvollkommen der mauryanische Herrscher seine Idee auch umgesetzt haben mag, so war doch der Gedanke vom *dharma*, vom »rechten Verhalten«, einer der großen Gedanken der menschlichen Geschichte und ist mit der griechischen Demokratie, der amerikanischen Menschenrechtserklärung und dem Kommunistischen Manifest in eine Reihe zu stellen. Im Ausgang des krisengeschüttelten 20. Jahrhunderts kann man sich manchmal des Eindrucks nicht erwehren, daß die Zeit für Aschokas Ideen eigentlich erst jetzt anbricht. Aschokas Löwe von der Säule von Sarnath wurde nach der Unabhängigkeit Indiens im Jahre 1948 zum Emblem Indiens – ein Emblem, wie es sich angemessener wohl kaum denken läßt.

EINHEIT IN DER VERSCHIEDENHEIT

ASCHOKAS POLITISCHE ORDNUNG war nicht von Dauer, doch sein Reich öffnete sich nach außen. Vom 1. Jahrhundert n. Chr. an segelten Kaufleute aus dem Mittelmeerraum, vom sagenhaften Reichtum Indiens angezogen, mit den Monsunwinden in die indischen

Hafenstädte. Aus Häfen wie Kotschin in Kerala brachten arabische Händler einige der bedeutendsten wissenschaftlichen Errungenschaften Indiens in den Westen, darunter auch die glänzendste Erfindung Indiens, das Ziffernsystem von 1 bis 9 mit der Null, das wir noch heute benutzen. Der Schwerpunkt der Handelsbeziehungen aber lag auf dem Handel mit Gewürzen.

Am Umschlagplatz Kotschin kauften fremde Kaufleute jahrhundertelang die berühmten Gewürze der Malabar-Küste, vor allem Pfeffer und Ingwer, beides der süd-indischen Sprache entlehnte Wörter. Diese Auslandskontakte erzeugten ein aufgeschlossenes und tolerantes Klima – ein Geist, der noch heute in Kerala zu spüren ist. Viele der fremden Kaufleute ließen sich sogar hier nieder und wurden Inder, ohne deshalb ihre angestammte Religion aufzugeben. Zeugnisse dieser Zuwanderer finden sich überall an den kleinen Flüssen und Wasserläufen im Hinterland von Kotschin. Der Überlieferung zufolge waren schon im 6. Jahrhundert v. Chr. Juden aus dem Irak nach Kerala gekommen. Tamilische und Sanskrit-Lehnwörter in der Hebräischen Bibel scheinen diese Annahme zu bestätigen. Auf jeden Fall gab es hier zur Zeit des römischen Kaiserreiches Juden. In Parur befindet sich eine der ältesten und anmutigsten Synagogen der Welt. Sie wird heute nur noch von einer einzigen Familie besucht, die sorgsam die Riten der Väter pflegt. In jüngster Zeit sind junge Frauen aus der Umgegend zum Judentum übergetreten, weil sie in die Familie eingeheiratet haben, so daß die Hoffnung besteht, daß die jüdische Tradition in diesem Erdenwinkel auch in Zukunft weiterleben wird. In Tschendamangalam bei Parur wurde die Synagoge mittlerweile geschlossen, doch in unmittelbarer Nähe ist eine äußerst rege Gemeinde syrischer Christen ansässig, die von sich behaupten, ihre Kirche sei vom Apostel Thomas selbst gegründet worden. An diese Küste soll König Alfred von Wessex im 9. Jahrhundert n. Chr. aus dem fernen England der Wikinger-Zeit Almosen gesandt haben. Mittlerweile war im 7. Jahrhundert auf dem Seeweg mit den arabischen Händlern auch der Islam ins Land gekommen, und zwar friedlich und nicht wie andernorts durch Krieg und Eroberung. Heute lernen die moslemischen Kinder des Dorfes in einer wunderhübschen, säulengeschmückten hölzernen Moschee mit einem winzigen Reinigungsbecken das klassische Arabisch des Koran. So leben in und um Tschendamangalam Hindus, Christen, Moslems und Juden friedlich Seite an Seite. »Ganz gleich, welche Form des Gottesdienstes die Menschen wählen, um ihre Bedürfnisse zu befriedigen, am Ende strömt ihre Anbetung doch zurück in die gleiche Quelle«, sagt Krischna in der *Gita*.

DER AUFSTIEG DES ISLAM

HINDUISMUS, BUDDHISMUS UND DSCHINISMUS sind authentisch indisch und tief in der altindischen Vergangenheit verwurzelt. Der Buddhismus breitete sich über Asien und die ganze Welt aus, starb aber im 9. Jahrhundert n. Chr. praktisch aus. Hindu-Reformatoren, wie der glänzende junge Philosoph Adi Schankara aus Kerala, hatten die buddhistischen Vorstellungen wieder in das hinduistische Gedankengut aufgenommen. Der Buddha erschien auf den Pilger-Heiligtümern der indischen Städte als eine der Inkarnationen des Gottes Wischnu. Der Dschinismus hingegen konnte innerhalb der hinduistischen Tradition überleben. Der Islam wurde im Hinblick auf seine Bedeutung und die Anzahl der Gläubigen zur zweitwichtigsten Religion Indiens und damit zu einer geistigen und religiösen Revolution, die die alten Bande dieses Landes zu seinen ureigenen Religionen zerriß.

Der Islam kam gegen Ende des 7. Jahrhunderts mit moslemischen Händlern ins Land, die die seit alter Zeit von arabischen Seefahrern benutzten Wasserwege zum Industal und nach Kerala entlangsegelten, wo sich die wohl älteste moslemische Gemeinde in Indien findet und der moslemische Glaube leicht Fuß faßte. Ganz anders verlief die Berührung mit dem Islam im Norden. »Indien ist voller Reichtümer«, schrieb der moslemische Historiker Al Biruni, »und da Einwohner dieses herrlichen Landes mit all seinem Zauber größtenteils Ungläubige und Götzenanbeter sind, so ist es von Gott verordnet, daß wir es erobern.« Schon wenige Jahrzehnte nach dem Tod des Propheten war der Islam westwärts bis nach Spanien und ostwärts bis ins Industal gelangt. Im Jahr 711 n. Chr. wurde Sindh erobert. Danach entspann sich ein langer und erbitterter Kampf zwischen dem neuen und dem alten Glauben. Schließlich fielen die alten Hindu-Königreiche des Nordens unter dem Ansturm der moslemischen Angriffe. 1194 wurde Benares erobert. Viele der berühmtesten Hindu-Tempel der Stadt sollten im Laufe der nächsten Jahrhunderte immer wieder bis auf die Grundmauern zerstört werden, eine Entwicklung, die sich in allen Pilgerstätten des Nordens wiederholte. Diese Tragödien bildeten den Anfang einer langen, leidvollen Beziehung zwischen Hindus und Moslems, die Indien zwar bereichert hat, deren Konfliktpotential aber noch in unserer Zeit droht, das Land auseinanderzureißen. Das frühe Fußfassen des Sufismus in Sindh förderte eine der bedeutendsten Strömungen des indischen Islam, die bis heute einen tiefgreifenden Einfluß auf das gesamte religiöse Leben hat. Umgekehrt wurde der indische Islam mit der Zeit »hinduisiert«: Mohammeds Biographie wurde in Indien zu einer Variante der hinduistischen Krischna-Erzählung, und Imam Hussain, der Märtyrer von Kerbela, lebte in den blühenden schiitischen Gemeinden, die in Städten wie Laknau entstanden, als ein Avatara des Gottes Wischnu fort.

In Benares, der heiligen Stadt der Hindus, wurden die Moslems zur wichtigsten Kraft der Wirtschaft. Die Tausende von Seidenwebern der Stadt mit ihren winzigen Läden und Handwebstühlen sind alle Moslems. Hier predigte im 15. Jahrhundert der arme Weber Kabir die Brüderschaft von Hindus und Moslems. Kabir stammte aus der moslemischen Gemeinde in Benares – sein Name ist moslemisch –, doch die prägende Kraft in seinem Leben wurde die von hinduistischen Anhängern Wischnus gegründete Bhakti-Bewegung, die Gott (den Kabir »Ram«, nicht »Allah« nannte) als Liebe sah: »Während sie Buch um Buch las, starb die Welt. Und nicht ein einziger Mensch wurde je wirklich gelehrt. Wer aber nur eine einzige Silbe des Wortes ›Liebe‹ entziffern kann, der ist ein wahrer Pandit.«

Wie viele große religiöse Denker verwarf Kabir alle Äußerlichkeiten religiöser Praxis, in seinem Fall sowohl die des Hinduismus als auch des Islam. Er lehnte das moslemische Gebetsritual genauso ab wie die hinduistische Bilderverehrung; die moslemische Pilgerreise nach Mekka wie die hinduistische Wallfahrt nach Benares; die moslemische Beschneidung wie den brahmanischen Heiligen Faden (interessanterweise deshalb, weil beide rituelle Symbolhandlungen die Frauen ausschließen). Alle diese Bräuche bildeten

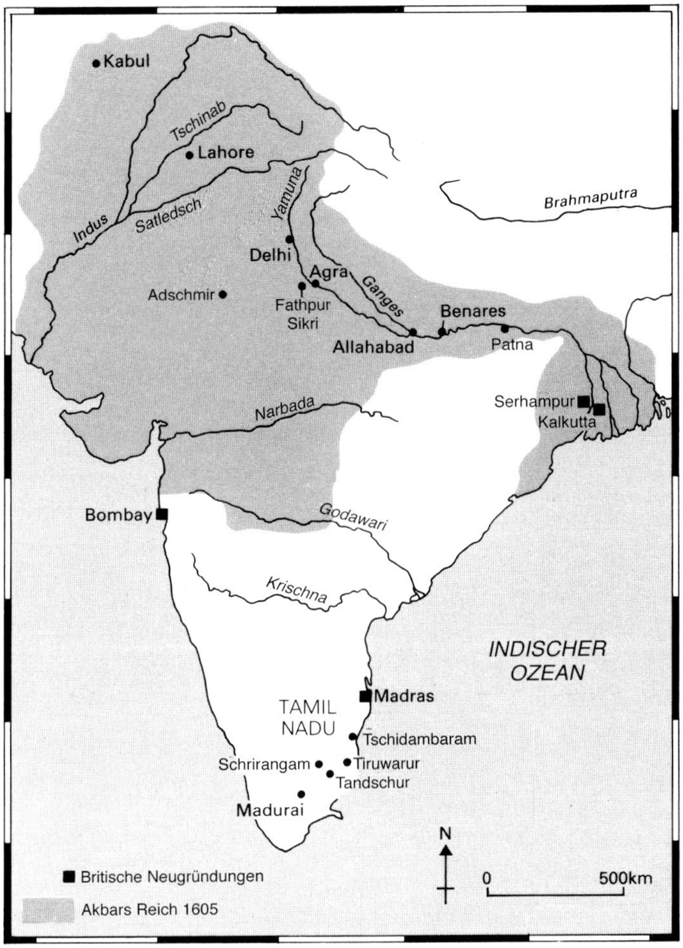

Indien im Mittelalter. Das Moghulreich unter Akbar. Der Süden bewahrte sich weiterhin seine Eigenständigkeit, wie schon in der Chola-Dynastie (ca. 900–1300) und von alters her; die uralte Sprach- und Kulturgrenze zwischen Norden und Süden blieb erhalten.

in seinen Augen ein Hindernis für den Ausdruck der wahren Religion, die für Kabir eine Sache der persönlichen Erfahrung war. Kabir gewann eine große Anhängerschaft unter Hindus und Moslems. Doch wie so oft in der Geschichte folgte dem Vermächtnis auch dieses Verfechters von Toleranz und Mitmenschlichkeit das Sektierertum auf dem Fuße. Die moderne Kabiri-Sekte versteht sich als hinduistisch, hält dabei allerdings am Monotheismus und einer strengen Ethik fest und lehnt das Kastenwesen und die Bilderanbetung ab. Der religiöse Ansatz Kabirs war der kompromißloseste und bodenständigste Versuch des Mittelalters, die Kluft zwischen den Religionen zu überbrücken. Ganz dem indischen Wesen gemäß, wurzelte dieser Ansatz tief in der Vergangenheit.

Heute ist der Islam ein integrierender Bestandteil der Vielfalt Indiens; er hat Indien und den Hinduismus geprägt und ist umgekehrt von beiden geprägt worden. Einhundert Millionen Moslems machen Indien auch nach der Abtrennung von Bangladesch und Pakistan zum zweitgrößten moslemischen Land der Welt. Die säkulare Verfassung von 1950, die auf europäischem Vorbild basiert, hat versucht, die alten Wunden zu heilen und den Animositäten der Vergangenheit ein Ende zu setzen, aber die Religion ist in Indien nach wie vor eine bestimmende Größe, und auch die Unabhängigkeit konnte den sektiererischen Kleinkrieg zwischen ihren verschiedenen Ausprägungen nicht beenden. Im Gegenteil, jetzt, nachdem der Staub der Geschichte sich gelegt hat, werden die widerstreitenden Ansprüche der verschiedenen Götter (und damit zugleich der verschiedenen gesellschaftlichen Schichten) nun mit umso unnachgiebigerer Härte verfochten. Wir sind in den letzten Jahren unseres Jahrhunderts Zeugen des Erstarkens des hinduistischen Fundamentalismus geworden. Es kam zu Tumulten und schlimmen Übergriffen auf die Läden der Weber im alten moslemischen Viertel von Benares. Tausende von Handwebstühlen wurden zertrümmert, Saris verbrannt, Existenzgrundlagen vernichtet, als

Oben: *Das große Minarett Quth Minar, in den neunziger Jahren des 11. Jahrhunderts in Delhi als Denkmal für den Sieg der Moslems in Nordindien erbaut.*

Rechts: *Portugiesische Jesuiten diskutieren vor Akbar mit moslemischen Gelehrten. »Sein Hof wurde zum Heim von Forschern der sieben Welten und zur Begegnungsstätte aller Religionen und Sekten.« (Abul Fasl)*

Indiens altes Ideal von der Einheit in der Verschiedenheit erneut einer schweren Zerreißprobe ausgesetzt wurde.

DAS REICH DER MOGHULN

IM 16. Jahrhundert erlebte die moslemisch-hinduistische Kultur Nordindiens unter der moslemischen Dynastie der Moghuln noch einmal eine Zeit der Blüte. Sie waren aus der Hochebene zwischen Persien und Afghanistan gekommen und schufen ein riesiges

Architektur aus der Moghul-Zeit: das Rote Fort, Agra (links) *und das Tadsch Mahal* (oben). *Beide Bauwerke verkörpern für uns heute das typische Indien, obwohl sie genauso Monumente fremder Eroberer sind wie Lutyens Gebäude in Delhi.*

Imperium mit zentraler Verwaltung, das in vieler Hinsicht zum Vorläufer des späteren britischen und des modernen Indien wurde.

Das Moghulreich brachte jene Kunst und Architektur hervor, die unser Bild von Indien stark geprägt hat. Es ist eine pompöse Mischung aus hinduistischen, persischen und moslemischen Elementen, wie wir sie im Tadsch Mahal und in der 1569 von Akbar dem Großen in der Nähe von Agra gegründeten Stadt Fathpur Sikri zu sehen bekommen. Kaiser und Generalissimus, war Akbar ein Mäzen der Künste und der Literatur. Er gab neben vielen herrlich illustrierten Handschriften eine Übersetzung des *Mahabharata* ins Persische in Auftrag. Wie andere Herrscher Indiens vor und nach ihm gelangte er zu der Überzeugung, daß der einzige Weg, Indien, ja jede Zivilisation, zu regieren, in Toleranz und Pluralismus besteht, und fühlte sich zunehmend von den tiefsten Strömungen indischen Denkens angezogen.

Zu den faszinierendsten Unternehmungen Akbars gehört zweifellos sein Versuch, zu einer Synthese der verschiedenen Religionen in seinem Reich zu gelangen. Vielleicht konnte ein solcher Gedanke überhaupt nur in dem berauschenden religiösen Klima Indiens entstehen. Das Projekt war umso erstaunlicher, als Akbar als frommer Moslem erzogen wurde und eigentlich eher ungebildet war – seine Lehrer bezeichneten ihn einmütig als schlechten Schüler! Unter dem Eindruck des Elends, das religiöse Intoleranz anrichten kann (und sicherlich nicht ohne politische Hintergedanken) rief Akbar heilige Männer der Hindus und Dschaina, der Christen und Juden, Anhänger Zoroasters, ja sogar Mandäer aus Persien sowie Moslems sunnitischer und schiitischer Prägung zum Gespräch zusammen. Aus Diskussionen der Vertreter der verschiedenen Religionen versuchte er einen einfachen Gottesglauben zu extrahieren, eine »Lehre des rechten Verhaltens«, die merkwürdig mit den Aussagen Aschokas übereinstimmt, obwohl Akbar nichts von Aschoka wußte und offenbar auch den Buddhismus nicht kannte. Der Herrscher ging sogar so weit, die Rechtmäßigkeit einer vegetarischen Lebensweise anzuerkennen, wenngleich es ihm selbst als passioniertem Fleischesser nicht gegeben war, dieses Gebot zu erfüllen! Der neue Glaube sollte, so hoffte Akbar, zur vereinheitlichten und vereinfachten Richtschnur ethisch-moralischen Handelns für die Elite in seinem Reich der vielen Religionen und Glaubensrichtungen werden. Nie zuvor war in der Geschichte etwas Vergleichbares versucht worden.

Akbars Bemühungen gipfelten schließlich in einem Ereignis, von dem wir erst seit kurzem Kenntnis haben. Im Januar 1575 reiste der Herrscher mit seinem engsten hinduistischen Berater zum großen Badefest nach Prayag, zum »König der Pilgerorte«. Er hatte bereits eine Kampagne für seinen neuen »Glauben an Gott« *(Din-i Ilaha)* gestartet und benannte Prayag nun um in *Ilah-abas*, ein arabisch-hinduistisches Mischwort, das »Ort Gottes« bedeutet. Wurde damit der Schöpfungsort der hinduistischen Mythologie ganz bewußt zum Zentrum der neuen Religion gemacht? Sollte der neue *Dharma*, wie einst der alte des Aschoka, vom kosmischen Zentrum mit der *Axis mundi* und dem Baum des Lebens ausgehen? Auf jeden Fall machte sich Akbar als nächstes daran, in Allahabad eine großzügig angelegte, stark befestigte Residenz um den »unsterblichen Baum« und die Gesetzessäule von Aschoka herumbauen zu lassen. Seine persönlichen Wohnräume lagen oberhalb des Heiligen Baumes und blickten genau auf jene Stelle, an der, wie

Akbars Biograph berichtet, »merkwürdigerweise jedesmal, wenn Jupiter in das Sternbild des Wassermann eintritt, ein kleiner Hügel aus dem Ganges auftaucht und dort für einen Monat sichtbar bleibt; die Menschen beten an diesem Ort«.

Nach Ansicht eines seiner Freunde am Hofe besaß Akbar in hohem Maße jene Eigenschaft, die einen Herrscher wahrhaft groß macht: »die Fähigkeit, allen Menschen, gleich welchen Ranges oder welcher Religion, mit der gleichen Wertschätzung zu begegnen«. Seine Toleranz würde ihn noch heute zu einer Ausnahmeerscheinung machen, im 16. Jahrhundert aber war sie geradezu ein Wunder. Westeuropa beispielsweise war zu dieser Zeit durch Religionskriege zerrissen, in deren Verlauf im Namen Gottes unausdenkbare Greueltaten begangen wurden. Akbars bewegender und ernstgemeinter Versuch, dem Göttlichen durch eine Kombination islamischer, christlicher und von den Upanischaden geprägter hinduistischer Elemente einen einheitlichen Ausdruck zu geben, mag von Anfang an zum Scheitern verurteilt gewesen sein, doch das Bewußtsein für das religiöse Dilemma Indiens, das hinter seinem Ansatz stand, lebte fort in Männern wie Nehru und Mahatma Gandhi, die beide darauf beharrten, daß »alle Religionen wahr sind«. Am Siegestor in Fathpur Sikri hinterließ uns dieser große Sohn einer mächtigen moslemischen Dynastie die folgende geheimnisvolle Inschrift: »Jesus, Friede sei mit ihm, hat gesagt: ›Die Welt ist eine Brücke, überquere sie, aber bau kein Haus auf ihr, die Welt überdauert nur eine Stunde, verbring sie in Anbetung, der Rest ist unsichtbar.‹«

Akbars Traumstadt Fathpur Sikri mußte wegen Wassermangels aufgegeben werden. Heute blickt die verlassene Stadt auf dem Hügelkamm bei Agra über eine trostlos ausgedörrte rote Ebene. Akbars Imperium hatte ein geeintes Staatswesen geschaffen, das Moslems und Hindus dieselben Rechte garantierte. Auf das Reich des Schwertes folgte das Reich des Geistes. »In der Vergangenheit«, sagte Akbar, »haben wir, wie wir zu unserer Schande gestehen müssen, viele Hindus dazu gezwungen, den Glauben unserer Vorfahren anzunehmen. In der Zwischenzeit habe ich erkannt, daß es in unserer zerrissenen Welt so voller Widersprüche nicht weise wäre, einem Glauben vor allen anderen Wahrheit zuzusprechen. Der Weise macht die Gerechtigkeit zu seiner Richtschnur und lernt von allen. Vielleicht wird so eines Tages die Tür wieder aufgetan, zu der der Schlüssel verlorenging.«

DARA SCHUKOH: DAS SCHEITERN EINES TRAUMS

FÜNFZIG JAHRE NACH Akbars Tod fochten seine Urenkel, zwei königliche Moghuln-Brüder, im Herzen Indiens einen Kampf um sein Erbe aus, dessen Auswirkungen noch heute zu spüren sind. Es ging dabei um den ferneren Weg des indischen Islam. Der jüngere der beiden Brüder, Aurangseb, wurde von legalistischen und orthodoxen Sufis erzogen, in einem Orden, der große Erfolge bei der Bekehrung von Hindus in Kaschmir und Bengalen zu verzeichnen hatte. Sein älterer Bruder Dara Schukoh, Schüler radikaler Sufis, stand unter dem Einfluß einer der ambivalentesten Gestalten des Islam, Halladsch, und war daneben stark von der hinduistischen *Bhagavad Gita* geprägt.

Dara ging in seinen Überlegungen sogar noch weiter als Akbar. Als Gelehrter in den klassischen religiösen Werken des Islam und des Hinduismus bewandert, fußte er auf der Aussage des Koran, daß Gott zu allen Völkern Boten gesandt und ihnen ihre heiligen Schriften gegeben habe (dieselbe Aussage macht übrigens der Gott Krischna in der *Gita*). Von diesem Gedanken ausgehend beharrte Dara darauf, daß es geradezu die moralische Pflicht der Moslems sei, von anderen Religionen zu lernen, ja daß mit den in Sure 56 des Koran erwähnten »verborgenen Schriften« nichts anderes gemeint sei als die *Upanischaden*, die ursprüngliche Quelle des Monotheismus. Dara selbst übersetzte die *Gita* und einige der *Upanischaden* ins Persische. (Im Jahre 1802 in Paris ins Lateinische übertragen, bildete seine Version des Textes eines der Kernstücke des im Westen rezipierten Gedankenguts der hinduistischen Mystik, das unter anderem Blake und Schopenhauer beeinflußt hat.) Dara legte Wert darauf festzuhalten, daß seine Übertragung in der Absicht entstanden war, zur weiteren Klärung der Offenbarung des Koran beizutragen und keineswegs, um diese Offenbarung herabzusetzen. Er verfaßte außerdem eine Lebensbeschreibung verschiedener moslemischer Heiliger und ein Werk zur vergleichenden Religionswissenschaft, *Die Begegnung der zwei Ozeane*, in dem er nachzuweisen versuchte, daß die Begrifflichkeit der hinduistischen Mystik sich mit der des Sufismus berührt.

Derartige synkretistische Bestrebungen vertrugen sich natürlich nicht gut mit den Auffassungen der herrschenden moslemischen Orthodoxie, für die die Botschaft des Koran ein abgeschlossenes Ganzes darstellte, dem weder etwas hinzugefügt noch etwas abgezogen werden durfte. Daras jüngerer Bruder Aurangseb war der Überzeugung, Dara sei »ein Kaffir geworden«, und sorgte dafür, daß er zum Ketzer erklärt wurde, weil er unter anderem behauptet hatte, Hinduismus und Islam seien »Zwillingsbrüder«. Es kam zum Bürgerkrieg, in dem Dara unterlag. Im Jahr 1659 wurde er ermordet. Aurangseb war ein begnadeter Herrscher, aber seine lange Regentschaft – er starb im Jahr 1707 – hinterließ bei den Hindus doch einen bitteren Nachgeschmack, weil er zahllose ihrer Heiligtümer, darunter die berühmten Tempel Schiwas und Wischnus in Benares, zerstört hatte. Dieses traurige Vermächtnis wird heute noch von den hinduistischen Fundamentalisten ausgeschlachtet und der nie enden wollende Kampf um Annäherung und gegenseitiges Verstehen hält unvermindert an.

Mit sechsunddreißig Jahren, auf der Jagd in Bhera im Pandschab, »erblickte« Akbar, angewidert von dem blutigen Gemetzel um ihn herum, »das Licht«. Unter einem Baum sitzend wie der Buddha erlebte er, wie »das Licht der Vision heller leuchtete: der Glanz der Gotteserkenntnis umstrahlte ihn«.

DER SÜDEN

TIEF IM SÜDEN Indiens, in einer uralten, blühenden Kulturlandschaft mit zahlreichen Tempeln, lebte die drawidische Kultur fort. Es gelang den Tamilen, sich von moslemischen Einflüssen freizuhalten und die alte Hindu-Vision von der Einheit zu bewahren. Mitten in einer tropischen Umgebung, nahezu dreitausend Kilometer südlich der schneebedeckten Gipfel Kaschmirs, erstreckte sich Tamil Nadu mit seinen zahlreichen Tempeln als reiches Reisanbaugebiet, dessen Wohlstand hauptsächlich auf das großartige Bewässerungssystem des Kaweri-Deltas zurückging. Marco Polo bezeichnete diese Provinz als »die herrlichste der Welt«.

Die berühmte Koromandel-Küste war das Ziel griechischer und römischer Händler. »Die prächtigen großen Schiffe der Griechen durchpflügten die weißen Schaumkronen des Wassers«, schrieb ein tamilischer Dichter. »Sie kamen mit Gold, um beladen mit Gewürzen in die Heimat zurückzukehren.« Die Tamilen selbst sollten später die hinduistische Kultur bis nach Java und Kambodscha tragen und damit die Grenzen des Reiches des Geistes soweit ausdehnen, daß der Hinduismus zur beherrschenden kulturellen Kraft Südostasiens wurde. Inseln wie Bali sind noch heute hinduistisch.

Im 9. Jahrhundert entstand im Süden unter der Chola-Dynastie, der Indien eine glänzende Hinterlassenschaft großer Werke der Dichtkunst, Malerei und Bildhauerei verdankt, ein mächtiger Staat. Den Grundstein dazu legte König Aditya (871–907), »indem er eine Reihe großer Steintempel für Schiwa an den Ufern des Kaweri errichten ließ, von den elefantenreichen Sahya-Bergen bis an den Ozean hinab, auf dessen rastlosen Wellen das Mondlicht spielt«. Diese Tempel gehören fraglos zum Schönsten, was die indische Architektur hervorgebracht hat. Einige der Heiligtümer existierten bereits seit dem 6. Jahrhundert und wurden nur erweitert und verschönert. Auf diese Weise entstanden hier am Kaweri die größten Tempelstädte Indiens, wenn nicht der ganzen Welt. Noch heute sind sie vielbesuchte Pilgerstätten – sie haben klingende Namen wie Tiruwarur, Schrirangam und Tschidambaram, die Heimat des von der Chola-Dynastie geförderten Kultes des tanzenden Schiwa. In Tschidambaram werden die zahlreichen sich überlagernden Schichten der kultischen Vergangenheit Indiens besonders deutlich. Der heilige Baum, das heilige Wasserbecken, das Tiger-Heiligtum, das Linga, die Ur-Göttin, der tanzende Gott des tamilischen Eingeborenenkults – sie alle waren hier zu Hause. Das Herzstück der Anlage von Tschidambaram ist eine hölzerne Halle aus dem 9. Jahrhundert, mit einem Dach aus vergoldeten Ziegeln, winzig wirkend innerhalb des großartigen Komplexes von Türmen und Hallen aus der Chola-Epoche. In der Schatzkammer finden sich zahlreiche Bronzen aus der Blütezeit altindischer Bronzekunst, die ihre Ursprünge noch in den Städten der Industal-Kultur hatte. Eine Gruppe von Kunsthandwerkern, möglicherweise verschiedene Mitglieder einer einzigen Künstlerfamilie, gestalteten einen kleinen Tempel am Kaweri-Delta in Tiruwengadu, wo nicht weniger als dreißig im frühen 11. Jahrhundert gegossene Bronzen die Wechselfälle der Geschichte überdauert haben. Sie setzen sich mit uralten Themen auseinander: Schiwa als tanzender Gott, als großer Yogi oder als androgyne Gestalt; daneben die Große Göttin in ihren schrecklichen wie in ihren gütigen Manifestationen – Bilder, die wir heute aus Film und Fernsehen kennen.

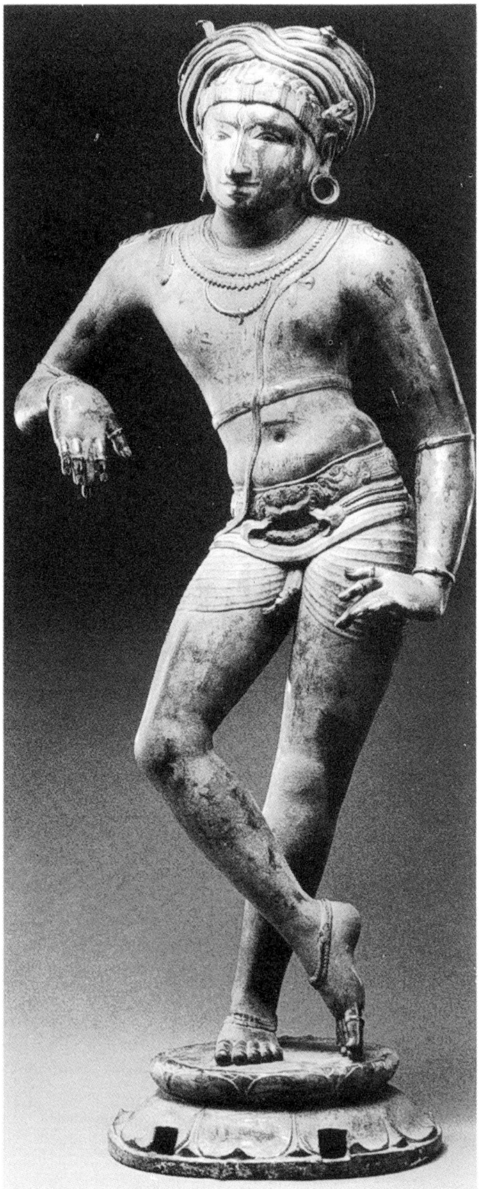

Links: *Bronze-Schiwa aus Tiruwengadu, 1011 n. Chr.*

Unten: *Schiwa als Herr des Tanzes, ein tamilisches Meisterwerk, ca. 990 n. Chr. »Wenn wir alle den Tanz sehen könnten«, sang der Dichter Appar (7. Jahrhundert), »dann wäre es wert, als Mensch geboren zu werden.«*

Zu den Meisterstücken der Sammlung gehört eine Skulptur des Gottes Schiwa in seiner archaischen Rolle als Herr der Tiere. Doch die tamilische Sensibilität hat den wilden Gott der Vorgeschichte in eine sinnlich-geschmeidige Hirtengestalt mit einem Turban aus Schlangen verwandelt. Die Skulptur wurde im Jahr 1011 n. Chr. im Wachsausschmelzverfahren in einem einzigen Stück gegossen. Werke von vergleichbarer Vollkommenheit hatte bis dahin allenfalls die griechische Antike aufzuweisen.

Tamilische Kultur in Südindien.
Oben: *Der weiträumige Chola-Tempel mit seinem gigantischen Wasserbecken, Teil der »alten Stadt von Tiruwarur, die erfüllt ist vom süßen Duft blauer Lilien« (Appar).*

Rechts: *Tschidambaram. Die goldene Halle, die dem Tanz Schiwas geweiht ist (9. Jahrhundert n. Chr.).*

Links: *Säulenskulpturen am Wischnutempel auf der Insel Schrirangam im Kaweri (16. Jahrhundert n. Chr.).*

Oben: *Das Frühlingsfest in Madurai, das der Göttin zu Ehren gefeiert wird, der »schön geschmückten Dame mit der lieblichen Stirn und dem Venushügel, zartgezeichnet wie das Mal der Kobra« (Sambandar, 7. Jahrhundert n. Chr.).*

Links: *Der Tempel der Minakschi in Madurai, Zeugnis barocker Üppigkeit in der letzten Blütezeit tamilischer Architektur.*

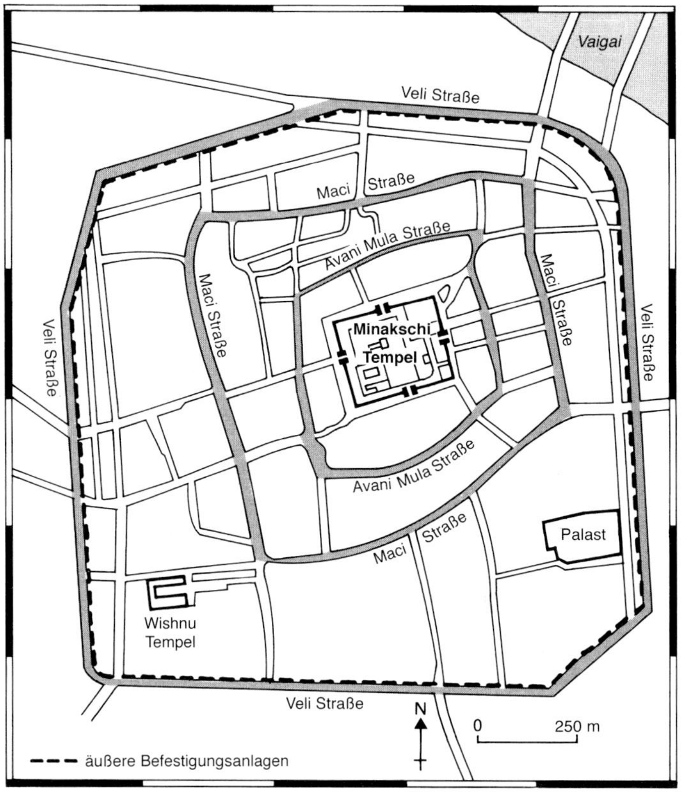

Madurai, eine tamilische heilige Stadt, die noch heute zehntausend Pilger täglich anzieht. Madurai war schon bei den alten Griechen und Römern bekannt. Die Prozessionsstraßen um den Tempel sind nach den tamilischen Monaten benannt. Die äußeren Befestigungsmauern wurden um 1840 von den Engländern zerstört.

Das kulturelle Zentrum der Tamilen des Südens war Madurai, »der herrliche Tempel mit seinen hohen Türmen«, wie ein Dichter sang. Schon in den Tagen des Megasthenes kannten die Griechen Madurai als blühende Metropole und wichtigen Handelsumschlagplatz, eine Stadt der Heiligtümer, »deren Bürger sich nicht beim Gesang der Lerche, sondern beim Singen der Veden erheben«.

Die wichtigste Gottheit von Madurai ist die Große Göttin. Ihr Kult war schon den alten Griechen bekannt, und in tamilischen Texten aus dem 1. Jahrhundert ist von einem früheren Tempel der Göttin an dieser Stelle die Rede. Heute datiert keines der Bauwerke früher als 1314, als die Stadt – mit Ausnahme der Fundamente der Türme und der Mauern des inneren Heiligtums für Schiwa – vollständig von den Moslems zerstört wurde. Der Grundriß von Madurai entspricht jedoch noch heute den städteplanerischen Vorschriften, die vor zweitausend Jahren in rituellen Texten festgelegt wurden: da ist der quadratische heilige Bezirk, der, an die Form einer Lotusblume erinnernd, von den konzentrischen Kreisen der Prozessionsstraßen umgeben ist. Die äußerste Grenze bildeten die Stadtmauern, die von den Engländern zerstört wurden. Schon aus der Entfernung ragen die gewaltigen Tortürme in der Ebene empor, Wahrzeichen des heiligen Ortes und reales Abbild der kosmischen Stadt, wie wir ihr später im alten China und in Mittelamerika begegnen werden. Madurai ist eine der großen, typisch indischen Städte mit uralter Vergangenheit. Im Hauptheiligtum ist die Göttin in der traditionellen Pose der Muttergottheit dargestellt, als Sinnbild weiblicher Fruchtbarkeit. Ihr Name, Minakschi, und die Namen, mit denen Schiwa hier belegt wird, Sundarar und Cokkanathar, kommen aus der ältesten Schicht der drawidischen Sprache; vielleicht gab es diese Götternamen schon im Zeitalter von Harappa.

Einmal im Jahr wird die Statue der Göttin ans Ufer des heiligen Sees getragen, zur Feier ihrer Hochzeit mit Schiwa. Dieses Ritual ist so alt wie die Kultur, der es entstammt. Schon im alten Babylonien im 3. Jahrtausend v. Chr. belegt, wurde es noch in hellenistischer Zeit unverändert vollzogen. Am See werden die Göttin und ihr Gemahl mit Girlanden geschmückt wie irdische Potentaten und mit schwermütigen Hymnen in Tamil besungen, einer der ältesten klassischen Sprachen der Welt, die vielleicht noch auf die Sprache der Industal-Kultur zurückgeht. »Die Große Göttin«, heißt es in einem alten indischen Lied, »ist der Urgrund aller Dinge. Sie ist der Friede, der Geist in allen Dingen, in ihr sind alle Formen des Glaubens verkörpert. Sie ist das Bewußtsein selbst, immer und überall gegenwärtig und die ganze Schöpfung durchdringend.« Archaisch nach Namen und Gestalt, ist die Große Göttin von Madurai Teil einer uralten und unsterblichen Erfahrung indischen Lebens, die niemals ausgelöscht wurde, »jenseits von Zeit und Wandel«.

DIE LETZTE INVASION: DIE BRITEN

IM 17. Jahrhundert blühte die tamilische Kultur noch einmal, während das Moghulreich im Norden bereits die ersten Zeichen des Niedergangs zeigte. Danach erlebte Indien die letzte und vielleicht folgenschwerste Invasion. Schon seit den Tagen Alexanders hatte der Westen begehrlich nach Indiens Reichtümern geschielt. Im 18. Jahrhundert nun fingen die rivalisierenden Mächte Europas an, sich Kolonien auf dem sagenhaften Kontinent zu sichern. Daraus entspannen sich kriegerische Auseinandersetzungen zwischen Engländern und Franzosen in Bengalen und in Tamil Nadu – Ausdruck der weltweiten Konfrontation zwischen den beiden größten Kolonialmächten. Die heiligen Anlagen in Tschidambaram und Schrirangam wurden entweiht und von kämpfenden fremden Armeen als Festungen benützt. Auf Darstellungen erschien Indien als nackte, dunkelhäutige Frau, die demütig ihre Reichtümer Britannien darbot. Damit war das Land endgültig in jene katastrophale Epoche eingetreten, aus der nur wenige eingeborene Kulturen der Welt intakt hervorgehen sollten: in das Zeitalter des Kolonialismus.

Die Briten verdankten ihren Sieg der inneren Spaltung Indiens und ihrer Seehoheit. Entlang der indischen Küste schufen sie sich die Basis für ihre Herrschaft: große Hafenstädte wie Kalkutta, Madras und Bombay, »ein Ring rund um Indien«. Die Anfänge des englischen Machtzuwachses in Indien vollzogen sich unter den korrupten und gewalttätigen Auspizien der Ostindienkompanie. Die Eroberung ging häppchenweise und nach rein opportunistischen Gesichtspunkten vonstatten, ohne jede langfristige Planung. Dem britischen Steuerzahler erwuchsen keine Kosten, etwaige Hindernisse wurden durch Söldner Stück um Stück beseitigt. Erst 1857, nachdem der große Aufstand in Nordindien, die »Meuterei« der Sepoy-Regimenter, der zweihundertachtundfünfzig

Jahre währenden Existenz der Kompanie ein Ende gesetzt hatte, übernahm die britische Krone die Kontrolle über ihre indischen Besitzungen. Mit typisch englischem Traditionsbewußtsein verlas der erste Vizekönig, Lord Canning, am 1. November 1858 Königin Viktorias Proklamation von der Mauer der Festung Akbars in Allahabad, dort, wo der »unsterbliche Baum« und die »Gesetzessäule« über den heiligen Zusammenfluß der beiden Ströme blickten. So wurde nach Aschoka, Samudragupta und Akbar ein neuer *dharma* vom Ursprungsort der Welt aus verkündet, und Indien trat in eine neue Phase seiner Geschichte ein.

Es ist schon erstaunlich, daß die Briten noch auf dem Höhepunkt des Empires imstande waren, eine der volkreichsten Regionen der Welt mit einem Truppenkontingent von nur fünfzigtausend Soldaten und einer Viertelmillion Verwaltungsbeamter zu regieren. Die Ära der britischen Herrschaft (Radsch) ist durch Hollywood und Fernsehen mit einem nostalgischen Nimbus umgeben worden. Es war jedoch schierer Imperialismus. Die indische Wirtschaft wurde zur typischen Kolonialwirtschaft, in der Rohstoffe exportiert und Güter importiert werden. Die natürlichen Ressourcen Indiens wurden rücksichtslos ausgebeutet, die Bäume und Tiere des Landes, zu deren Schutz Aschoka zweitausend Jahre zuvor interveniert hatte, gedankenlos verschwendet. Und wie in der ganzen Welt, von Afrika bis nach Amerika, wurden die Ureinwohner des Landes, Träger

Rechts: *Die Briten in Indien. Ein Vertreter der Ostindienkompanie am Hugli-Fluß, Kalkutta, ca. 1775.*

Ganz rechts: *Der Moghul-Kaiser Schah Alam II. überläßt Lord Clive formell die Einkünfte Bengalens, 1765. Das Gemälde stammt von Benjamin West, der auch Wolfes Tod in Quebec verherrlichte.*

der ältesten Kultur der Welt, von einer Nation, die sich selbst als überlegene Rasse betrachtete, wie Kinder behandelt.

Die von der achttausend Kilometer entfernten Insel ins Land gekommenen neuen Herrscher verherrlichten sich in phantastischen Kostümen und erfundenen Zeremonien. Für sie war Indien das »Juwel der Krone«, von dem die Existenz ihres ganzen Reiches, des größten in der Geschichte, abhing. Wie leicht läßt die einstige koloniale Pracht vergessen, daß es ein Indien *vor* den Engländern gab, ein Indien, das noch da ist, nun, da sie gegangen sind.

Es ist nicht meine Absicht, die unleugbar positiven Aspekte der komplexen britischen Hinterlassenschaft in Indien zu schmälern, allen voran die englische Sprache, aber auch die englischen Vorstellungen von einer repräsentativen Demokratie, von urbaner Politik, Erziehung und Bildung und säkularer Gesetzgebung, die die zeitgenössische indische Kultur entscheidend beeinflußt haben. Immerhin haben sie zur politischen Einheit Indiens beigetragen, ja vielleicht ist überhaupt die Möglichkeit eines geeinten indischen Staates erst denkbar geworden, weil die Engländer grundsätzlich von diesem Gedanken ausgingen. Der Hinduismus, Indiens ureigene Religion, erlebte unter dem Einfluß europäischer und christlicher Ideen sogar ein von Reformen begleitetes Wiedererstarken. Doch das wohl folgenschwerste Vermächtnis der Engländer ist die unwiderrufliche Öff-

Ganz oben: *Schiffahrt auf dem Hugli, Kalkutta, ca. 1900. Die Einfuhren aus Indien machten im Vergleich bei weitem den größten Anteil britischer Importe aus.*

Oben: *Britischer Offizier in einer Sänfte. »Geblendet von oberflächlichem Glanz, übernahmen die Eingeborenen zunächst bereitwillig die Ansichten ihrer Herren und glaubten an sie, als seien sie Gestalten in einem kommerziellen Veda«, schrieb ein indischer Kritiker.*

Links: *Der Vizekönig Lord Curzon und seine Frau, Gwalior, 1899 – die Herrscherpose in grausamer Symbolik.*

Unten: *George V. und Königin Mary beim Staatsempfang in Delhi, 1911. Sich bewußt als Nachfolger der Moghuln in Szene setzend, verkünden sie von den Mauern des Roten Forts die Verlegung der Hauptstadt von Kalkutta nach Delhi; die Musik dazu lieferte Edward Elgar.*

nung des Subkontinentes zur Welt, die die Inder zwang, ihre jahrtausendealte Zivilisation im Sinne des neuen säkularen *Dharma* des Westens neu zu definieren.

DIE UNABHÄNGIGKEIT

UNSERE SPURENSUCHE FÜHRT uns schließlich wieder zurück nach Allahabad, in die Stadt des Kumbh-Mela-Festes, zum Familiensitz der Nehrus, die Indien nach der Unabhängigkeit drei Generationen lang regierten. Hier, in der mit Büchern aus der humanistischen und sozialistischen Tradition Europas vollgestopften Bibliothek, trafen sich in den dreißiger Jahren unseres Jahrhunderts indische Demokraten und diskutierten Indiens Zukunft. Die Hoffnungen und Befürchtungen, denen sie Ausdruck gaben, waren die Hoffnungen und Befürchtungen aller eingeborenen Völker, die versuchten, sich gegen den westlichen Ansturm zu behaupten und dabei doch auch in mancher Hinsicht vom Westen zu lernen. Wieweit sollte man dem Vorbild des Westens folgen, zum Beispiel im Hinblick auf den industriellen Kapitalismus, die Einführung eines demokratischen Systems, westlichen Rationalismus und westliches Wissenschaftsverständis? Wieweit konnten eigene Traditionen zur Grundlage eines modernen indischen Staats werden? Jawarharlal Nehru, der in England erzogene, der Oberschicht seines Landes angehörende erste Premierminister Indiens, setzte auf das Vorbild des europäischen Sozialismus und den radikalen Bruch mit den archaischen Überlieferungen der indischen Vergangenheit. (Damals glaubten viele Intellektuelle noch an den Erfolg des kommunistischen Experiments in Rußland.) Nehrus Freund Mahatma Gandhi hingegen, dessen streng-schlichtes Schlafzimmer, komplett mit Spinnrad und Schlafmatte bis heute unberührt in Nehrus Haus erhalten blieb, glaubte daran, daß Indien seinen eigenen Weg gehen konnte, er glaubte an eine eigenständige Entwicklung, an die einheimischen Wirtschaftsstrukturen und dörfliche Demokratie, an Aschokas Grundsatz der Gewaltlosigkeit. Für ihn bestand das größte Vermächtnis jeder Kultur in ihr selbst – Indiens Größe in seinem Indischsein, nicht in einem verwässerten westlichen Kompromiß. Aber der Lauf der Welt war gegen Gandhi. »Die Ideale unserer Zivilisation«, sagte er, »Gewaltlosigkeit, Gleichheit, Pluralismus, innere und äußere Toleranz können nur durch Information und Überzeugungsarbeit zu einer wirklichen Kraft werden, nicht durch Gewalt. Ob die Mehrheit der ständig wachsenden Menschheit jemals eine solche ethische Grundhaltung übernehmen kann, weiß ich nicht. Aber ich weiß, daß wir daran glauben – und daß die Jugend nur darauf wartet, daß wir sie in dem Versuch, eine solche Ethik zu leben, unterstützen.«

Der moderne indische Staat wurde erst vor sechzig Jahren im Hause Nehrus in Allahabad erdacht und aus Gesprächen geboren, aber er ruht auf einer großen Tradition, die in erstaunlicher kultureller Kontinuität Jahrtausende zurückreicht. Von daher können die Überzeugungen von Buddha und Aschoka, von Kabir, Akbar und Dara Schukoh als lebendiger Schatz noch heute gültiger Ideen gelten in einem Indien, das seinen Weg fortsetzt als die Gesellschaft mit der größten ethnischen und sprachlichen Vielfalt der Welt.

Schon jetzt erscheint die dreihundertjährige britische Herrschaft nur mehr wie ein vorübergehender Einbruch in der Kontinuität der indischen Geschichte. Die Erinnerungen an diese Ära schwinden mit dem Wiederaufleben einer ferneren Vergangenheit, lange bevor die Europäer kamen. Doch mit den Errungenschaften dieser Vergangenheit leben auch die alten Fehler wieder auf, die das tragische Erbe der Zivilisation ausmachen. In Indien sind dies die tiefverwurzelte Ungerechtigkeit des Kastenwesens, die ständige Gefahr des Separatismus und religiösen Fanatismus, die Ausbeutung der Frauen, die Unterdrückung der eingeborenen Völker und der unausrottbare Feudalismus mancher Regionen, der wie das Kastensystem die Hoffnungen auf eine Demokratie nach westlichem Vorbild immer wieder zunichte gemacht hat.

Indien hat auf allen Gebieten menschlichen Strebens einen unermeßlichen Reichtum und eine ungebrochene schöpferische Kraft bewiesen. Für westliche Augen ist wohl am beeindruckendsten, daß Indien die spirituelle Suche des Menschen auf eine Art und Weise in den Mittelpunkt seiner Kultur gestellt hat, wie wir es von keiner anderen Zivilisation der Welt kennen – wenngleich das Land zugleich eine bedeutende säkulare Tradition hervorgebracht hat, die bis in die Zeit Aschokas zurückreicht. Von alters her hat Indien die Ziele der Zivilisation völlig anders definiert als der Westen. Der Westen hat stets individualistische und materialistische, rationale und maskuline Ideale auf den Schild gehoben. Die große Tradition Indiens hingegen steht für Gewaltlosigkeit, Versöhnung, das Innenleben, das Weibliche als Säulen der Zivilisation. An diesem Ideal hat das Land über alle Triumphe und Katastrophen seiner Geschichte hinweg festgehalten. Reiche des Schwertes gibt es viele, ein Reich des Geistes hat nur Indien geschaffen.

EPILOG

IN DEM HAUS in Allahabad liegt noch immer ein abgegriffenes Exemplar der *Gita* neben Nehrus Bett. So gilt vielleicht noch am Ausgang des 20. Jahrhunderts – für Nationen wie für einzelne –, daß wir aus unseren Anfängen erkennen können, wohin wir die Schritte lenken werden. Als Nehru starb, wurde seine Asche, wie er es in seinem Testament festgelegt hatte, in Allahabad, am heiligen Zusammenfluß von Ganges und Yamuna, verstreut. So hatte es sich auch Mahatma Gandhi gewünscht. Und auch die Asche der ermordeten Tochter Nehrus, Indira, und seines Enkels Rajiv wurde den trüben Wassern unter Akbars Festung mit dem unsterblichen Baum und der Gesetzessäule Aschokas übergeben. Nehru verwahrte sich allerdings gegen eine religiöse Interpretation seines Wunsches: »Ich habe in dieser Sache keinerlei religiöse Empfindungen«, sagte er. »Seit meiner Kindheit fühlte ich mich zum Ganga und zum Yamuna hingezogen, und dieses Gefühl ist mit dem Alter stetig gewachsen. Oft habe ich die mit den Jahreszeiten wechselnden Launen der Flüsse betrachtet und dabei an die wechselhafte Geschichte, die Mythen, Traditionen, Lieder und Erzählungen gedacht, die seit uralten Zeiten mit diesen Flüssen verknüpft sind und Teil von ihnen wurden. Der Ganga ist ein Wahrzeichen Indiens, geliebt vom Volk und unauflösbar verbunden mit seinen Erinnerungen, Hoffnungen und Ängsten, seinen Liedern von Triumph, Sieg und Niederlage. Er ist ein Symbol von Indiens jahrtausendealter Kultur und Zivilisation, die immer im Fluß ist und doch immer dieselbe bleibt.«

DRITTES KAPITEL

CHINA

Das Mandat des Himmels

Die ältesten Zeugnisse chinesischer Geschichte wurden durch einen bloßen Zufall entdeckt. Im Jahr 1899 erkrankte ein chinesischer Gelehrter aus Peking, Wang I-jung, an Malaria. Er holte sich in der Apotheke die Zutaten für eine Arznei. Zufällig weilte gerade ein Freund von ihm, der Gelehrte Liu T'ieh-yun (der Verfasser des klassischen Romans *Reisen des Lao Ts'an*), in seinem Hause. Liu sah bei der Bereitung der Arznei zu. Einer der Inhaltsstoffe, zermahlene alte Schildkrötenpanzer, im Volksmund als Drachenknochen bekannt, fand schon seit vielen hundert Jahren Verwendung in der chinesischen Medizin. Als die beiden Männer die gekauften Knochenstücke näher in Augenschein nahmen, bemerkten sie zu ihrem Erstaunen fremdartige archaische Schriftzeichen, die auf ihnen eingeritzt waren. Einige der Zeichen kamen auch in der modernen chinesischen Schrift vor. Von Entdeckereifer gepackt, waren die beiden Männer entschlossen herauszufinden, woher die Knochen gekommen waren. Sie gingen zurück zur Apotheke, und wirklich konnte der Apotheker ihre Frage beantworten. Die Knochen waren in der Nähe einer staubigen kleinen Stadt in der Provinz Henan in Zentralchina ausgegraben worden, in der Ebene des Gelben Flusses. Die Stadt hieß Anyang. Und Anyang sollte in der Tat den Schlüssel zur Wiederentdeckung der alten chinesischen Kultur liefern.

China war die letzte der großen Kulturen der Alten Welt, die sich völlig eigenständig entwickelte, gut tausend Jahre nach der der ersten im Irak. Die chinesische Weltsicht war einzigartig – Ausdruck einer Andersartigkeit, wie sie sich radikaler nicht denken läßt. Ein Kenner Chinas, Simon Leys, schrieb einmal: »Wenn wir uns mit China beschäftigen, werden wir uns unserer eigenen Identität erst richtig bewußt. Wir beginnen zu erahnen, welcher Teil unseres Erbes wirklich allen Menschen gemein ist, und welcher einfach nur indoeuropäische Idiosynkrasien widerspiegelt.«

Die chinesische Vorstellung von Kultur unterschied sich fundamental von der des Westens und, wenn auch in anderer Weise, auch von der Indiens. Auch in China hatte die Stadtkultur ihre Ursprünge im Bronzezeitalter. Die Stadt war hier jedoch nicht Ballungszentrum und Handelsumschlagplatz, sondern rituelle Enklave, in der der König und seine Zukunftsdeuter zwischen Erde und Himmel, Mensch und Natur, Lebenden und Toten, Vergangenheit und Zukunft vermittelten. Diesen besonderen Charakter behielt die chinesische Stadt, vom bronzezeitlichen Anyang bis zum Peking des letzten Kaisers. Für die Schöpfer der chinesischen Tradition war das Hauptziel menschlichen Strebens die Erlangung einer moralischen Ordnung auf Erden, die aufrechterhalten wurde von Tugend, der Pflege der Sitten und Gebräuche, der Verehrung der Ahnen. Ihre Vision von Kultur wurzelte zunächst und vor allem in diesen Wesensmerkmalen und Pflichten.

Ihren Ausdruck fand diese Vision im Gedanken der Harmonie, im Zusammenfallen der Gegensätze des inneren und äußeren Lebens, des Männlichen und des Weiblichen, von Licht und Dunkel, Yin und Yang – ein auf die Elemente gegründetes Gleichgewicht, das für das gesamte chinesische Denken bestimmend wurde, ganz gleich, ob es um Naturwissenschaft, Philosophie, Ernährung oder Medizin geht. Dieses uralte Gedankenmuster durchdrang alle Aspekte chinesischen Lebens und galt dauerhaft für das chinesische Volk. Selbst die Katastrophen der Moderne, von der kommunistischen Revolution bis zur gewaltsamen Zerschlagung der demokratischen Bewegung auf dem Platz des Himmlischen Friedens im Jahr 1989, spielten sich vor dem Hintergrund dieser tiefreichenden Kräfte ab, die China in Jahrtausenden geformt haben, seit seinen Anfängen an den Ufern des Gelben Flusses.

ANYANG: DER BEGINN DER CHINESISCHEN GESCHICHTE

HUANGHE, DER GELBE FLUSS, wälzt mit ungeheuren Wassermassen fruchtbaren gelben Schlamm von der Mongolei bis ins Gelbe Meer. Unzählige Städte hat er vernichtet, Millionen von Menschen fanden allein in unserem Jahrhundert in seinen Fluten den Tod. Wenn er hinter Chengchou das Gebirge hinter sich läßt, zieht sich sein Lauf durch eine weite, flache, staubige Ebene, über der im Sommer die Hitze brütet. Hier lagen die meisten Städte der Bronzezeit, obgleich das Klima damals noch wärmer und das Land sumpfiger war, mit subtropischer Flora und Fauna. Wie die anderen Kulturen der Alten Welt entstand auch die chinesische am Ufer eines Flusses, doch, anders als im Nahen Osten, bezog sie ihre politische Macht nicht aus der Unterwerfung der Natur, sondern aus der Herrschaft über die Vergangenheit. Wo im alten Irak oder Ägypten die Verfügungsgewalt über das Bewässerungssystem den Schlüssel zur Autorität der ersten Könige und Staaten darstellte, beruhte die königliche Macht in China auf der Abstammung und auf Weissagung – der Fähigkeit, Zugang zu den Ahnen und ihre gnädige Mitwirkung zu erlangen.

Heute ist in Anyang wenig zu sehen. Es ist ein kleines, hübsches Städtchen mit Mauern aus der Ming-Dynastie und einem Trommelturm. Im alten Viertel führen lange, baumbestandene Alleen an weiß gekalkten Häusern vorbei zu zwei riesigen Wasserbecken, an denen die Menschen sich am Abend ergehen. Außerdem gibt es eine mittelalterliche buddhistische Pagode, vor deren Toren die alten Leute heute noch Räucherwerk und Gebetsstreifen verbrennen. Um jedoch dahin zu gelangen, wo sich in der Bronzezeit Paläste erhoben und die »Drachenknochen« gefunden wurden, muß man ein paar Kilometer vor die Stadt gehen, durch wogende goldene Weizenfelder, bis zu dem Dörfchen Hsiaot'un. Hier, an der Biegung des Huan-Flusses, standen die hölzernen Paläste von Yin, der letzten Stadt der unseligen Shang-Dynastie.

Nach Aussage des Historikers Ssu-ma Ch'ien, der im 1. Jahrhundert v. Chr. schrieb, fanden hier die schrecklichen Ereignisse im Zusammenhang mit dem Sturz der Shang-Dynastie, tausend Jahre vor Ssu-ma Ch'iens Zeit, statt. China hatte viele Könige gesehen,

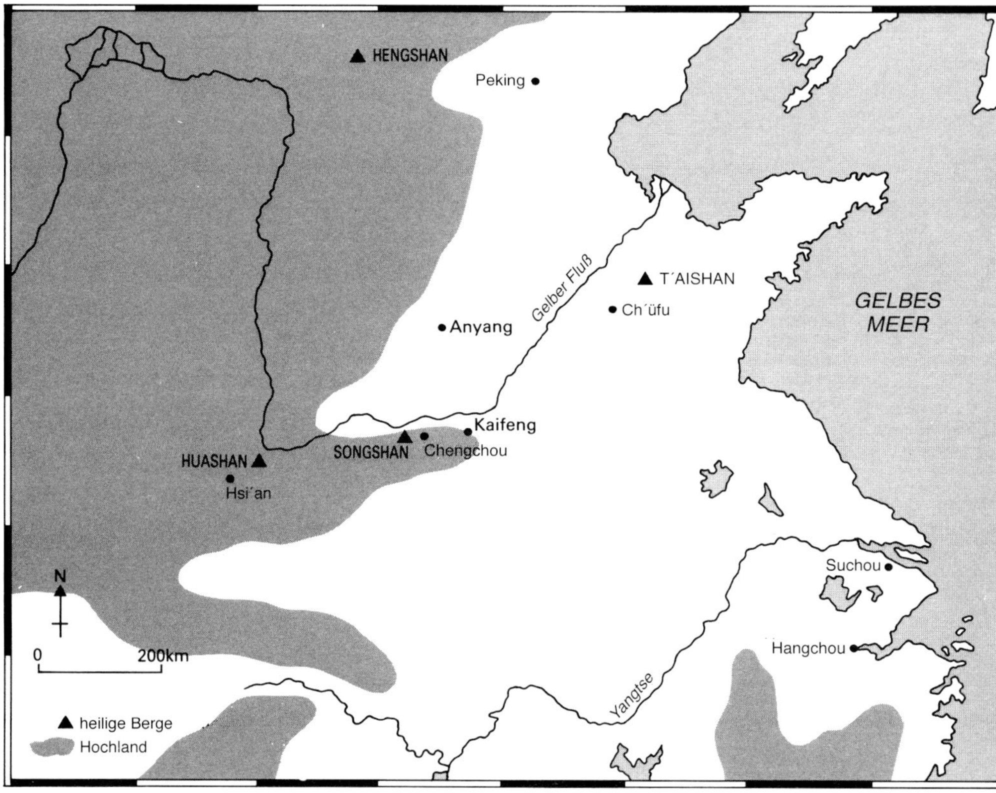

gute und schlechte, aber Chòu war der schlechteste und zugleich intelligenteste. Stark, wollüstig und grausam, feierte er eine Orgie nach der anderen und verhängte gräßliche Strafen über diejenigen seiner Ratgeber, die es wagten, sein Verhalten zu tadeln. Am schlimmsten aber war, daß er die Götter und die Geister der Ahnen mißachtete. Schließlich stellten sich alle seine rechtschaffenen, anständigen Minister gegen ihn. »Du kennst das Mandat des Himmels nicht«, warfen sie ihm vor. Und in einer ebenso pragmatischen wie symbolträchtigen Aktion schlugen sich die hohen und niedrigeren geistlichen Würdenträger, die »Hüter des Rituals«, mit ihren Bronze-Kesseln und Musikinstrumenten auf die Seite des guten Herzogs von Chou, von dem es allgemein hieß, daß er Mitgefühl zeige und »für das gemeine Volk sorge«. So verlor der böse Chòu schließlich den Zugang zu den Ahnen. Chòus Feinde verbündeten sich unter der Führung des guten Herzogs Wuwang und griffen ihn an. »Am Tag *chia-tzu*«, schrieb Ssu-ma Ch'ien (»als der Jahres-Stern Jupiter in der Krebs-Löwe-Konstellation stand«, ergänzt eine andere Überlieferung mit frappierender Präzision), wurde Chòu besiegt. In seinem kostbaren Jadegewand erklomm er die Hirsch-Plattform und »ging durch das Feuer in den Tod«. Mehrere Überlieferungen legen das Ereignis in das Jahr 1122 v. Chr., doch sind auch andere Datierungen denkbar. Der Schlüssel zum Verständnis dieser Geschichte, wie Ssu-ma Ch'ien sie erzählt, vielleicht sogar zum Verständnis der chinesischen Geschichte überhaupt, liegt

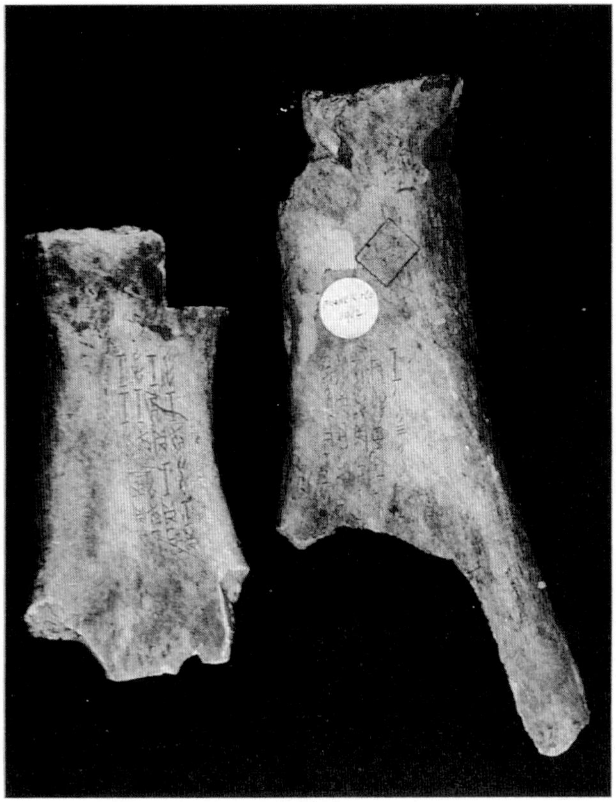

Ganz links: *Karte von China mit den im Text erwähnten Orten. Das »Land der Mitte« (Chungkou), das China seinen Namen gab, liegt um Songshan, seit 1000 v. Chr. der Meridian für die chinesischen Astronomen.*

Links: *Die Ursprünge chinesischer Wahrsagekunst: Shang-Orakelknochen aus dem 12. Jahrhundert v. Chr. »Hier laßt uns unsere Schildkröte kerben. ›Halt‹, sagt sie, ›bleibt stehen‹, sagt sie. ›Hier baut eure Häuser.‹« (Shih Ching).*

darin, daß Herrscher zwar bis zu einem gewissen Grad grausam und erbarmungslos sein dürfen, Chòu sich jedoch durch seine unmäßige Grausamkeit und Verworfenheit um das »Mandat des Himmels« gebracht hatte. Dahinter steht die wahrscheinlich uralte Vorstellung von einer moralischen Ordnung auch in der Politik.

Bald war klar, daß bei Hsiaot'un Tausende von Orakelknochen im Erdreich verborgen schlummerten. 1922, in jenem für die Archäologie so entscheidenden Jahrzehnt mit den spektakulären Funden in Ägypten (König Tutenchamuns Grab), im Ur der Chaldäer und in Mohendscho-Daro, begannen in China Ausgrabungen, die sich im Blick auf die chinesische Geschichte, ja auf die Weltgeschichte als nicht weniger bedeutungsvoll erweisen sollten. Hier quollen die Grabkammern der letzten Shang-Könige und ihrer Höflinge und Frauen geradezu über von herrlichen bronzenen Beigaben. Hier stieß man auf Belege für Menschenopfer, denn wie im babylonischen Ur, in Abydos in Ägypten und in Mittelamerika waren auch die frühen chinesischen Herrscher mit den Leichnamen ihrer treuen Gefolgsleute beigesetzt worden. Und schließlich und endlich fand man hier die Antwort auf das Rätsel der Drachenknochen.

Die Chemiker in Peking nahmen dieses ungewöhnliche rituelle Archiv der Shang-Könige näher in Augenschein. Es handelte sich bei den Fundstücken offensichtlich um Orakelknochen, mit deren Hilfe die königlichen Wahrsager Verbindung zu den Geistern der Ahnen aufnahmen. Die gefundenen Knochen stammten zum Teil von Rindern, hauptsächlich aber von Schildkröten, dem uralten Symbol der Unsterblichkeit in der chinesischen Kultur. Die Knochen wurden erhitzt und mit einem scharfen Werkzeug zerteilt. Aus dem Fall der Splitter wurde dann geweissagt. Später versah man die Knöchelchen mit Aussagen zu Fragen nach Geburt und Tod, Fruchtbarkeit, Krankheit oder Gesundheit, nach dem Ausgang von Feldzügen und Jagdexpeditionen und nach der Gunst der Stunde oder des Ortes für die Gründung einer Stadt. Diese Knochenstücke mit ihren geheimnisvollen Zeichen bildeten die Grundlage des *I ching*, des großen chinesischen Buches der Weisheit, das wir noch heute kennen. (Wie der Historiker Ssu-ma Ch'ien notierte, waren in China auch die Anfänge der Historiographie, der Astronomie und der Kalendereinteilung »eng mit der Wahrsagerei und der Verehrung der Ahnengeister verbunden«.) Die Orakelknochen gaben aber zugleich auch Auskunft über die Ursprünge der chinesischen Kultur, in der die Ahnengeister durch die magische Kraft der Schrift beschworen werden konnten. Tatsächlich wurde das chinesische Wort für diese eingeritzten Symbole – *wen*, Schrift – zum Oberbegriff für Zivilisation schlechthin. In China war am Anfang also nicht – wie in anderen Kulturen – die Stadt, sondern das Wort.

Der zweite Zugang zur chinesischen Vergangenheit, den die Funde in Anyang eröffneten, führte über die Bronzen. Die exquisiten, kunstvoll gearbeiteten rituellen Gefäße kamen bei Opferungen und rituellen Mählern zum Einsatz. Im Wachsausschmelzverfahren gegossen, wurden sie wegen ihrer außergewöhnlichen Muster, der Eleganz der Entwürfe, der feinen Ausführung und der reichen Verzierung zu äußerst begehrten Kunstobjekten. Ihre Inschriften erzählen von Abstammung und Ahnenverehrung: »Ich, Ts'ai Shu, habe dies gemacht«, heißt es auf einem Gefäß aus dem 9. Jahrhundert v. Chr., »mögen meine Söhne und Enkelsöhne es Tausende und Abertausende von Jahren ehren und gebrauchen.« Das Monopol der Bronzeherstellung und der Schrift, gepaart mit dem korrekten Vollzug der Riten, verschaffte den Herrschern den so entscheidenden Zugang zur Weisheit der Ahnen. Auf diesen Säulen ruhte die politische Macht, und nur durch sie kam der Herrscher in den Besitz des Mandats des Himmels, der wichtigsten Gabe, die er allerdings nur besaß, solange er gerecht war und zum Wohle des Volkes handelte.

Die Ausgrabungen in Anyang sind noch lange nicht abgeschlossen. Der letzte wichtige Fund war das kostbar ausgestattete Grab der Dame Fu Hao im Jahr 1976. Es ist den chinesischen Archäologen gelungen, prähistorische Ereignisse zu erkennen, die man bis dahin ins Reich der Legende verwiesen hatte. Die Entzifferung der Orakelknochen ließ die Shang-Könige, deren Namen mündlich in Erzählungen überliefert wurden, zu realen Personen werden. In der Zwischenzeit sind mehrere Hauptstädte der Dynastie entdeckt worden. Manchmal sind, wie bei den in der Nähe der modernen Industriestadt Chengchou (möglicherweise das alte Ao) gefundenen Überresten, noch heute hoch aufragende Schutzwälle zu erkennen. Nur das alte rituelle Zentrum, die »Große Stadt Shang« selbst, konnte bis jetzt nicht ausgemacht werden, wenngleich es Hinweise darauf gibt, daß sie in der Provinz Henan in der Nähe eines Ortes mit dem vielsagenden Namen Shang Ch'iu am alten Lauf des Gelben Flusses lag. Die Entdeckung einer weiteren Shang-Stadt bei Yen Shih im Umkreis von Chengchou in den achtziger Jahren verstärkt den Eindruck, daß diese Städte als Enklaven für den Vollzug königlicher Riten konzipiert waren, »als

Bronzener Weinbehälter der späten Shang-Dynastie, bestimmt als Opfergefäß für die Ahnengeister. 1976 wurden bei Anyang in einem Grab über zweihundert solcher Gefäße gefunden, dazu zweihundert andere Bronzen, wie Glocken, Waffen und Spiegel.

Dreh- und Angelpunkt der vier Himmelsrichtungen«, wie es in späteren Texten heißt; damit waren sie gleichsam Vorläufer der kaiserlichen Städte bei Hsi'an und der Verbotenen Stadt in Peking. Innerhalb der Stadtmauern befanden sich die Paläste und Wohnungen der Angehörigen der kaiserlichen Familie. Die Häuser der Untertanen, die Bronze-, Töpfer- und Schnitzwerkstätten zur Herstellung der Knochenorakel lagen außerhalb der eigentlichen Stadt. Vieles an der Shang-Gesellschaft ist allerdings nach wie vor rätselhaft. Möglicherweise hatten verschiedene Clans der königlichen Familie abwechselnd die Herrschaft inne, was bedeutete, daß bei jedem Regierungswechsel die Hauptstadt verlegt wurde. Einigermaßen gesichert scheint, daß es unter der Shang-Dynastie zwei gesellschaftliche Schichten gab: den herrschenden Kriegeradel (in dem Eingeweihte den Ritus bewahrten) und die Landbevölkerung. Diese Unterscheidung sollte jahrtausendelang eines der bestimmenden Merkmale der chinesischen Gesellschaft bleiben.

Neuere Ausgrabungen haben ein erstes Licht auf eine noch ferner liegende Vergangenheit geworfen. Aus der Legende wissen wir von einer geheimnisvollen Hsia-Dynastie, der Vorgängerin der Shang-Dynastie. Die Hsia sollen aus dem Gebiet um den heiligen Berg Songshan stammen. In dieser Region wurden kleine, befestigte Siedlungen aus dem 2. Jahrtausend v. Chr. ausgegraben. Hier war das Kernland Chinas, das »Reich der Mitte«, *Chungkou*, das dem Land seinen Namen gab.

Ganz abgesehen von der Bezeugung einer langen vorgeschichtlichen Entwicklung in China belegen diese neuen Funde, daß die klassische chinesische Kultur auf einem weit in die prähistorische Vergangenheit zurückreichenden, kontinuierlichen Wachstumsprozeß aufbaut, der getragen wurde von einer über lange Zeit in derselben Region seßhaften Bevölkerung. Wie in Indien war diese Kultur autochthon, seit prähistorischer Zeit an das Land gebunden. Das wiederum könnte, wie in Indien, eine Erklärung für die außergewöhnliche Dauerhaftigkeit der alten religiösen Vorstellungen und Bräuche in Chinas ganzer Geschichte sein. Die alten Mythen haben offenbar einen historischen Kern. Das Herzstück der Kultur bildete seit den frühesten heute bekannten Anfängen Schrift, Wahrsagerei, Ritus, Ahnenverehrung, Geschichtsschreibung und Dichtung. Diese Themen finden ihren Niederschlag in den heiligen Büchern der klassischen chinesischen Kultur: *Li chi* (Buch der Riten, Sitten und Bräuche), *Shih chi* (Historische Aufzeichnungen), *I ching* (Buch der Wandlungen), *Shih ching* (Buch der Lieder), in denen das geistige Fundament des Gemeinwesens bis zum Ende des Kaiserreiches am Anfang des 20. Jahrhunderts bewahrt wurde.

Die klassische chinesische Kultur hat diese alten Überzeugungen zu einer der großartigsten Errungenschaften der Menschheitsheitsgeschichte gemacht. Wie die Kultur Indiens wurzelte die chinesische Zivilisation im volkstümlichen Brauchtum des Bronzezeitalters, was ihr eine erstaunliche Unverwüstlichkeit, Langlebigkeit und Unverwechselbarkeit verlieh. Und wie in Indien und im antiken Griechenland wurden ihre zentralen Themen und Überlieferungen schon sehr früh, im 5. Jahrhundert v. Chr., in einem Kodex niedergelegt, der Chinas weiteren Weg entscheidend prägen sollte. Der Schöpfer dieses Kodex war K'ung Fu-tzu – Konfuzius.

KONFUZIUS: DER SCHÖPFER DER TRADITION

HEUTE WERDEN AUF DEM FRIEDHOF der Familie K'ung in Ch'ü fu in der Provinz Schantung wieder Gräber ausgehoben, deren bunter Papierschmuck fröhlich im Wind flattert. Dieser einzigartige Ort, fünfhundert Morgen groß, in dem Ahnen aus mehr als zweitausendfünfhundert Jahren ruhen, wurde im Zuge der Kulturrevolution völlig verwüstet, ja man ging sogar so weit, die Gebeine der Toten auszugraben und zu verfluchen in dem vergeblichen Versuch, die Macht der Ahnengeister ein für allemal zu bannen. Dem allem zum Trotz ist der Ort heute wieder, was er einst war: ein Monument der wohl einflußreichsten Gestalt der chinesischen Geschichte und derer, die das Vermächtnis dieses Mannes treu bewahrt haben.

Es war Konfuzius, der die magischen Vorstellungen des Bronzeitalters in den Gedanken vom Staat als einer moralischen Ordnung verwandelt hat, aufrechterhalten durch Tugend und durch die Pflege der Sitten und Bräuche. Konfuzius lebte in jenem »Achsenzeitalter«, dem auch Buddha, Pythagoras, die griechischen Philosophen und die jüdischen Propheten angehörten. Er war kein Religionsführer, sondern der Bewahrer der geschichtlichen, literarischen und rituellen Tradition Chinas. Seine Lehren bildeten zweitausend Jahre lang das Ideal chinesischer Staatskunst, und obwohl wir von ihm (wie von Buddha und Jesus) nur durch andere wissen, trägt das, was von ihm auf uns überkommen ist, doch ein höchst individuelles, ganz und gar eigenständiges Gepräge.

Der Kern der Botschaft ist dabei ebenso einfach wie originell. Es ging Konfuzius nicht um Gott, um den Himmel oder ein Leben nach dem Tod. »Von diesen Dingen weiß ich nichts«, pflegte er mit entwaffnender Schlichtheit zu sagen. Sein Anliegen war ganz pragmatisch das Anliegen einer jeden Regierung heute: Wie schafft man auf Erden eine gerechte und stabile Gesellschaft? Konfuzius' Antwort lautete: Die Gesellschaft wird durch Güte, Tugend, kurz, durch die Kraft der Moral zusammengehalten. *Jen*, Menschlichkeit, ist deshalb das erstrebenswerteste Ziel für den Staatsbürger.

Denn der Mensch wird nicht gut geboren, so Konfuzius. Man muß ihm Güte beibringen, sowohl dem Herrscher, als auch dem Untertan. Bei den Herrschern ist vorbildhafte Güte in allen Bereichen sogar besonders wichtig, denn wenn sie ungerecht und grausam sind, übermäßige, ungerechtfertigte Strafen über das Volk verhängen und es unterdrücken (wie es der böse Chòu tat), verlieren ihre Untertanen den Glauben an das Gesetz, ihre Selbstachtung und ihr Schamgefühl. Wenn den Menschen Güte und Selbstachtung vermittelt wird, eigenen sie sich diese Eigenschaften an und lenken sich gleichsam selbst. Konfuzius' Vision war die einer moralischen Gesellschaft, getragen von wechselseitigem Respekt und Vertrauen. Und obgleich er selbst Aristokrat war, fußte sein Gedankensystem in gewissem Sinn auf einer antiautoritären Idee, lag doch die Kontrolle der Ideologie bei den Gelehrten, nicht bei den Kaisern, die sich selbst bemühen mußten, den goldenen Mittelweg zu gehen, oder aber, wenn sie es nicht taten, das Mandat des Himmels aufs Spiel setzten – wie es auch die modernen Machthaber in China mittlerweile feststellen mußten.

Mit welchem Ernst Chinas beste Herrscher den konfuzianischen Ideen folgten, zeigt sich in einer bemerkenswerten Passage im Testament des Kaisers K'ang-hsi, das im Winter 1717 entstand:

> *Die Herrscher der Vergangenheit sahen in der Achtung vor den Gesetzen des Himmels und in der Ehrfurcht vor den Ahnen das Fundament der Herrschaft über das Land. Aufrichtigkeit in der Achtung des Himmels und der Ahnen aber beinhaltet dies: Sei freundlich gegenüber Fremden; umgib dich mit fähigen Männern; sorge für das Volk; denke an den Nutzen aller, denn er ist der wahre Nutzen, und an den Geist des ganzen Landes, denn er ist der wahre Geist; sei maßvoll gegenüber den Beamten und dem Volk ein Vater; schütze den Staat, bevor Gefahr droht, und regiere gut, bevor es zu Unruhen kommt; sei immer achtsam und besonnen und wahre stets das Gleichgewicht zwischen Nachgiebigkeit und Strenge, zwischen Prinzip und Zweckmäßigkeit, damit langfristige Pläne für das Land gefaßt werden können. Darin liegt alles beschlossen.*

Konfuzius' goldene Regel von der persönlichen Tugend klingt heute reichlich altmodisch, nicht weniger überholt mutet seine Betonung des Rituals an. Und doch läßt sich nicht leugnen, daß die Tugend des einzelnen bis heute die Grundlage jeder Kultur ist. Rituale wiederum definieren und regeln unter anderem zwischenmenschliche Beziehungen, sind Ausdruck von Hochachtung und zugleich sinnlich greifbare Manifestation der Verbindung zu den Vorfahren, die alle Menschen suchen. »Ohne Rituale«, so Konfuzius, »könnten wir genausogut tot sein.« Doch am Ende steht immer wieder die Güte. Wenn wir nicht gut sind, was nützen uns dann die Rituale? Was aber ist Güte überhaupt? Wann ist ein Mensch gut? Konfuzius' Schülern wird eine ganz einfache Antwort gegeben: »Gut ist, wer andere liebt«, sagte der Meister. »Der gute Mensch, der selbst stehen möchte, hilft anderen zu stehen; wer selbst ankommen möchte, hilft anderen anzukommen. Das Geheimnis der Güte liegt in der Fähigkeit, die Entsprechung zwischen deinem Leben und dem Leben der anderen zu erkennen.«

In Ch'ü fu finden inzwischen anläßlich des Geburtstags von Konfuzius wieder Feierlichkeiten statt, die sogar von staatlicher Seite unterstützt werden. In den letzten Jahren haben die neuen Herren Chinas eine Reihe alter konfuzianischer Traditionen – zumindest formal – wiederaufleben lassen. Die althergebrachten Rituale waren nach der kommunistischen Revolution verschwunden, als Staatslehre hatten sie bereits mit der Republik im Jahr 1911 ein Ende gefunden. Heute werden die alten Rituale von Schauspielern dargestellt, und die Zeremonien in Konfuzius' Heimatstadt sind ein Spektakel für Touristen, vor allem für chinesische Touristen aus Taiwan, Hongkong und Singapur, die ihre im Jahr 1949, wie es heute scheint, nur vorübergehend durchtrennten Wurzeln wieder-

Friedhof der Familie des Konfuzius in Ch'ü fu.
1966 von Maos Rotgardisten verwüstet, ist der Gräberwald mit seinen Stelen heute wieder eine Pilgerstätte.

entdecken. Da wird eine eindrucksvolle Vergangenheit heraufbeschworen, die die zeitgenössischen Machthaber Chinas auszurotten versucht haben in der Überzeugung, daß neue Traditionen den Platz der alten einnehmen könnten. Aber gerade wenn wir meinen, die Vergangenheit endgültig abgeschüttelt zu haben, hat sie die unheimliche Eigenschaft, wieder aufzuleben und alte Loyalitätsansprüche zu stellen. »Achtet die Vergangenheit«, lehrte der Meister, »und versteht die Gegenwart. Nur dann erlernt ihr Tugend und Güte.«

TAOISMUS: DER WEG

LANGE VOR KONFUZIUS glaubten die alten Chinesen, daß die Erde, die Natur und der Kosmos eine harmonische Ordnung bilden, das Tao. Tao heißt »Weg« oder »Pfad«. Die Suche nach dem richtigen Weg, der Taoismus, ist die zweite große Strömung des chinesischen Denkens – eine Naturmystik, die gleichsam die Ergänzung und Gegenbewegung zu dem auf Pragmatismus und gesundem Menschenverstand fußenden konfuzianischen System darstellt. Die klassischen Werke des Taoismus wie das *Tao te ching* und *Chuang tzu* wirken denn auch in der Tat wie Reaktionen auf Konfuzius' bürgerliche Moral und das, was die Taoisten als künstliche und restriktive Gesellschaftsstrukturen empfanden. Dennoch entwickelte sich der Taoismus nicht zu einer Alternative zum Konfuzianismus, sondern gleichsam zur anderen Hälfte eines im Leben jedes einzelnen anzustrebenden Gleichgewichts. In seiner Ganzheit sei der Mensch Konfuzianist bei Tage (im öffentlichen Leben) und Taoist bei Nacht (im Privatleben), hieß es einmal.

Feierlichkeiten anläßlich von Konfuzius' Geburtstag, Ch'ü fu, September 1990. Nun, da ihr »Mandat des Himmels« in Frage gestellt wird, suchen die kommunistischen Machthaber in China wieder Bestätigung in der Vergangenheit.

Der Pilgerweg, der auf den heiligen Berg T'aishan hinaufführt, ist so etwas wie ein Sinnbild für die Suche des Tao. Der T'aishan ist der östlichste von fünf heiligen Bergen im Kernland von *Chungkuo*, dem Reich der Mitte. Er galt schon in prähistorischer Zeit als heilige Stätte und war jahrtausendelang das Ziel chinesischer Pilger aller Stände, von Konfuzius und den ersten Kaisern bis hin zum Vorsitzenden Mao. Auch heute wieder kommen Touristen und Pilger an diesen uralten heiligen Ort.

Beim Aufstieg sieht sich der Pilger unwillkürlich veranlaßt, darüber nachzudenken, welchen Platz die östlichen Zivilisationen dem Menschen in der Natur zuweisen. Vergleiche drängen sich auf und die Frage nach den Unterschieden traditioneller östlicher und westlicher Vorstellungen von Spiritualität. Der Westen hat die Natur lange Zeit nur in Begriffen von Beherrschung und Ausbeutung verstanden. Für die alten Chinesen dagegen war sie seit jeher der Ursprung aller Harmonie. Dem Menschen kam die Pflicht zu, diese Harmonie durch Kunst, Religion und Wissenschaft verstehen zu lernen und sie nicht etwa zu mißbrauchen oder ohne Not zu ändern, sondern sich ihrer Kraft, dem Yin und Yang, wie sie sagen würden, anzuvertrauen und von ihr tragen zu lassen.

Entlang des Weges zum Gipfel des T'aishan stehen überall Schreine für die traditionellen Götter des Landes. Während der Kulturrevolution zerstört, wurden sie jüngst wieder aufgebaut. Jetzt brennen die Menschen wieder Räucherwerk vor ihnen, beten und legen Opfergaben nieder. Der kleine taoistische Tempel oben auf dem Berg, der der Göttin des Berges geweiht ist, wurde von Rotgardisten in Trümmer gelegt. Doch auch hier regt sich neues Leben, seit im Jahr 1985 taoistische Mönche und Nonnen zurückkehrten und ihr Dasein wieder ganz dem alten Weg weihen. 1990 wurde mit einem Zuschuß aus Regierungsmitteln das Dach des Hauptheiligtums neu gedeckt. In ganz China sind seit der Wiedereinführung der Religionsfreiheit solche wiederherstellenden Maßnahmen zu beobachten, die eine Rückwendung zur Vergangenheit signalisieren. Wie es weitergehen wird, bleibt abzuwarten. »Am Ende«, sagte der Taoist Laotze, »kehren alle Geschöpfe zu ihren ureigenen Wurzeln zurück. Das ist die Rückkehr zum eigenen Schicksal. Wahre Weisheit ist das Wissen um das, was bleibend ist. Wehe dem, der das Bleibende willentlich verändert oder übergeht.«

Man hat vom Gipfel eine herrliche Aussicht nach Westen über die Ebene des Gelben Flusses, nach Osten bis zum Gelben Meer, über tiefe, bewaldete Schluchten und mit kleinen Pagoden gekrönte Klippen. Das Auge folgt dem schwindelerregenden Pfad, der sich hinunterschlängelt zum Fuß des Berges, wo der riesige Sung-Tempel, der T'ai Miao, liegt. Auf dem Gipfel des T'aishan warten die Pilger auf die ersten Strahlen der Morgenröte, wie es die Großen vor ihnen taten. Hier oben verkündete der Vorsitzende Mao »der Osten ist rot« – das war, bevor sein Großer Sprung Nach Vorn das Rot der Morgendämmerung schmutzig trübte. Und vor über zweitausend Jahren hatte der erste Kaiser, Ch'in Shihhuangti, von hier aus bei Sonnenaufgang über sein Reich geblickt und erklärte: »Jetzt habe ich die ganze Welt geeint.« Konfuzius dagegen sagte einfach: »Jetzt sehe ich, wie klein die Welt ist.«

Der T'ai Miao-Tempel, die große Halle der Sung-Dynastie am Fuße des T'aishan, ein Beispiel traditioneller Form chinesischer Architektur, die auf das Anyang der Shang-Zeit zurückgeht.

DIE EINIGUNG CHINAS

NACH JAHRHUNDERTELANGEN BRUDERKRIEGEN zwischen den Staaten am Gelben Fluß wurde China im Jahr 221 v. Chr. von Kaiser Ch'in Shihhuangti geeint. Die Herrschaftsideologie des Ch'in-Kaisers war an der Position der Legalisten orientiert, die die konfuzianische Morallehre ablehnten, weil ein Staat ihrer Ansicht nach nur mittels eines strengen, erbarmungslosen Systems von Gesetzen regiert werden konnte, das ausnahmslos auf alle Anwendung fand. Die Spannung zwischen diesen beiden einander diametral entgegengesetzten Vorstellungen besteht bis heute.

China verdankt dem Ch'in-Kaiser unter anderem die Vereinheitlichung aller Maße und Gewichte und die Standardisierung der Schrift. Unter den Maßnahmen Ch'in Shihhuangtis ragt vor allem die Anlage eines ausgedehnten Kanalsystems hervor, das noch heute im Norden von Hsi'an in der Provinz Shaanhsi zu sehen ist, und der Bau der ersten Großen Mauer gegen die Nomaden des Nordens. Trotz dieser unleugbaren Leistungen wurde Shihhuangtis Herrschaft tausend Jahre lang nur mit Furcht und Verbitterung gedacht. Den größten Abscheu erregte die von ihm angeordnete Bücherverbrennung. Sie ging einher mit dem systematischen Versuch, alles schriftlich fixierte Wissen exklusiv und elitär in der kaiserlichen Bibliothek zu horten und den Zugang allenfalls zu Büchern

閑來隱几枕書眠夢入
壺中別有天彷彿希
夷親面目大還真訣得
親傳晉昌唐寅為
東原先生寫圖

Oben: *Visionen in einer Landschaft: »Träumen von der Unsterblichkeit in einer Binsenhütte.« Ming-Rolle, frühes 16. Jahrhundert. Der Träumer schwebt frei im Raum wie der taoistische Weise, der »im Reich des Nicht-Seins wandelt« (Zhuangzi). Links oben ein T'ang-Gedicht: »Das wahre Geheimnis der Großen Wiederkehr wird weitergegeben.«*

Ganz links: *Anbetung vor einem der Schreine am Weg auf den T'aishan. Erst seit 1984 ist es den Chinesen wieder erlaubt, ihre Religion auszuüben.*

Links: *Blick hinunter auf den Pilgerweg, der sich den T'aishan hinaufschlängelt. Landschaften wie diese, in der Menschen winzig wirken, haben viele der größten Maler Chinas inspiriert.*

über praktische Themen wie Medizin, Zukunftsdeutung, Land- und Forstwirtschaft zu gestatten. Alle Zeugnisse einer kritischen oder heterodoxen Literatur wurden verbrannt. Mit besonderem Haß verfolgte der Ch'in-Kaiser die Geschichtsforschung. »Aus Angst vor der Macht der Vergangenheit, die ein schlechtes Licht auf die Gegenwart werfen könnte«, ließ er die Historiker mitsamt ihren Büchern bei lebendigem Leib begraben, verstorbene Geschichtsforscher wurden sogar eigens zu dem Zweck exhumiert, sie zu verfluchen. Auf diese Weise wollte der Kaiser sicherstellen, daß nur eine einzige – seine – Version der Vergangenheit überlebte.

Der Größenwahn Shihhuangtis mündete schließlich in die Suche nach dem ewigen Leben. Der Kaiser stieg hinauf auf den T'aishan, um auf dem Gipfel aus magischen Schalen die Ambrosia der Morgendämmerung zu schlürfen. Außerhalb von Hsi'an ließ er ein riesiges Grab für sich anlegen, das von einer Armee lebensgroßer Terrakotta-Krieger bewacht wurde – ein sensationeller Fund der Archäologen im Jahr 1974. Das Herzstück des Grabes bildet ein steinernes Labyrinth mit Fallen, Sackgassen und eingebauten Armbrusten mit Selbstschußautomatik gegen ungebetene Eindringlinge. Auf der Decke der Hauptkammer ist der Sternenhimmel dargestellt, die Sterne sind Perlen. Der Fußboden zeigt eine in Stein eingelegte Weltkarte mit den hundert Flüssen des Reichs, die aus Quecksilber nachgebildet sind und den Eindruck erwecken, als führten sie Wasser. Gemeinsam mit dem König wurden hier seine kinderlosen Frauen und Konkubinen begraben und alle Handwerker, die die Geheimnisse der Grabanlage kannten. Ob das Grab im Zuge des Aufstands, der nach dem Tod des Kaisers losbrach, aufgebrochen und geplündert wurde, wissen wir nicht; manche seiner Geheimnisse hütet es vielleicht bis heute.

Der gewaltsame Versuch des Ch'in-Kaisers, die Geschichte neu zu schreiben, schlug fehl. Im 1. Jahrhundert v. Chr. gelang es dem großen Ssu-ma Ch'ien, viele der uralten Überlieferungen, die weit vor die Ch'in-Ära zurückreichten, wiederaufzuspüren und in ihrem genauen zeitlichen Verlauf aufzuzeichnen. Das war der Anfang der wohl längsten kontinuierlichen historiographischen Tradition der Welt. Der einst von Ch'in Shihhuangti heraufbeschworene Fluch allerdings lastete weiter auf den chinesischen Herrschern, bis hin zum »letzten Kaiser« Mao und seinen Nachfolgern, deren »Kulturrevolution« gleichsam den Kreis schloß und wieder anknüpfte an die alte Angst des ersten Kaisers vor der Macht der Geschichte als sinngebende Kraft der Gegenwart.

ERSTE BERÜHRUNGEN MIT DEM WESTEN

DIE SEIDENSTRASSE DURCH die Wüste Gobi im fernen Westen Chinas führt durch eine der unwirtlichsten Landschaften der Welt. Auf diesem Weg kamen seit dem 2. Jahrhundert n.Chr. Ideen, Waren und Menschen ins Land, die Chinas erste internationale Ära einleiteten. China war zwar nie ganz unberührt von Einflüssen aus dem Westen geblieben, nicht einmal in vorgeschichtlicher Zeit, doch die Wüste, der Himalaya und das gewaltige tibetische Hochplateau stellten schier unüberwindbare Hindernisse für enge und regelmäßige Kontakte dar. Das führte dazu, daß China sich stärker als alle anderen frühen Zivilisationen in relativer Isolation entwickelte, ohne auf die Außenwelt angewiesen zu sein oder den Kontakt mit ihr zu wünschen. Nun aber begannen die Kontakte nach Asien, Persien, ja bis nach Rom – vor allem aber nach Indien. Die Chinesen suchten in den fernen Ländern nicht materielle Reichtümer, sondern spirituelle Erleuchtung – die Weisheit des Buddha.

Zeugnisse dieser schicksalhaften Begegnung der Kulturen finden sich heute verstreut im ganzen Westen Chinas: in den Ruinen buddhistischer Klöster entlang der Seidenstraße, vor allem aber in den Tausenden von buddhistischen Höhlen bei Tunhuang mit ihren erlesenen Malereien. Wenn man den Gelben Fluß hinunterfährt und ins Herz des alten Kaiserreiches vorstößt, trifft man überall auf aus dem Fels gehauene Figuren, Klöster und Höhlenheiligtümer, wie zum Beispiel die Longmen-Höhlen in der Nähe der alten Kapitale Loyang. Was machte die Anziehungskraft der fremden Religion aus, daß sie so vollständig vom chinesischen Denken resorbiert wurde? Als ein bodenständiges, praktisches Volk hatten die Chinesen nie eine eigene systematische Theologie entwickelt – sie vielleicht nie nötig gehabt. Die westliche Vorstellung von einem persönlichen Gott etwa ist diesem Volk zutiefst fremd. Anders der Buddhismus. Mit seiner atheistischen und demokratischen Botschaft, seiner tiefen Liebe zum Ritual, sollte er von allen fremden Religionen, die je in China Fuß fassen konnten (vielleicht sogar einschließlich des Marxismus), zur stärksten Kraft werden. Der Buddhismus bildete die dritte große Strömung in der chinesischen Geistesgeschichte, eine spirituelle Richtung, die ihren Platz neben der konfuzianischen Morallehre und der taoistischen Mystik behauptete. Später gelangten die Chinesen zu der Überzeugung, daß die drei Philosophien und ihre Gedanken zusammengenommen werden müßten, ja daß das Leben nicht im Gleichgewicht sei, wenn eine fehlte, denn ganz gleich, zu welchem Grad geistiger Verfeinerung und technologischer Vervollkommnung eine Nation es auch bringen mochte – der Weg zur Erfüllung führte nur über innere Erleuchtung und Kontemplation. Damit aber war letztlich das Grunddilemma jeder Kultur formuliert.

Während der Herrschaft der T'ang-Dynastie (618–907 n.Chr.) drangen wagemutige chinesische Forscher auf Pilgerfahrten nach Tibet und bis nach Indien vor, um mit authentischen Texten und Reliquien des Buddha zurückzukehren. In einem kleinen Tempel in einem abgeschiedenen Tal bei Hsi'an wird die Asche des wohl berühmtesten dieser Reisenden aufbewahrt, Hsuang Tsang. Einige der Texte, die Hsuang Tsang im 7. Jahrhundert aus Indien mitbrachte, sind noch immer an diesem Ort: auf Palmblätter geschriebene Manuskripte, verfaßt in Pali, der alten Sprache der buddhistischen Gelehrten auf Ceylon. Vielleicht erwarb Hsuang Tsang diese Handschriften bei seinem Aufenthalt in Kantschi, dem großen südindischen Zentrum der Gelehrsamkeit; jedenfalls ist man auf Fragmente von sechshundertfünfzig Büchern gestoßen, die er und seine Mitarbeiter offensichtlich zur Übersetzung nach Hsi'an gebracht hatten. Eine Stele in der Kloster-Bibliothek zeigt Hsuang Tsang, ein schweres Bündel auf dem Rücken, die Laterne in der Hand, wie er beharrlich den Elementen trotzt, um seine kostbare Last unversehrt nach Hause zu bringen. Nicht oft in der Geschichte können wir den genauen Augenblick ausmachen, in dem eine große und bedeutende Kultur auszieht, um von einer anderen zu lernen. In den zeitgenössischen Biographien von Hsuang Tsang und anderen chinesischen Reisenden jener Zeit weht uns denn auch ein Hauch jener Erregung an, die diese

Oben links: *Der Fawang-Tempel auf dem heiligen Berg, Songshan. Eines der beiden ältesten buddhistischen Heiligtümer in China, 71 n.Chr. In der T'ang-Zeit und unter den Mongolen wieder aufgebaut und im Herbst 1990 neu restauriert.*

Oben rechts: *Der Buddha lehrt unter dem Dodhi-Baum. Seidenmalerei aus Tunhuang an der Seidenstraße, frühes 8. Jahrhundert.*

Männer ergriffen haben muß, als sie in Indien dem »ganz anderen« begegneten. Diese Menschen zeichneten sich durch ein wahrhaft bewunderungswürdiges, von großer geistiger Offenheit zeugendes Verständnis für alles Neue aus. So erklärte der Kaiser im Jahr 638 vor einer Gruppe nestorianischer Christen, die um Erlaubnis ersuchten, in Hsi'an mit dem Bau einer Kirche zu beginnen: »Diese Lehre ist hilfreich für alle Geschöpfe und nützlich für die ganze Menschheit; sie möge sich frei im ganzen Reich ausbreiten.«

HSI'AN: »DIE ACHSE DER WELT«

IM 8. Jahrhundert führten alle Straßen in Asien nach Hsi'an oder Ch'ang'an, wie es damals hieß. Eine der größten Städte der Welt – allenfalls Bagdad und Konstantinopel konnten sich mit ihr messen –, erstreckte sich das gigantische Quadrat ihres Grundrisses »einem Schachbrett gleich«, wie es der chinesische Dichter Tu Fu formulierte; eine weitläufige, der Pflege des Ritus geweihte Enklave mit einer sechs Kilometer langen Prachtstraße, doppelt so breit wie die heutige Allee, die zum Glockenturm der Stadt führt. Die zehn Kilometer lange Mauer der Stadt, die heute in Hsi'an zu sehen ist, wurde zu Ming-Zeiten errichtet, doch auf den Feldern nördlich der Stadt kann man noch die Erdwälle, Plattformen und hier und da eine Pagode aus den alten Han- und T'ang-Städten erkennen. Jeder China-Reisende sollte unbedingt einmal bei Sonnenuntergang, wenn die zahllosen Straßenhändler unterwegs sind, unter dem Ming-Turm spazieren gehen, in den

Ganz links: *Visionäre Kunst aus Dunhuang, 8. Jahrhundert n. Chr. Eine der tausend Höhlen, die in der Zeit zwischen dem 3. und 13. Jahrhundert n. Chr. ausgeschmückt wurden.*

Mitte links: *Die Longmen-Höhlen nahe der alten Hauptstadt Loyang, wo zwischen 500 und 900 n. Chr. zahlreiche buddhistische Monumente entstanden.*

Links: *Landschaft an der Seidenstraße. Der Halbmondsee liegt inmitten gigantischer Sanddünen außerhalb von Dunhuang.*

engen, gewundenen Gäßchen des mittelalterlichen islamischen Viertels um die wunderschöne Freitags-Moschee. So bekommt man ein Gefühl dafür, wie das Leben in der T'ang-Stadt wohl ausgesehen haben mag. Zum ersten Mal in der Geschichte Chinas waren Ausländer ins Land gekommen, die jedoch, wie auch in späteren Zeiten, unter strenger Kontrolle standen und nachts in den ihnen zugewiesenen Vierteln bleiben mußten, fern vom Zentrum der Macht. Im westlichen Viertel der T'ang-Stadt, in der Enklave der Fremden, war eine geradezu anarchische, überschäumende Vitalität und Intellektualität zu spüren; hier brodelte es in einem Schmelztiegel der Kulturen, der die Besucher Ch'ang'ans in seinen Bann schlug. Da waren Moslems, Juden und Christen aus Syrien und dem Irak, Zoroastrier und Manichäer aus dem Iran und Zentralasien. Da gab es persische Zauberer, türkische Geldverleiher und hinduistische Fakire. In den Cafés hörte man zentralasiatische Musik, genoß asiatisches Essen (wie noch heute) und freute sich am Gesang und Tanz der Mädchen aus Persien oder noch ferneren Ländern – manche von ihnen sollen sogar blaue Augen und blondes Haar gehabt haben! Kein Wunder, daß ein Dichter jener Zeit, Tu Mu, schrieb: »Du könntest deine Jugend in Städten wie dieser verschwenden, so daß dir am Ende nichts bleibt als der Ruf, ein Wanderer in den blauen Häusern gewesen zu sein.«

In chinesischen Augen war die Ära der T'ang-Dynastie das goldenste der vielen goldenen Zeitalter der Dichtkunst, einer Kunst, die in China untrennbar ist von der Kalligraphie, die wiederum wahrscheinlich auf die schamanistische Magie des Bronzezeitalters zurückgeht. Für die Chinesen war die Dichtung stets eines der wesentlichen Ingredienzien der Kultur. Und wenn wir eine einzelne Laufbahn als repräsentativ für jene erste internationale Ära chinesischer Kultur bezeichnen sollten, dann würde unsere Wahl wohl auf den großen Dichter Li Pai, oder Li Po, wie wir ihn im Westen nennen, fallen. Li Po (650–701) war ein typisches Produkt der Seidenstraße. Nicht in China, sondern in Zentralasien geboren, war seine Muttersprache einer der türkischen Dialekte. Seine Jugendjahre verbrachte er als Söldner; eines seiner berühmtesten Gedichte handelt bezeichnenderweise von der Sinnlosigkeit des Krieges, »ein Fluch, den der Weise nur gebraucht, wenn er nicht anders kann«. In Ch'ang'an, der größten Stadt der Welt, war ein Mann wie er in seinem Element. Li Po muß eine faszinierende, charismatische Persönlichkeit gewesen sein, von geradezu magnetischer Anziehungskraft, jähzornig, ein eigenbrötlerischer Autodidakt mit blitzenden Augen, furchterregender Stimme und einem begnadeten Dichtertalent. Außerdem scheint er dem Alkohol nicht abgeneigt gewesen zu sein; es heißt von ihm, er sei gestorben, weil er betrunken in einen Fluß fiel bei dem Versuch, nach dem Spiegelbild des Mondes im Wasser zu greifen! Li Po zog durch die Musikhallen, Cabarets und Kaschemmen Ch'ang'ans und der anderen Städte Chinas, das Ohr geschärft nicht nur für klassische Dichtung, sondern auch für Volkslieder, Balladen und die neuesten Hits der Pop-Musik, die über die Karawanenstraßen brandheiß aus Zentralasien ins Land kamen. Er weigerte sich hartnäckig, die konfuzianischen Prüfungen abzulegen, und zog es vor, wie er sicherlich formuliert hätte, es auf seine Weise zu machen. Sein Leben lang ein Außenseiter, ist Li Po neben seinem Freund Tu Fu bis heute der beliebteste und bekannteste Dichter Chinas.

»Aller Pomp und Prunk«, sagte Li Po, »aller Reichtum und alle Macht sind wie die

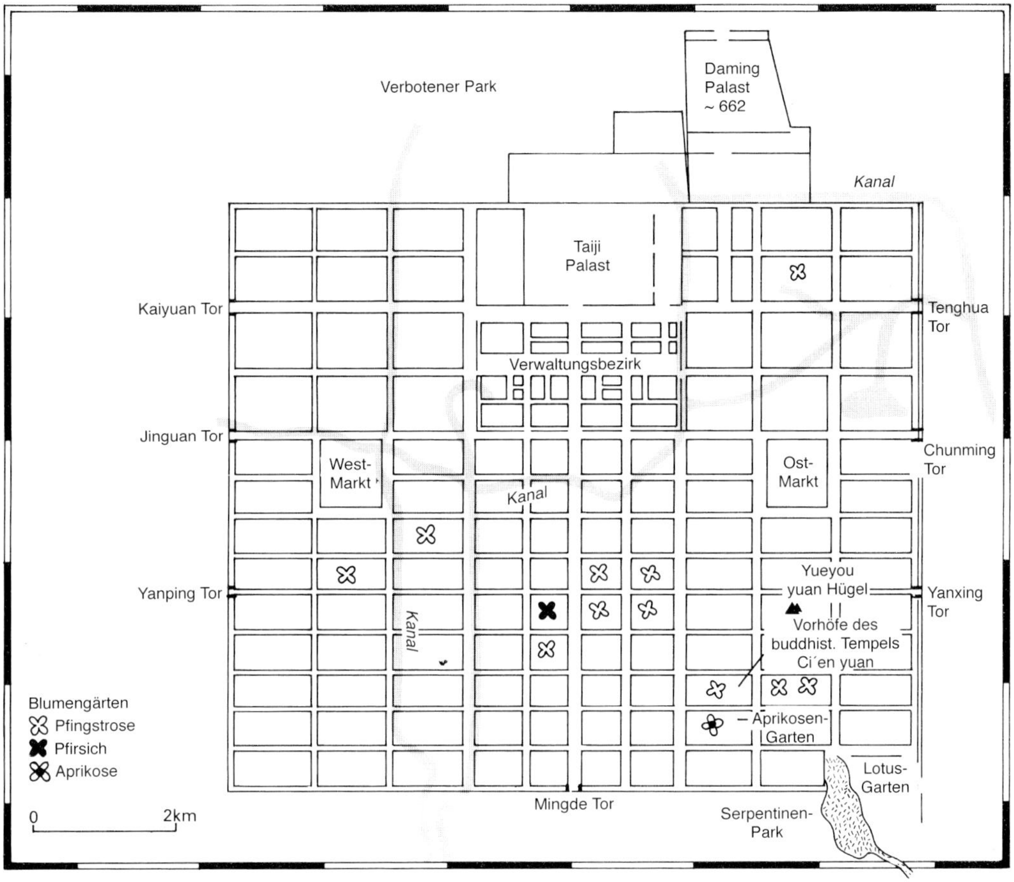

Hsi'an im frühen 8. Jahrhundert v.Chr. mit seinen Gärten: die chinesische Vision der Stadt. Es gab in Hsi'an über hundert buddhistische und taoistische Tempel, dazu vier zoroastrische Heiligtümer, zwei christliche Kirchen und eine Moschee.

Wolken, die vorüberziehen.« Die großen T'ang-Dichter wußten – wie die wahren Künstler aller Zeiten –, was Leiden heißt, sie fühlten mit den Armen und durchschauten den Dünkel der Reichen. Sie waren vertraut mit dem Leben der königlichen Familie, deren Gräber noch immer vor Hsi'an liegen, bewacht von den Geisterwegen, den zeremoniellen Alleen der Toten. In diesen Gräbern begegnen wir manchen der Personen, von denen die Dichter sprachen, von Angesicht zu Angesicht: T'ang-Prinzen und -Prinzessinnen, die das Mandat des Himmels verloren, als ihre Dynastie in Hungersnot und Chaos unterging. Auf einer Mauerzeichnung spielen junge Höflinge Polo, ein Spiel, das vor langer Zeit zusammen mit den teuren Ponys über die Seidenstraße aus Zentralasien importiert worden war, »stolz und selbstsicher, in der felsenfesten Überzeugung, daß alles unter dem Himmel ihr Eigentum sei, bestimmt zu ihrem Vergnügen, und daß ihre Macht in der Ewigkeit gründe«. Im Grab der Prinzessin Yungt'ai können wir Frauen bewundern, vielleicht kaiserliche Konkubinen wie jene, die Li Po beschrieb: »Auf mar-

mornen Stufen hinter kristallenen Fenstern, die Mienen verdrossen, weil das Alter auch sie nicht verschont, gefangen im goldenen Käfig; ihre lautlosen Tränen hinterlassen feuchte Flecken auf ihren Seidenpantöffelchen.«

In den letzten Tagen der T'ang, Mitte des 8. Jahrhunderts, stand das Menetekel schon an der Wand: Eine unfähige Regierung konnte die Ernährung der Bevölkerung nicht mehr sicherstellen. »Jenseits der zinnoberfarbenen Tore und des Duftes von Wein und gebratenem Fleisch«, schrieb Tu Fu, »erfrieren und verhungern die Menschen. In Tausenden von Dörfern ernten sie nichts als Unkraut, während die Frauen hinter dem Pflug hergehen müssen. Die Menschen in China können alles ertragen, wenn nur ihre Herrscher sie menschlich behandeln.«

DAS GOLDENE ZEITALTER DER SUNG

DIE T'ang-Dynastie ging wie viele Dynastien der chinesischen Geschichte in Hungersnot und den blutigen Revolutionswirren unter, doch ihr folgte ein Herrschergeschlecht, dessen Ruhm womöglich noch größer war. Östlich von Hsi'an, sechshundert Kilometer den Gelben Fluß hinab, liegt Kaifeng, im 11. Jahrhundert n.Chr. die Hauptstadt der Sung-Dynastie (960–1279 n.Chr.), deren Herrschaft als herrlichste Blüte im Garten chinesi-

Ganz links: *Die große Moschee in Hsi'an. »Sucht Wissen auch in China«, sagte der Prophet. Der Überlieferung zufolge wurde die Moschee 742 gegründet.*

Links: *Wächterstatue auf dem Geistweg zum Grab der Kaiserin Wu bei Hsi'an. Um 706 n. Chr.*

scher Zivilisation gilt. Die Sung-Ära war ein wahrhaft goldenes Zeitalter. Die Metropole Kaifeng verkörperte einen bis dahin in China unbekannten Stadttypus: ein Zentrum des Handels und der Manufakturen zur Metall-, Porzellan- und Textilverarbeitung (die übrigens bis heute in Kaifeng beheimatet sind). Der Ort wimmelte von Menschen, ein Gasthaus reihte sich an das andere, der Himmel war verdüstert vom Rauch, der aus Tausenden von Kohleöfen aufstieg. Kaifeng, heute eine unbedeutende, eher rückständig wirkende Stadt, ist von der umfassenden Modernisierung verschont geblieben, die unter kommunistischer Herrschaft das Gesicht vieler Städte veränderte. Seine engen Straßen sind gesäumt von Galerie-Lädchen aus der Ch'ing-Dynastie, und im Gewirr der Gassen stößt man noch heute allenthalben auf Spuren der zahlreichen ausländischen Glaubensgemeinschaften, die sich in der Sung-Zeit hier niederließen und mit der Zeit chinesisch wurden. Damals wurde Kaifengs erste christliche Kirche gebaut, und noch heute ist Kaifeng eine Stadt der Kathedralen. Eine der Straßen heißt nach wie vor »Allee der Sekte, die die Schrift lehrt« – damit sind die Juden gemeint. Die jüdische Synagoge, einst der fernste Außenposten des Judentums, wurde vor etwa einem Jahrhundert geschlossen, aber es gibt noch immer ein paar chinesische jüdische Familien hier, deren Häuser die Mesusa im Türrahmen zeigen und in deren Wohnzimmern der siebenarmige Leuchter prangt. In der Nähe der Allee steht eine wunderhübsche alte islamische Moschee. Die Gebetshalle ruht auf kostbaren Holzsäulen. Wie die Juden kamen auch die Moslems in der Sung-Zeit als

Kaufleute aus dem Nahen Osten, entweder aus Persien oder aus Südindien, nach Kaifeng. Heute setzt sich ihre fünfzigtausend Mitglieder starke Gemeinde vor allem aus armen Ladenbesitzern und kleinen Kaufleuten zusammen. Diese Menschen sind gleichsam ein lebendiges Relikt der großen kosmopolitischen Ära des mittelalterlichen Kaifeng.

Der Sung-Zeit verdanken wir viele Erfindungen, die noch heute unser Leben bestimmen. Die Eisenverarbeitung zum Beispiel war damals bereits auf einem so hohen technologischen Stand, daß man aus vorgefertigten Teilen Brücken und Pagoden errichten konnte, die heute noch stehen. Bohrungen nach Salz und Gas waren sozusagen an der Tagesordnung. Außerdem bauten die Einwohner Kaifengs eine riesige mechanische Uhr, mit der sie die Zeit eines Jahres auf sechsundzwanzig Sekunden genau messen konnten. Die vielleicht bedeutsamste Erfindung jener Zeit – zumindest aus heutiger Sicht – war jedoch der Buchdruck. Diese Technik entwickelte sich aus der uralten chinesischen Tradition des Druckens auf Papier. Das erste gedruckte Buch stammt aus dem Jahr 868 n. Chr. In der Sung-Zeit folgten Wörterbücher, wissenschaftliche Werke, Sternkarten, Papiergeld, ja sogar Zeitungen; darüber hinaus experimentierte man mit beweglichen Lettern. Die damalige Gesellschaft gehörte mit Sicherheit zu den belesensten, die die Welt je gesehen hat. Der bis dahin streng aristokratische und exklusive Zuschnitt der chinesischen Kultur wurde etwas gelockert, und das kulturelle Leben gewann neue Spann-

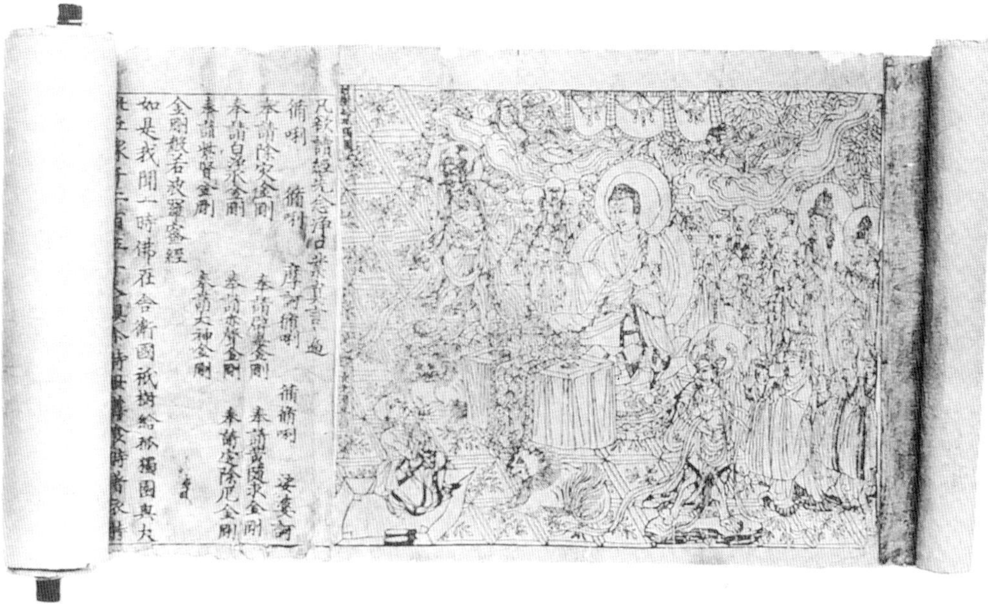

Oben: Das älteste erhaltene gedruckte Buch, das buddhistische Diamanten-Sutra. »Zum freien Verkauf auf der ganzen Welt hergestellt«, vom 11. Mai 868 n. Chr. – Zeugnis einer der größten Erfindungen in der Geschichte der Menschheit.

Links: Kaifeng um 1120, gemalt von Chang Tse-tuan. Die zahllosen Gasthäuser der Stadt sollen dazu beigetragen haben, daß die Menschen dort »die Nacht zum Tage machten«.

kraft, als durch das Druckwesen Kenntnisse und Informationen von allgemeinerem Interesse einem größeren Kreis zugänglich gemacht wurden. Auf dem Hintergrund dieses intellektuellen Klimas brachte die Sung-Ära eine Reihe brillanter Persönlichkeiten hervor, die allesamt dem konfuzianischen Ideal des »Renaissance-Menschen« nacheiferten: Staatsmänner, Gelehrte, Dichter, Maler und Philosophen. Von einigen, wie zum Beispiel von dem Staatsmann Ou-yang Hsiu (1007–72) und dem Philosophen Chu Hsi (1130–1200), ist gesagt worden, daß sie »den Vergleich mit den bedeutendsten Geistern aller Zeiten und Länder nicht zu scheuen brauchen«. Diese Männer waren Humanisten im wahrsten Sinne des Wortes. Sie glaubten daran, daß der Mensch von Geburt gut und daß er imstande sei, durch vernunftgeleitete Überlegung und gelebte Erfahrung das universale, unveränderliche Prinzip aller Dinge zu entdecken, das »die Welt im Innersten zusammenhält«. Ou-yang Hsiu verdanken wir darüber hinaus einige köstliche, autobiographisch gefärbte Skizzen, die uns ein höchst anschauliches Bild jener Zeit vermitteln. So erzählt er von seiner Kindheit in einer Stadt, die wenig geistig Anregendes bot, und davon, wie er eines Tages im Papierkorb eines Nachbarn ein abgegriffenes altes Buch aus der T'ang-Zeit aufstöberte. Der Knabe nahm es mit nach Hause und fand den Inhalt »kraftvoll und tiefgründig, beeindruckend und überaus gelehrt«, auch wenn der Stil ihn etwas altmodisch anmutete: »Ich war noch jung und begriff nicht alles, aber ich erkannte, daß der Geist, der dahinterstand, großartig und überwältigend war.« Damit stand seine Zukunft auf einmal ganz deutlich vor ihm! Sein späteres Werk *Klang des Herbstes* liest sich fast ein wenig wie das Fragment eines chinesischen *Auf der Suche nach der verlorenen Zeit*. Schließlich hinterließ Ou-yang Hsiu uns die hübsche Alters-Geschichte von dem bejahrten Zecher, der mit seinen Freunden in den Bergen von Ch'u lebt, Wein trinkt, wildes Gemüse schmort und Schach spielt. »Ein alter Mann jetzt, weißhaarig und geschwätzig, aber mit sich und der Welt im reinen – und schon ein bißchen kindisch. Wer ist dieser betrunkene alte Schelm? Natürlich Ou-yang Hsiu aus Luling!«

Eine andere Berühmtheit der Sung-Zeit war der Historiker Ssu-ma Ch'ien. Er lebte und arbeitete zwischen 1064 und 1085 zunächst in Kaifeng, dann in Loyang, und legte ein umfassendes Werk über die chinesische Geschichte in dreihundertsechzig Faszikeln mit eigenem kritischen Apparat vor, in dem er seine Quellenauswahl begründete. Es war ein Geschichtsentwurf in konfuzianischer Tradition, aus der Intention entstanden, »die Verdienste und Fehler vergangener Zeitalter zu verstehen und als Vorbild und Warnung zugleich zu dienen«. Wie seltsam mutet daneben die Behauptung an, allein der Westen besitze eine echte historiographische Tradition!

Die Errungenschaften der Sung-Ära reichten von Gewerbe und Technologie bis zur Landschaftsmalerei, Literatur, Dichtung und Geschichtsschreibung. Heute zählt jene Zeit für uns neben dem abbasidischen Bagdad und dem klassischen Athen zu den großartigsten Kulturepochen der Geschichte, und mit Hilfe des Buchdrucks verbreiteten sich ihre Ideale über ganz Ostasien. Vordenker wie Chu Hsi hoben die alten Werte der konfuzianischen Philosophie, Kultiviertheit, Selbstdisziplin und Weltfrömmigkeit, wieder auf den Schild; sie stellten diese in den Dienst eines Ausleseverfahrens, das sicherstellte, daß nur die Besten Machtpositionen erlangten, und machten sie so zur Grundlage ihrer politischen Kultur. Diese Philosophie sollte im folgenden Jahrtausend ganz Ostasien bestimmen. Sie ist das kulturelle Fundament des ungeheuren wirtschaftlichen Erfolgs von Ländern wie Japan und Korea in unserer Zeit, Länder, die im Grunde noch immer neo-konfuzianisch geprägt sind.

»DIE BEDEUTENDSTE ZIVILISATION DER WELT«

KAIFENG FIEL IM Jahr 1126 an Invasoren aus dem Norden. Über ein Jahrhundert lang war China geteilt, denn das südliche Sung-Reich wurde zunächst weiterhin von Hangchou aus regiert. Zwischen 1259 und 1279 jedoch eroberten die Mongolen, die bereits den Iran und den Irak überrannt hatten, das Land. Es war ein entscheidender Augenblick in der chinesischen Geschichte, vielleicht ebenso folgenschwer wie die kommunistische Machtergreifung im Jahr 1949. Die traditionelle chinesische Kultur erlebte ihre schwerste Zerreißprobe. Den Mongolen waren die chinesische Stadtkultur, die chinesischen Institutionen, die konfuzianischen Werte völlig fremd. Wie die römischen Gelehrten an den Höfen des barbarischen Westens mußten die chinesischen Staatsmänner ihre neuen Herrn vom Wert ihrer Tradition überzeugen und diese zu erhalten suchen, indem sie dafür sorgten, daß den Fremdherrschern die Sung-Werte gleichsam in Fleisch und Blut übergingen.

Der Große Kanal, Suchou: »China wirft überreiche Erträge an Früchten, Getreide, Gold und Silber ab«, schrieb Ibn Battuta. »Kein Land auf der Welt kann mit diesem wetteifern.«

Dieses Anliegen bewog den Historiker Ma Tuanlin (1254–1325) zur Abfassung eines geschichtlichen Werkes mit dem Titel *Umfassender Überblick über die schriftlichen Berichte und Überlieferungen* – eine wahrhaft monumentale Enzyklopädie in dreihundertachtundvierzig Kapiteln, in der der Versuch unternommen wurde, den Eroberern das Wesen des chinesischen Kulturerbes nahezubringen. Ma Tuanlin bewies dabei eine überraschend moderne Auffassung von historischer Kontinuität, die er in den Institutionen verkörpert sah. »Denn sie sind die eigentlichen Wahrer der Kontinuität, nicht die Ereignisse, die Sagen von Aufstieg und Niedergang, Ordnung und Chaos, und ihnen sollten die Historiker unserer Zeit deshalb ihre Aufmerksamkeit schenken.« Ob ein solcher geschlossener Entwurf heute, am Ausgang des 20. Jahrhunderts, noch möglich wäre, ist zweifelhaft. Doch im 13. und 14. Jahrhundert war die Kontinuität noch gesichert, kam es doch in der mongolischen Periode, unter der Yuan-Dynastie (1279–1368), sogar zu einer neuen Blüte chinesischer Kunst und Kultur, ja China stieg damals zum reichsten Land der Welt auf. Als europäische Besucher im 13. Jahrhundert zum erstenmal in größerer Zahl nach China strömten, wollten sie ihren Augen nicht trauen. Für den Venezianer Marco Polo, der den Großen Kanal in Suchou hinaufsegelte, verkörperte diese Nation die bedeutendste Zivilisation der Welt überhaupt. »Ich sage euch«, schrieb er, »und es ist wohl wahr, die Reichtümer jenes Landes sind so unermeßlich, daß ihr es euch nicht vorstellen könnt, wenn ihr es nicht mit eigenen Augen gesehen habt. Wären die Chinesen ein kriegerisches Volk, so könnten sie ohne Schwierigkeiten den Rest der Welt erobern. Gottlob sind sie es nicht.«

Damals führten revolutionäre Fortschritte in Ackerbau und Handel zu einer wahren Bevölkerungsexplosion im Süden, die China zum volkreichsten Land der Erde machte, das es bis heute ist. Trotzdem blieb das Land völlig autark. Als der arabische Reisende Ibn Battuta im Jahr 1344 sechzig Tage lang den Großen Kanal hinauffuhr, glitt eine Landschaft an seinen Augen vorüber, die kultivierter und fruchtbarer war als alles, was er auf seinen Reisen von der nordafrikanischen Atlantikküste bis zum südchinesischen Meer gesehen hatte. Sogar die einfache Landbevölkerung erfreute sich des vergleichsweise höchsten Lebensstandards der Welt. Vielleicht kommt für jede Zivilisation der Zeitpunkt, an dem alle Grundbedürfnisse – nach Nahrung, Wohnung, Sicherheit – befriedigt sind, und immer mehr Menschen sich höheren Idealen zuwenden können. Der Schlüssel zur chinesischen Kultur war immer die Suche nach Harmonie gewesen, und all ihre Manifestationen waren im Grunde ein Teil dieser Suche, angefangen bei den Formen der Bronzegießer und den Motiven der Kunstmaler bis hin zu den Mustern der Porzellanhersteller und der Seidenweber. In der Pflege solcher Künste konnte der wahrhaft edle Mensch jene universale Harmonie verwirklichen, nach der die konfuzianische Weisheit strebte. Für die Chinesen war dies die vornehmste Aufgabe der Zivilisation überhaupt. Es mag die Vision einer Elite gewesen sein, aber deshalb ist sie sicherlich nicht weniger beeindruckend.

Der erste Schritt auf dem Weg zur Weisheit lag in der magischen Qualität, die die alten Chinesen der Schrift zusprachen. Von Anfang an ein Werkzeug der Wahrsagekunst, blieb die Schrift stets das entscheidende Medium, das Zugang zur Weisheit der Ahnen gewährte. Das Zeichen für Schrift – *Wen* –, ging auf die uralten Symbole zurück, die sich auf den Orakelknochen fanden. Mit der Zeit erweiterte und vertiefte sich die Bedeutung von *Wen* und umfaßte schließlich das gesamte Spektrum von Schrift, Kultur, Bildung, Kultiviertheit und Eleganz, bis es zusammen mit dem Zeichen *ming* (»Licht« oder »Erleuchtung«) den Begriff der Zivilisation an sich verkörperte und so gleichsam zum Symbol der chinesischen Weltanschauung wurde.

»WUNDERBARE VISIONEN VOM STERNEN-FLOSS«

GANZ ALLMÄHLICH ÄNDERTE sich Chinas Bild von der Welt. Hoch über einer weitläufigen Schwemmland-Bucht bei Ch'üanchou im Süden Chinas, einst eine der betriebsamsten Hafenstädte der Welt, steht ein alter moslemischer Tempel. Hier befinden sich die Gräber dreier Anhänger des Propheten, die im späten 7. Jahrhundert erstmals den Islam nach China brachten. Eine steinerne Stele im Innern des Tempels erinnert daran, daß der Ming-Admiral Cheng He, ein Moslem, hier betete, bevor er sich auf seine großen Forschungsreisen begab, sieben sollten es werden – Reisen, die den gesamten Lauf der Geschichte hätten ändern können.

Es geschah im 15. Jahrhundert. Cheng Hes riesige Schiffe – einhundertfünfzig Meter lang, eintausendfünfhundert Tonnen schwer, mit wasserdichten Schotten und einem neun Meter hohen Heckruder – ließen alles, was bisher von Werften gebaut worden war, geradezu zwergenhaft erscheinen. Die Seeleute hatten Magnetkompasse und auf Papier gedruckte Karten. Cheng He war der letzte in der Reihe berühmter Seefahrer eines Landes, das bereits in der T'ang-Zeit Expeditionen ausgerüstet hatte, die den Meridian-Bogen von Vietnam bis zur Mongolei vermessen und eine Sternkarte von Java bis zum Südpol anfertigen sollten. Im Gegensatz zu den westlichen Admiralen nach ihm war Cheng He nicht gekommen, um zu erobern, auch wenn er die Oberhoheit über alle in Übersee lebenden Chinesen beanspruchte. Seine Flotte lief in den großen südindischen Hafen Kotschin ein, lange Zeit der wichtigste Berührungspunkt zwischen Ost und West. Auf dem Weg dorthin hinterließ er an der Nordspitze von Ceylon eine dreisprachige Inschrift, die die friedliche Absicht der Seefahrer bekundete und die Gottheiten dreier Religionen, Allah, Buddha und Wischnu, deren Hochachtung versicherte. In Kotschin konnte Cheng He sicherlich die chinesischen Fischernetze bewundern, Importe aus mongolischer Zeit, denn südindische Kaufleute trieben schon lange Handel mit China und tauschten Pfeffer und Gewürze gegen Porzellan und Seide. Von Kotschin aus ging es weiter nach Ostafrika, wo Archäologen tief im Süden, in Mosambik, chinesische Töpferwaren fanden. Nach einer Stippvisite im persischen Golf trat Cheng He die Pilgerreise nach Mekka an. Seine Eindrücke hielt er getreulich im Logbuch fest. Hätte er nur gewollt, er hätte damals den Westen »entdecken« können, fast ein Jahrhundert, bevor Vasco da Gama vom Westen her in Kotschin einlief. Vasco Da Gama allerdings kam nicht in Frieden, sondern als Eroberer, der Krieg und Tod brachte!

Ohne ersichtlichen Grund verboten die kaiserlichen Bürokraten der Ming-Dynastie auf einmal wie aus heiterem Himmel alle weiteren Expeditionen zur See, obwohl diese für den Handel höchst erfolgversprechend schienen. Die Schiffe wurden zerstört, die Logbücher vernichtet, so daß wir nur aus den fragmentarischen Berichten späterer chinesischer Historiker von den »wunderbaren Visionen vom Sternen-Floß« wissen, wie einer von ihnen das große Abenteuer beschrieb. Heute geben uns nur noch ein paar verwitterte, in Stein gehauene Inschriften hoch über Ch'üanchou einen Hinweis auf eines der ungelösten Rätsel der Geschichte: Warum hörten die Reisen damals so urplötzlich auf?

Westliche Denker haben den unvermittelten Abbruch von Cheng Hes Forschungsreisen stets einseitig und stark simplifizierend aus ihrer eigenen, westlichen Sicht erklärt. Für sie kommt dieser Schritt dem Startverbot für ein bemanntes Raumschiff am Vorabend der ersten Mondlandung gleich. Noch heute sieht man in diesem Verbot einen Beleg dafür, daß das chinesische Denken rückwärtsorientiert und rigide war, daß die Chinesen kein Interesse an der Ausweitung ihrer Kenntnisse hatten und von einer Horde engstirniger Bürokraten regiert wurden, deren Weltsicht unverrückbar feststand. Damit ist dann wieder einmal bewiesen, daß der Westen der wahre Hort von Wissenschaft, Technologie und Fortschritt ist und so etwas wie ein Monopol auf die Abenteuer des Geistes hat. Doch wie fast immer in der Geschichtsforschung, gibt es auch hier noch eine andere Erklärungsmöglichkeit. Immerhin waren die Chinesen, wie wir gesehen haben, große Neuerer. Wir verdanken ihnen praktisch alle wichtigen technischen Erfindungen, auf die sich die spätere Hegemonie des Westens stützte. Eigentlich geht es hier um die Frage nach der Einstellung der verschiedenen Kulturen zur *Nutzung* von Technologie. Vielleicht erkannten die Chinesen mit ihrem feinen Gespür für das Wesentliche damals, daß ihre eigentlichen Interessen innerhalb der Grenzen des eigenen Landes lagen, im Bestellen des Bodens und in der Pflege des inneren, geistigen Lebens im Sinne des Ideals ihrer Kultur, der Suche

Der Altar des Himmels, Peking. Hier opferte der Kaiser bis Anfang des 20. Jahrhunderts jedes Jahr anläßlich der Wintersonnwende dem Himmel – der feierlichste Akt der alljährlichen Staatsrituale.

nach der Harmonie. Und vielleicht gab der Westen wenig später – vor dieselbe Entscheidung gestellt – nur seinem zwanghaften Wunsch nach Veränderung, dem unwiderstehlichen Drang, in den – geistigen und materiellen – Raum anderer Völker einzudringen, nach und weigerte sich, seine Grenzen klug zu akzeptieren.

Seit dem 18. Jahrhundert geht in Europa die Rede vom »Entwicklungsrückstand« des Ostens, der »aufgeholt« werden müsse. Dieser Prozeß ist heute in vollem Gange, wenn nicht gar schon abgeschlossen – wie wir zum Teil schmerzhaft zu spüren bekommen. Aber vielleicht hat ja auch der Westen noch einiges an Aufholarbeit zu leisten. Vielleicht sollte er vom Osten lernen, sich auf innere Werte zu besinnen und seinen Expansionsgelüsten in einer immer kleiner werdenden Welt Grenzen zu setzen. Zu Beginn des modernen Dialogs zwischen Ost und West sagte der französische Philosoph Pascal, es sei das Problem des westlichen Menschen, daß er nicht wisse, wie man »in einem leeren Raum zufrieden sein« könne.

Das Reiseverbot in der Ming-Zeit jedenfalls entsprach einer allgemeinen Tendenz zu vertiefter Introspektion in der chinesischen Kultur. Hinter einer Großen Mauer, die die Barbaren abhalten sollte, verschanzte sich die Ming-Regierung in ihrer Hauptstadt im fernen Norden: in Peking, der »Stadt des Nordens«, die im 13. Jahrhundert von den Mongolen gegründet worden war. Von hier aus führten die Ming-Kaiser endlose, kräftezehrende Kriege gegen die Mongolen und andere Steppenvölker, die die Nordgrenze Chinas im 15. Jahrhundert immer wieder bedrohten. In ihrer selbstgewählten Isolation wurden die Machthaber zunehmend rigide in Lehre und Praxis, in Kultur und Verwaltung. Sie ordneten eine sehr weit gehende Zensur an und sorgten dafür, daß vom Gesetz geforderte Strafen allenthalten unerbittlich vollstreckt wurden. Währenddessen zelebrierte der Kaiser vor dem Altar des Himmels in Peking weiterhin die Rituale der Bronzezeit in der Überzeugung, daß die Welt sich niemals ändern würde.

DER WEG WIRD IN FRAGE GESTELLT

ANDERSWO WANDELTE sich die Welt rascher. Im 16. Jahrhundert kamen zum ersten Mal westliche Missionare und Gelehrte nach Peking. Sie vertraten völlig neue, revolutionäre Ansichten über die Welt, die Zeit und den Kosmos. Im Jahr 1602 legte der Jesuit Matteo Ricci dem Ming-Hof eine Weltkarte vor, auf der bisher unbekannte Kontinente eingezeichnet waren. Damit waren die geographischen Erkenntnisse der Sung-Zeit überholt. Von nun an schien sich die Nation mit der ältesten und fruchtbarsten intellektuellen Tradition der Welt zunehmend in sich selbst zurückzuziehen. Die kulturellen Leistungen im China des 17. und 18. Jahrhunderts waren zwar immer noch bewunderungswürdig in ihrer Mannigfaltigkeit, doch die staatlich sanktionierte wissenschaftliche Arbeit, auf der das ganze Gebäude ruhte, nahm immer mehr den Charakter eines Zwiegesprächs mit der Vergangenheit an. In der Nationalbibliothek in Peking wird der eindrucksvollste Beweis für die Großartigkeit, aber auch für die wachsende Austrocknung der Quellen chinesischer Forschungstätigkeit aufbewahrt: das größte literarische Unterfangen aller Zeiten, eine Enzyklopädie, bestehend aus neunundsiebzigtausend handgeschriebenen Folianten, das *Ssu K'u Ch'üan Shu*. Die Bücher stehen noch in den ursprünglichen Regalen und Schränken. Prachtvoll gebunden und entsprechend dem kaiserlichen Katalogisierungssystem von Frühling, Sommer, Herbst und Winter mit den Farben Grün, Rot, Blau und Grau gekennzeichnet (Klassische Literatur, Geschichte, Philosophie und Neuere Literatur) – ein greifbares Zeugnis des hochfliegenden Plans, das gesamte Wissen von Vergangenheit, Gegenwart und Zukunft in einem einzigen Raum zusammenzutragen. Dies war das wohl ehrgeizigste einer ganzen Reihe großangelegter enzyklopädischer Projekte und Wörterbücher, die im 17. und 18. Jahrhundert unter der Ch'ing-Dynastie, die im Jahr 1640 die Ming-Dynastie abgelöst hatte, in Auftrag gegeben wurden, darunter auch eine umfassende Sammlung von T'ang-Lyrik mit fast fünfzigtausend Gedichten. Werke wie diese spiegeln das intellektuelle Klima jener Zeit in einer Kultur, die noch immer aufs höchste verfeinert war, insbesondere auf den Gebieten von Literatur und Kunst, und lange Zeit auch außerordentlich kompetent in der Verwaltung dieses kulturellen Erbes, aber zögernd und langsam in ihrer Reaktion auf die Veränderungen der Welt jenseits des eigenen Horizonts, inquisitorisch gegenüber jeder Kritik und zunehmend behindert von der ererbten, schwerfälligen und bürokratischen feudalen Gesellschaftsordnung.

Der bedeutendste Ch'ing-Herrscher, K'ang-hsi, war einer der größten chinesischen Kaiser mit der längsten Regierungszeit. In seiner bewegenden Autobiographie schreibt er: »Ich bin jetzt fast siebzig. Das Land ist mehr oder weniger befriedet, die Welt ist befriedet. Wenn wir auch nicht alle Sitten und Gebräuche verbessert und nicht alle Menschen wohlhabend und glücklich gemacht haben, so habe ich dieses Ziel doch mit nicht nachlassender Sorgfalt verfolgt ...« Unter K'ang-hsi – wie auch während der langen Herrschaft Ch'ien-lungs (1736–96) – erlebte China noch einmal eine glanzvolle Epoche.

Doch inzwischen gewannen westliche Forscher, Missionare und Kondottieri überall auf der Welt an Macht und Einfluß. Den im fernen, »barbarischen« Westen wirkenden Wissenschaftlern wie Bacon, Newton und Descartes ging es nicht darum, die Vergangenheit zu vervollkommnen, sondern die Zukunft zu kontrollieren. Erst jetzt begannen auch einige chinesische Intellektuelle für eine offenere Haltung zu plädieren. Unter ihnen war auch ein völlig unbekannter junger Historiker namens Chang Hsueh-ch'eng, der später mit den berühmtesten Historikern der Weltgeschichte, Ibn Haldun und Thukydides, in einem Atemzug genannt werden sollte.

Geboren im Jahr 1738, lebte Chang Hsueh-ch'eng am Vorabend des wohl folgenschwersten Umbruchs in der chinesischen Geschichte seit der Zeit des Ch'in-Kaisers fast zweitausend Jahre zuvor – die Rede ist vom Zusammenprall Chinas mit dem Westen und den tiefgreifenden Veränderungen, die dieses Aufeinandertreffen so unterschiedlicher Zivilisationen heraufbeschwor. Chang unternahm den Versuch, die seit den Anfängen der konfuzianischen Tradition vorherrschende chinesische Geschichtsauffassung zu reformieren. Für ihn war Geschichte ein allumfassendes Konzept, das unter anderem auch den gesamten Kanon der chinesischen Literatur einschloß. Die konfuzianischen Klassiker zum Beispiel waren in seinen Augen »sämtlich Geschichte«. Konfuzius mochte ein weiser Ratgeber gewesen sein, aber seine Schriften waren ganz einfach auch historische Texte. Die Zeiten, in denen Geschichtsforschung lediglich in minutiöser Textanalyse und Kompilation durch Gelehrtenteams bestand, die sich hinter einem rigiden und altmodischen Curriculum verschanzten, war nach Ansicht Changs vorbei. Geschichtsforschung sollte vielmehr dynamisch und sinnvoll sein. Manche sahen denn auch in Chang Hsueh-ch'eng einen Vorläufer der Revolution, einen Künder der Demokratie, einen Feind des Feudalismus, was sicherlich eine Übertreibung ist. Im Jahr 1799, zwei Jahre vor seinem Tod, verfaßte er jedoch einen geradezu prophetischen Brief über den in seinen Augen unausweichlichen Niedergang der Ch'ing-Dynastie und die Zukunftsaussichten Chinas, die ihn mit Sorge erfüllten. In der herrschenden Zeit, schrieb Chang, dürfe die Geschichtforschung sich nicht mehr nur mit der Vergangenheit befassen, sondern müsse »die Gegenwart mit Hilfe der Vergangenheit reformieren«, und zwar mit Blick auf die Zukunft. Die größte Gabe des Historikers sei nicht sein Wissen, sondern Intuition und Erkenntnis. Die Intuition des Historikers sei mit dem *I ching* vergleichbar, dem Buch der Wandlungen, weil sie ihn befähige, in die Zukunft zu blicken. Als Chang starb, stand China unmittelbar vor der Begegnung mit einer anderen, fremden Kultur, deren Geschichtsauffassung der chinesischen Tradition diametral entgegengesetzt war. Die Europäer mit ihrem jüdisch-christlichen Erbe verstanden Geschichte linear, zweckgerichtet, auf ein bestimmtes Ziel zustrebend – und sie waren überzeugt, daß sie auf dem Siegertreppchen stehen würden.

DER ZUSAMMENSTOSS MIT DEM WESTEN

HÄTTE MAN CHINA allein mit seinen Problemen fertigwerden lassen – mit der stagnierenden Wirtschaft, der wachsenden Armut und sozialen Ungerechtigkeit, den feudalistischen Standesunterschieden und dem rigiden Erziehungssystem –, dann hätte das Land den Weg in die Moderne vielleicht ohne die entsetzlichen Leiden gefunden, die folgen sollten. Doch das war nicht der Fall. Die Ankömmlinge aus dem Westen werden in den ersten Beschreibungen nicht gerade schmeichelhaft dargestellt: »Diese Barbaren haben ein grimmiges Aussehen, ungepflegtes Haar, einen unangenehmen Geruch. Ihre Rituale sind nicht der Erwähnung wert. Es sind Lügner, und sie sind ziemlich hochmütig. Sie erobern fremde Länder mit List und Zwang, indem sie so tun, als kämen sie als Freunde, und dann die Einheimischen unterdrücken. Ihre grundlegenden Charakterzüge sind Grausamkeit und Gewalt.« So hieß es in Berichten über die Spanier, die auf den Philippinen gelandet waren. An dieser schlechten Meinung sollte sich wenig ändern.

Im 18. Jahrhundert wurden die Küsten des südchinesischen Meeres von den Spaniern, den Holländern, den Portugiesen, den Engländern und später den Amerikanern heimgesucht. Sie alle bedienten sich chinesischer Erfindungen: Schießpulver, Heckruder, Magnetkompass, Landkarten aus Papier. Doch sie kamen nicht etwa, um Handel zu treiben, sondern im Gegenteil, um den Chinesen ihre Waren, ihre Ideen, ihre Religion, ihren Willen aufzuzwingen. Schon bald errichteten sie die ersten Handelsniederlassungen, und zwar mit Einnahmen aus dem Verkauf in China verbotener Waren wie zum Beispiel Opium. Es ist dies eines der am wenigsten bekannten Kapitel in der dunklen Geschichte kolonialer Niedertracht, obwohl es in das wohl folgenschwerste Ereignis in der chinesischen Geschichte des 19. Jahrhunderts mündete, den Opiumkrieg.

Die Briten wollten in China lediglich Opium verkaufen. In der Praxis hieß das, so viele Chinesen wie möglich süchtig zu machen. Opium war in China verboten, sein Konsum eine absolut vernachlässigbare Größe gewesen. Der Verkauf mußte also illegal erfolgen und ging vom einzigen britischen Handelsposten im Land, Kanton, und von Stützpunkten wie der Insel Kulangyü aus. Zulieferland war Indien, das den britischen Kolonialherren in den letzten Dekaden des 18. Jahrhunderts immer mehr Reichtümer in den Schoß warf. Die Briten selbst produzierten nichts, was die Chinesen ihnen hätten abkaufen wollen, doch in Indien konnten sie Opium und Baumwolle anbauen und gegen die begehrten Luxuswaren aus China eintauschen – allen voran Tee, dessen Genuß sich schon damals zu so etwas wie einer nationalen Besessenheit entwickelt hatte. So kam es zum teuflischen Dreieck England – China – Indien, vergleichbar dem tragischen Dreieck Afrika – Karibik – Europa im letzten Jahrhundert. Das Geschäft war äußerst einträglich. Unglaublich, aber wahr: Anfang des 19. Jahrhunderts brachte der Opiumhandel die stärksten Umsätze des Welthandels.

Im Jahr 1839 versuchten die Chinesen, dem Opiumhandel einen Riegel vorzuschieben. Die Briten reagierten darauf in einer Art und Weise, die die Chinesen niemals vergessen sollten. Im »schändlichsten Krieg, den England je geführt hat«, wie Gladstone es formulierte, wurde die chinesische Flotte, deren Ausrüstung hoffnungslos veraltet war, erbarmungslos zusammengeschossen, besiegt von einer Technologie, die ursprünglich in China entwickelt, dann jedoch nicht weiter ausgebaut worden war. Für die Chinesen war diese Niederlage vernichtend. Ohnmächtig mußten sie zusehen, wie die westlichen »Barbaren«, die ihnen kulturell hoffnungslos unterlegen waren, das Reich der Mitte mit derselben Gier, mit der sie schon Afrika und Indien zerstört hatten, in Kolonien aufteilten. Der Opiumkrieg war ein Wendepunkt in der chinesischen Geschichte. Zwei Jahrhunderte lang hatten die Chinesen dem Westen widerstanden. Jetzt waren sie auf Gedeih und Verderb den »fremden Teufeln« ausgeliefert. In der Folge wurde China von einer Reihe schrecklicher Katastrophen erschüttert: Da war der Jahrtausend-Aufstand in T'aip'ing, die Niederlage im Krieg gegen Japan und das Scheitern des Boxeraufstands. Es war eine Zeit intellektueller Gärung, in der das alte Selbstvertrauen mehr und mehr dahinschwand. Vielen waren die Gründe für den Erfolg des Westens – eine überlegene Technologie, Tatkraft und ein von Zweckdenken geleiteter Intellekt – nur allzu klar, hatten sie sie doch schon wesentlich früher durchschaut und zutiefst verabscheut. Man befürchtete, daß »China in hundert Jahren die Methoden des Westens übernommen haben würde«, wie Wang T'ao 1870 schrieb. Das Beispiel Japans, das die westliche Lebensart übernommen hatte, ohne die »fremden Teufel« japanischen Boden betreten zu lassen, wirkte verlockend. Andere Reformer, wie der charismatische K'ang Yu-wei, forderten das Ende des Kaiserreichs und Freiheit und Gleichheit für alle, unabhängig von Rasse, Geschlecht und Hautfarbe. Erreicht werden sollte dieses Ziel durch eine Wiederbelebung des konfuzianischen Weges. Schließlich kam es zum Zusammenbruch des kaiserlichen Regimes, das unfähig war, angemessen auf den massiven Druck von außen zu reagieren. Zwar war schon im 19. Jahrhundert, lange vor der Gründung der kommunistischen Partei, eine republikanische Bewegung entstanden, doch die kaiserliche Regierung stand allen Veränderungen grundsätzlich feindselig gegenüber. Die Abschaffung des Kaiserreichs nach über zweitausend Jahren und die Ausrufung der Republik im Jahr 1911 kamen zu spät, um die schweren Probleme noch lösen zu können, mit denen China zu kämpfen hatte: die Verarmung der Landbevölkerung, der Stillstand der Industrie und die ständige Präsenz der Kolonialmächte. »Die Zeit der großen Revolution« war gekommen, wie es im *I ching*, dem Buch der Wandlungen, heißt. Und da war auch schon der große Mann, auf den sich die Hoffnungen aller richteten: Mao Tse-tung. In den dreißiger Jahren unseres Jahrhunderts kam es zum erbitterten Bürgerkrieg zwischen Kommunisten und Nationalisten. Die japanische Invasion von 1936 verwandelte Maos Kommunisten in eine nationale Befreiungsfront. 1949 schließlich ergriffen Mao und die Kommunisten die Macht, getragen von einer Woge des Optimismus nach Jahren des Bürgerkriegs, der Hungersnot und Fremdherrschaft.

Doch in ihrer Hast, die Vergangenheit auszulöschen, brachten die Kommunisten durch schlecht durchdachte Reformen und ein unglaublich grausames Regime Millionen von Menschen um. Der sogenannte Große Sprung Nach Vorn in den fünfziger Jahren führte zu einer katastrophalen Hungersnot unter der Landbevölkerung mit unabsehbarem Schaden für die Umwelt und die Sozialstruktur des Landes. Die Kulturrevolution der sechziger Jahre schließlich hatte verheerendere Folgen für Chinas kulturelles Erbe als die schlimmsten Übergriffe der Mongolen. Statt der versprochenen offene Debatte der »Tausend Blumen und Tausend Schulen« entwickelte sich ein geistiges Klima der Dumpfheit und Stagnation, das die folgenden Generationen prägte. Und all dies geschah im Namen einer westlichen Ideologie und einer westlichen Geschichtsauffassung! Erst heute, am Ende einer Ära, die das Gesicht der Welt veränderte, können wir Außenstehenden langsam und tastend wieder das spirituelle, geistige und gesellschaftliche Wesen jenes alten China erahnen, das noch immer existiert, obwohl Mao es in seiner illusionären

Oben: *Der Opium-Krieg. Das britische Schiff Nemesis zerstört chinesische Kriegsdschunken, 1841.*

Links: *Die europäischen Mächte teilen den chinesischen Kuchen unter sich auf. Französische Karikatur aus dem Jahre 1898.*

Suche nach einer Welt frei von der Last der Vergangenheit genau wie der Ch'in-Kaiser auszutilgen versucht hatte. »Denn was sind wir ohne Vergangenheit?« fragte Konfuzius.

CHINAS VERMÄCHTNIS

HEUTE LEBT DAS chinesische Volk in einer Zeit, in der alles möglich scheint. Noch ohne politische Macht, strebt es bereits danach, zur Wirtschaftsmacht zu werden. Die chinesische Kultur konnte ihren Platz als größte aller Zivilisationen wieder einnehmen. Doch als ihre Machthaber im Jahr 1989 auf dem Platz des Himmlischen Friedens die demokratische Bewegung gewaltsam zerschlugen, zeigten sie die alte Angst der chinesischen Herrscher, die Vergangenheit könnte ihre Geisterhand nach der Gegenwart ausstrecken. Was wird aus dem chinesischen Kommunismus werden? Wird es ihm gelingen, der chinesischen Vergangenheit in Zukunft besser gerecht zu werden? Vielleicht hatte ein Angehöriger der alte Garde der Republikaner, Liang Shu-ming, gar nicht so unrecht, als er in den zwanziger Jahren dieses Jahrhunderts prophezeite, daß die Welt der Zukunft eine wiederhergestellte chinesische Zivilisation sein wird! Trotz aller Bewunderung für westliche Werte wie die Freiheit des Individuums und unsere wissenschaftlichen Traditionen, die China, wie er hoffte, eines Tages mit seinen eigenen humanistischen Werten würde verschmelzen können, verurteilte Liang die bedingungslose Imitation des Westens. Dabei hielt er vor allem die westliche Marktwirtschaft für unvereinbar mit der chinesischen Tradition: »Der grundlegende Geist Chinas ist die Suche nach Harmonie und Synthese, der des Westens das Streben nach Veränderung – ein Weg, der die Natur und den Geist zerstört hat.« In Liangs Augen fehlte dem Westen das konfuzianische *Jen*: die Menschlichkeit.

Chinas Beitrag zur Geschichte der Menschheit war unermeßlich. Das politische System des Landes schenkte einem großen Teil der damaligen Weltbevölkerung lange Perioden des Friedens und der Stabilität – auch oder vor allem in heutiger Zeit keine gering zu veranschlagende Leistung. Die Regierung mag zwar oft streng und selbstherrlich gewesen sein, doch immerhin hatten die Chinesen schon vor tausend Jahren Kriterien für die Ernennung von Beamten entwickelt, die an der Leistung des Betreffenden orientiert waren. Das ist bis heute ohne Beispiel. In Wissenschaft und Technik waren sie der übrigen Welt bis in die Moderne hinein weit voraus. Sie brachten Kunsthandwerk in höchster Vollendung hervor, ganz gleich, ob es um Bronzeguß, Seide, Porzellanherstellung oder Lackarbeiten ging. Ihre außergewöhnliche Sensibilität schlug sich in unvergleichlichen Meisterwerken der Malerei und Kalligraphie nieder. Auch in der Literatur, vor allem in der Dichtung, haben chinesische Künstler Großes geleistet. Darüber hinaus besitzt China die längste historiographische Tradition der Welt. Das größte Vermächtnis der chinesischen Tradition war wohl zugleich ihr charakteristischstes – das Ideal der Harmonie und Versöhnung der Gegensätze, das auf den Taoismus zurückgeht, gekoppelt mit der konfuzianischen Vision praktischer Moral. Am Grunde der chinesischen Zivilisation lag die schamanistische Kultur des Bronzezeitalters mit ihrer Ehrfurcht vor den Ahnen, vor der Tugend und der Magie der Schrift. Diese Vorstellungen sind so tief

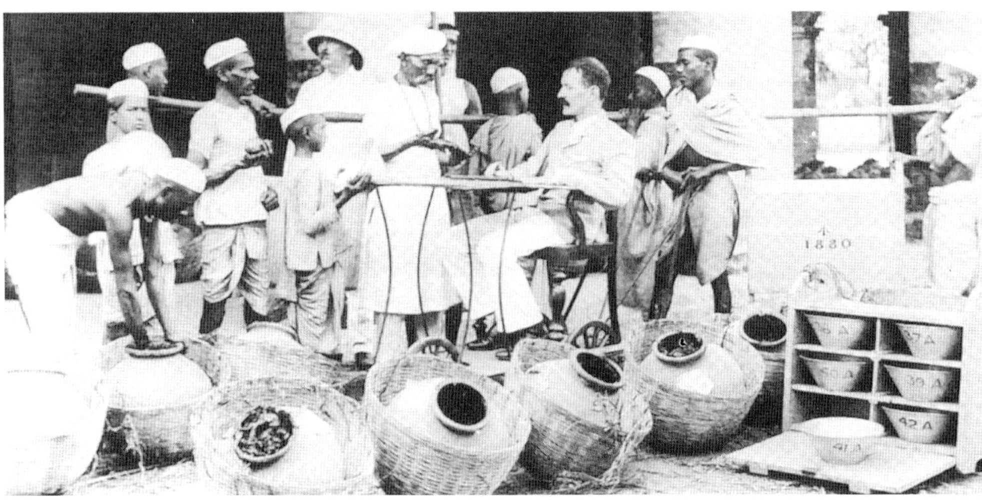

Begutachtung von Opium. »Wie wir hören, ist Ihr Land sechzig- oder siebzigtausend Li von China entfernt«, schrieb der Regierungsbevollmächtigte Lin 1839 an Königin Viktoria. »Mit welchem Recht versuchen Sie, die vergiftende Droge hier zu verkaufen und dem chinesischen Volk Schaden zuzufügen? Wo ist Ihr Gewissen?«

Chinesische Mandarine im 19. Jahrhundert. »Unser großes Land braucht Wind und Donner, um zu neuem Leben zu erwachen«, schrieb der Reformer Kong Hsieh-chen im Jahr 1839. »Es ist traurig, wenn Männer es nicht wagen, den Mund aufzumachen.«

im chinesischen Volk verwurzelt, daß ihre Kultur sich trotz aller Wechselfälle der Geschichte bis zum Ende des Kaiserreiches, bis zur kommunistischen Revolution immer wieder regenerierte, ohne daß es je zu einem Bruch in der kulturellen Kontinuität gekommen wäre. Nach den schrecklichen Traumata des 20. Jahrhunderts ist es noch unklar, ob und wie es abermals zu einer an der Vergangenheit orientierten Erneuerung Chinas kommen kann. Ob Mao und seine Anhänger die Bindung an die große Tradition des klassischen China tatsächlich zerstört haben, »kann man«, wie einer seiner Lieblingssprüche lautete, »noch nicht sagen«.

Im *I ching*, dem alten chinesischen Buch der Wahrsagekunst, findet sich ein Hexagramm mit dem Titel »Revolution«. »In einer Revolution«, heißt es da, »müssen zwei Fehler vermieden werden. Man darf weder übereilt handeln, noch übertrieben rücksichtslos gegen das Volk vorgehen. Alles, was getan wird, muß einer höheren Wahrheit entsprechen. Eine Revolution, die nicht auf innere Wahrheit gegründet ist, wird zu Leid führen, denn am Ende wird das Volk nur das unterstützen, was es in seinem Herzen als gerecht erkennt.« Genau das ist, so hätte Konfuzius gesagt, das »Mandat des Himmels«.

VIERTES KAPITEL

ÄGYPTEN

Das Wesen der Zivilisation

IM FRUCHTBAREN TAL des Nil schufen die Ägypter eine der ältesten, großartigsten und beständigsten Zivilisationen der Welt. Die geheimnisvollen Relikte aus der »großen Tradition« des pharaonischen Ägypten – Pyramiden, Obelisken, Sphinxe, Hieroglyphen – sind uns so vertraut, daß wir oft die immense Zeitspanne übersehen, die auf jenes Wunderreich folgte – eine Zeitspanne, die Ägyptens Geschichte nicht weniger geprägt hat als das Zeitalter der Pharaonen und sicherlich ebenso faszinierend war. Ägypten hatte fast tausend Jahre griechischer, römischer und byzantinischer Herrschaft hinter sich, als vor etwa dreizehnhundert Jahren der Islam das Land am Nil eroberte. Der »Bruch« mit dem »alten« Ägypten (falls man es überhaupt so vereinfachend sagen darf) vollzog sich also bereits vor langer Zeit. Und genau da, bei diesem Bruch, wollen wir unsere Geschichte beginnen lassen – am Anfang vom Ende, und zwar mit einem Bericht, den ein ägyptischer Priester namens Manetho in griechischer Sprache niederschrieb.

DAS ENDE EINER EPOCHE

DIE EROBERUNG ÄGYPTENS durch Alexander den Großen im Jahr 332 v. Chr. markierte eine tiefe Zäsur in der Geschichte des Landes. Es hatte auch schon früher Einschnitte gegeben, zum Beispiel die einhundertundacht Jahre währende Regierungszeit der Hyksos-Dynastie im 17. Jahrhundert v. Chr. und später die Herrschaft der Assyrer und Perser. Doch all jenen gelang es nicht, die außergewöhnliche Kontinuität der altägyptischen Zivilisation zu unterbrechen, jenes Phänomen, das ein moderner Forscher treffend die »zeitlose Windstille« Ägyptens genannt hat. Der Sieg Alexanders stellte nicht zuletzt deshalb eine konkrete Gefahr für das alte, geschichtsträchtige Land dar, weil die Eroberer die introvertierte Weltanschauung der Besiegten plötzlich mit der dynamischen Kultur des internationalen Hellenismus und damit mit einem neuen Natur-, Gesellschafts- und Politikverständnis konfrontierten. Nach drei Jahrtausenden Geschichte sollte nun nie wieder ein einheimischer Pharao über die »beiden Länder« herrschen. Heute sehen wir, daß das der Anfang vom Ende der altägyptischen Welt war. Nahezu tausend Jahre griechischer und römischer Herrschaft sollten ganz allmählich einen tiefgreifenden Wandel in der einheimischen Kultur herbeiführen und damit das Ende der alten Staatsstruktur mit ihrer Priesterschaft, ihrer Schrift und ihrer Sprache, ihrem Kult, ja ihren Göttern. Doch das Vermächtnis Ägyptens lebte im hellenistischen Zeitalter, der Welt der Antike, weiter, als die Griechen sich im »Land der uralten Weisheit« niederließen.

Bald nach der griechischen Eroberung entstand, in der Regel verfaßt von in Ägypten lebenden Griechen, aber auch von Reisenden, eine ganze Reihe von Werken über Ägypten für eine griechische Leserschaft, die seit dem berühmten Reisebericht Herodots aus dem 5. Jahrhundert v. Chr. von allem Ägyptischen fasziniert war. Für die Griechen war Ägypten das Land, das als erstes einen organisierten religiösen Kult entwickelt hatte, ein Land mit uralter Geschichte. Wie groß ihre Bewunderung für die so viel ältere Kultur war, zeigen die Worte, die Platon einem ägyptischen Priester in den Mund legte: »O Solon, ihr Griechen seid wahrlich Kinder. Es gibt auch nicht einen einzigen Alten unter euch.« Die unstillbare Neugier der Griechen für alles Ägyptische schildert Heliodor in seiner Geschichte vom Besuch eines ägyptischen Priesters in Delphi. Eine Menschenmenge scharte sich um den Ägypter und »überschüttete mich mit allen möglichen Fragen: Wie wir die Götter unseres Landes anbeten. Warum wir Tiere anbeten. Was unsere Kulte zu bedeuten haben. Wie die Pyramiden erbaut wurden. Was es mit den unterirdischen Labyrinthen auf sich hat. Kurz, sie wollten alles über uns wissen, denn die Griechen tun nichts lieber, als Erzählungen über Ägypten zu lauschen.«

Etwas später gab es dann erstmals Literatur, die auf Zeugnissen aus erster Hand, auf Aussagen ägyptischer Priester, beruhte. Wir können die Erkenntnisse jener Zeit mit denen der britischen Forscher im Indien des 18. und 19. Jahrhunderts vergleichen, die mit der Hilfe von Brahmanen den ersten Aufschluß über die hinduistischen Rituale und Sanskrit-Texte erhielten. Unter dem griechischen Herrscher Ptolemaios II. (282–246 v. Chr.) wurde damit begonnen, ägyptische (sowie jüdische und babylonische) Bücher ins Griechische zu übersetzen. Damals, wahrscheinlich kurz nach 280 v. Chr., schrieb ein ägyptischer Priester namens Manetho die *Aegyptiaka* (»Chroniken Ägyptens«), die zu einem der wichtigsten Dokumente für die Rekonstruktion der altägyptischen Geschichte werden sollten.

Manetho wurde möglicherweise noch zu Lebzeiten Alexanders geboren. Er stammte aus Sebennytus im Nildelta, heute ein kleines Landstädtchen am Damiette-Arm des Nil, umgeben von Palmenhainen und Baumwollfeldern. Ganz in der Nähe erhob sich ein großer Tempel der Isis, der »Barmherzigen Mutter«, den Ptolemaios II. zu Manethos Zeit prachtvoll herrichten ließ. (Noch heute bitten kinderlose Frauen am heiligen Bekken der ehemaligen Anlage um Kinder.) Wie war es wohl, in einem so alten, heiligen Land zu leben? In der Antike reihte sich im Nildelta eine Stadt an die andere; manche davon sind noch heute bewohnt. Dreißig Kilometer südwestlich von Sebennytus befand sich das große Kultzentrum des Amun-Re – das heutige Tanta, wo sich noch immer jedes Jahr zur Frühjahrs-Tagundnachtgleiche und zur Sommersonnenwende, wenn der Nil über die Ufer tritt, über eine Million Menschen zum Fest versammeln. Dann verzaubern Fakire und Schlangenbeschwörer die Menge mit ihren Kunststücken, Derwische führen ihre wilden Tänze auf, Musikanten und Dichter rezitieren die uralten religiösen Legenden und Volksmärchen. Ein wenig weiter südöstlich, bei Bubastis, fand regelmäßig das größte Volksfest in hellenistischer Zeit statt, zu dem sich laut Herodot alljährlich siebenhunderttausend Menschen zu einem orgiastischen religiösen Fest einfanden. Den ganzen Weg den Nil hinauf, vom Delta bis zum oberägyptischen Theben und darüber hinaus, lagen weitere solcher uralten Kultzentren. Viele davon wurden unter griechischer Herrschaft wieder instandgesetzt, da es den Griechen nicht schwerfiel, die einheimischen Götter mit ihren eigenen in Verbindung zu bringen. So stand bei Achmim ein Tempel des Min (Pan), bei Dendera ein Tempel der Hathor (Aphrodite), bei Edfu ein Tempel des Horus (Apoll); daneben gab es die großen Götter in Theben, griechisch Diospolis (»Götterstadt«), und die zahllosen Schreine hinter Esna und Kom Ombo den Fluß hinauf bis zum ersten Katarakt und den orangeroten Klippen von Nubien. Nur in Indien, am Ganges vielleicht oder am Kaweri, spürt man heute noch etwas Ähnliches: das Gefühl, auf dem Boden eines heiligen Landes mit einer heiligen Geographie zu stehen, in dem alle Wege von Tempeln und Pilgerstätten gesäumt sind.

Manetho wurde Priester in Heliopolis, dem größten priesterlichen Zentrum Unterägyptens, in der Nähe des heutigen Kairo. Wir wissen, daß er mehrere Bücher über die ägyptische Religion schrieb, darunter eine Darstellung der wichtigsten Feste, eine Studie über die alten Riten, einen kurzen Text über die Herstellung von *Kyphi*, einem alten Trank, der für Räucherwerk und Medikamente gebraucht wurde, und eine Abhandlung über Naturtheorien. Manetho war kein großer Denker; die Bedeutung seines Werks liegt vielmehr darin, daß es in griechischer Sprache geschrieben ist. Möglicherweise war er der erste Ägypter, der Fremden sein Land beschrieb. Ihm war wohl daran gelegen, den griechischen Herrschern Ägyptens die Gedankenwelt, die religiösen Überzeugungen und die Geschichte seines Landes in ihrer eigenen Sprache zugänglich zu machen und ihnen die Bedeutung der traditionellen ägyptischen Kultur vor Augen zu führen. So tadelte er zum Beispiel Herodots »mangelhafte Kenntnisse« in der ägyptischen Geschichte; in seinen Augen waren Herodots Berichte lediglich Phantastereien, eine Art fragwürdiger Reiseführer für sensationslüsterne Touristen. Vielleicht wollte Manetho aber auch bewußt seiner eigenen Kaste, der Priesterschaft, den Weg in die zweisprachige Welt des Hellenismus weisen – eine Überlebensstrategie, der man auch in Schriften des moslemischen Indien, des mongolischen China und des spanischen Mittelamerika begegnet. Manetho hatte wohl erkannt, daß auch die ägyptischen »Hüter der Tradition«, die für ihren erbitterten Widerstand gegen alles Fremde berüchtigt waren, mit der Zeit gehen oder untergehen mußten.

Die *Aegyptiaka* teilten die ägyptische Geschichte in dreißig Dynastien ein, deren älteste fast dreitausend Jahre vor Manethos Zeit zurückreichte – auf eine Gründergestalt mit dem rätselhaften Namen Menes, »Vollender« oder »Vereiniger«. Menes, so die Legende, hatte die beiden Länder Ober- und Unterägypten zu einem einzigen Staat geeint. Manetho war in der Lage, die genaue Dauer der Herrschaft von Menes selbst und auch seiner sieben Nachfolger in der Ersten Dynastie anzugeben. Als Priester konnte er die Hieroglyphen-Schrift seiner Vorfahren entziffern und hatte Zugang zu den priesterlichen Überlieferungen in bedeutenden Heiligtümern wie Heliopolis. Die Tempel besaßen in der Regel eine Bibliothek, »Haus des Lebens« genannt; ein Beispiel dafür ist der ptolemäische Tempel in Edfu, an dessen Wänden noch heute ein Katalog der heiligen Bücher des Tempels zu lesen ist. Diesen Büchern verdankte Manetho genaue Informationen über die religiösen Traditionen und Rituale Altägyptens. Andere Quellen lieferten ihm den chronologischen Rahmen für sein Werk. Fragmente wie der Turiner Königspapyrus und der Palermo-Stein beweisen, daß es damals schriftliche Berichte gab, die über die Zeit

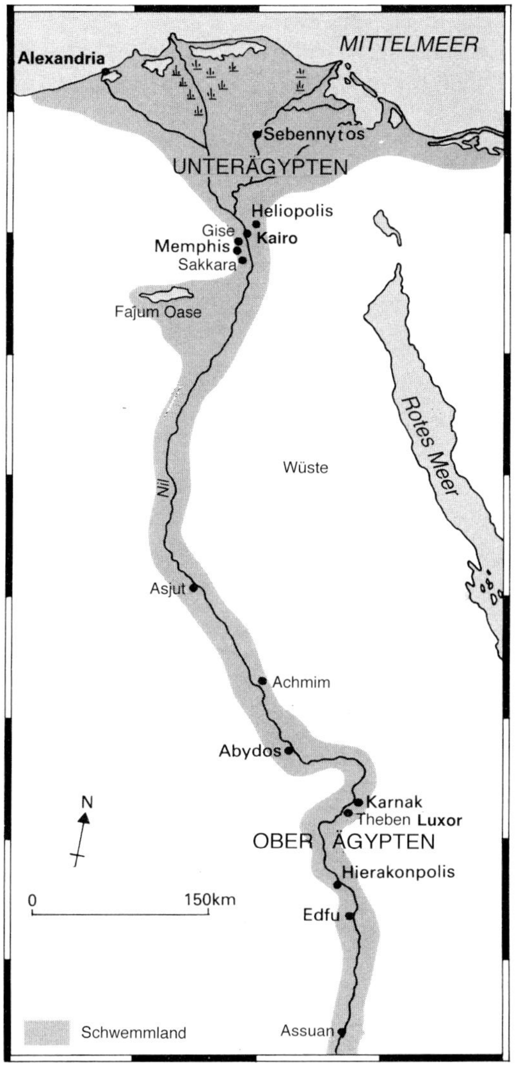

Ägyptens einzigartige Geographie hat den Charakter seines Volkes und seiner Kultur bis heute geprägt. Erst das in neuerer Zeit in Angriff genommene Projekt des Assuan-Staudammes droht, die ökologische und kulturelle Kontinuität des Landes zu zerstören.

von Menes hinaus bis zu den Königen der geteilten Reiche Ober- und Unterägypten vor der Einigung zurückreichten.

Manethos Werk selbst ist nicht erhalten. Wir wissen von ihm nur durch ausführliche Zitate bei römischen Historikern und Kirchenvätern im 1. Jahrtausend n. Chr. Die besondere Leistung Manethos aber bestand darin, daß er eine Brücke in die Zukunft schlug und mit den *Aegyptiaka* einen Wegweiser für die Welt schuf, die auf die Zeit der Alten folgen sollte. Denn im Gegensatz zu der Indiens und Chinas hat die große Tradition Ägyptens nicht bis in die Moderne überlebt. Die Griechen waren die letzten Augenzeugen der großartigen und rätselhaften ägyptischen Hochkultur. Manethos Werk wurde gleichsam zum Requiem für eine bereits versinkende Welt.

DIE ANFÄNGE

»Der Nil in Ägypten«, notierte der berühmte arabische Reisende Ibn Battuta, »übertrifft alle Flüsse der Welt, was Wohlgeruch, Länge und Nützlichkeit angeht. Am Ufer keines anderen Stromes liegen Städte und Dörfer so dicht gereiht, in keinem anderen Flußbekken wird so intensiv Ackerbau getrieben.« Die ägyptische Zivilisation lebte wie die im Irak, in Indien und China von einem Fluß. Wie der Ganges in Indien wurde auch der Nil als göttliche Macht und Lebensspender verehrt. Schon im 2. Jahrtausend v. Chr. wurde der Fluß besungen, aus späterer Zeit liegen christlich-byzantinische Hymnen vor, und aus dem 12. Jahrhundert n. Chr. besitzen wir ein syrisches Gebet. Jedes Jahr am 17. Juni wird das koptische Sankt-Michaels-Fest gefeiert, zu Beginn der Überflutung, in der »Nacht des Tropfens«, in der eine Träne der Isis die Überflutung auslöst. Heute noch werden in traditionellen moslemischen Haushalten Responsorien abgehalten und Segensformeln gesprochen: »Möge Allah den Nil sich überreich über den Boden ergießen lassen.« Der Nil schuf ein unvergleichliches Land. Das schmale Band blauen Wassers und grüner Felder, im Durchschnitt nur neun Kilometer breit, schlängelt sich neunhundert Kilometer zwischen Dünen und Klippen hindurch und diese besondere Geographie prägte den Charakter seiner Zivilisation und seines Volkes. Wo der Geist des Irak pessimistisch war, blieben die Alten in diesem Land optimistisch und sagten, wenn der Nil alljährlich segenbringend über seine Ufer trat: »Die Felder lachen, die Gesichter der Menschen leuchten auf und Gottes Herz ist voll Freude.« Der lebenspendende Schlamm, der nach der Überschwemmung zurückblieb, schenkte den Ägyptern eine Haltung freudigen Vertrauens in die Menschheit, in die Beständigkeit und Stabilität der Dinge.

Feste natürliche Grenzen, schier unerschöpfliche Ressourcen an Stein und Edelmetallen und der aufgrund der alljährlichen Überschwemmungen überaus fruchtbare Boden – in allem genau das Gegenteil des alten Irak – verliehen den Äyptern ein geradezu magisches Selbstvertrauen und führten zu einer über drei Jahrtausende unveränderten, einzigartigen Reinheit der Kultur. Die moderne Archäologie konnte nachweisen, daß viel von dem, was später für die ägyptische Zivilisation charakteristisch war, bereits zur urzeitlichen Vergangenheit der Besiedelung des Niltals gehörte. Schon im 6. Jahrtausend v. Chr. gab es Bauerndörfer in der Flußniederung, wurden Weizen und Gerste angebaut und Schafe und Ziegen gehalten. In den folgenden zwei Jahrtausenden läßt sich dann am Strom entlang und im Nildelta – also in den Regionen, die noch heute die entscheidende Trennlinie der ägyptischen Geschichte, Kultur und Geographie verkörpern – verfolgen, wie mehrere winzigeKönigreiche entstanden. Nach 4000 v. Chr. kam es zu einem beträchtlichen Bevölkerungswachstum. Die Siedlungen wurden größer und Handwerk und Materialbearbeitungstechniken entwickelten sich, wie es Stein-, Bronze-, Kupfer- und Schieferarbeiten beweisen. Um 3500 v. Chr. tauchten die ersten kleinen Städte, von Lehmziegelmauern umgeben, auf; aus dieser Zeit stammen auch bereits reich ausgestattete Gräber der ortsansässigen Dynastien. Die archäologischen Belege aus dem Delta sind für jene Zeit jedoch dürftig. Die meisten frühen Siedlungen hier sind tief im Nilschlamm vergraben, und wir sind mit unseren Vermutungen über die damalige Siedlungskultur auf Ausgrabungsstätten in Oberägypten angewiesen.

Mitte des 4. Jahrhunderts v. Chr. scheint Oberägypten in drei Königreiche mit den Hauptstädten Nechen (Hierakonpolis), Nagada und This aufgeteilt worden zu sein, die höchstwahrscheinlich miteinander rivalisierten. Hierakonpolis war das Zentrum des Falkengottes Horus, Nagada die Stadt des Gottes Seth. Der Konflikt zwischen Horus und Seth, den Söhnen des Osiris, des Königs der Unterwelt, ist eines der großen mythologischen Themen der altägyptischen Religion. Viele Gelehrte sind der Ansicht, daß sich in diesen Mythen die realen Kämpfe spiegeln, die der Eroberung des Nildeltas durch die »Könige des Horus« vorausgingen.

HIERAKONPOLIS: DIE ANFÄNGE ÄGYPTISCHER GESCHICHTE

ENTSCHEIDEND FÜR DIE BEANTWORTUNG all dieser Fragen, ja für das Rätsel um die Geschichte der Einigung Ägpytens überhaupt, waren die Ausgrabungen bei Hierakonpolis in den Jahren 1897–98. Hierakonpolis ist heute ein unbedeutendes kleines Dorf, etwa siebzig Kilometer stromaufwärts hinter Luxor, mit dem Namen Kom el-Ahmar, »der rote Hügel«. Hier war einst das Zentrum des prähistorischen Stammeskönigtums Nechen, hier stand das Heiligtum einer lokalen Gottheit namens Horus, der Falke; daher der griechische Name der Stadt, wörtlich »Falkenstadt«. Im Jahr 1897 führte die Suche nach den Ursprüngen Ägyptens zwei britische Archäologen, James Quibell und F.W. Green, an diesen Ort. Es war die Zeit, in der Archäologen der europäischen Kolonialmächte auch an anderen geschichtsträchtigen Stätten, etwa bei Mykene, Boghazköy, Babylon, Ninive und Assur, Ausgrabungen vornahmen. Hierakonpolis hatte im späteren Ägypten der Pharaonen keine wichtige Rolle gespielt. Aus dieser Zeit stammten die wenigen eindrucksvollen Überreste eines kleinen Städtchens mit Lehmziegelmauern. Doch Quibell und Green forschten nach weit älteren Spuren, denn nach der Überlieferung mußte dieser Ort das Kultzentrum jener sagenhaften Könige gewesen sein, die die beiden Länder geeint hatten. Immerhin hatte der Name der einstigen Königsstadt – Hierakonpolis – bis zum Ende des pharaonischen Reiches einen Ehrenplatz unter den königlichen Titeln behalten. Auf einem Feld außerhalb des Dorfes Kom el-Ahmar machten die beiden Archäologen eine aufregende Entdeckung. Unter dem späteren Horustempel fanden sie eine Ansammlung zeremonieller Tafeln, Elfenbeinarbeiten und Keulenköpfe aus den Beständen der ersten Könige Ägyptens – Könige mit Totem-Namen wie Kobra, Katzenfisch, Skorpion, Falke, Könige einer schillernden barbarischen Welt, die nichts mit der Welt der Pharaonen zu tun hatte.

Zu den Funden gehörte unter anderem der vielleicht wichtigste Gegenstand, der je in Ägypten ausgegraben wurde: eine ca. sechzig Zentimeter lange schwarze Schiefertafel, in die Szenen aus dem ruhmreichen Leben eines geheimnisvollen Königs mit dem Namen »Narmer« eingraviert sind. Das Bild in der Mitte der Tafel stellt ganz eindeutig die Eroberung des Nildeltas durch einen oberägyptischen Herrscher dar – möglicherweise der entscheidende Augenblick von Narmers Sieg. Der König trägt die Krone Oberägyptens; er schlägt dem gefangenen König des Deltas, der durch einen Papyrusklumpen symbolisiert ist, den Schädel ein. Vor den Standarten von Horus, dem Falken, liegen reihenweise die Leichen enthaupteter Feinde. Ein steinerner Keulenkopf zeigt denselben König, Narmer, wie er eine bedeutende weibliche Persönlichkeit aus dem Norden empfängt. Vielleicht ist dies die Darstellung einer königlichen Hochzeit, durch die Narmer seine Vormachtstellung im Delta legitimierte. Auf anderen Tafeln ist die Zerstörung feindlicher Städte durch wehrhafte oberägyptische Götter, symbolisiert durch ihre Totems – den Löwen, den Skorpion und den Falken –, dargestellt. Auf dem Kopf einer großen Zeremonie-Keule sticht ein König namens Skorpion mit seiner Hacke einen Bewässerungsgraben an – eine der wichtigsten rituellen Handlungen, die dem König oblagen. Neben der Falken-Standarte des Horus umgeben ihn Standarten mit Abbildungen von Seth und dem Phallus-Gott Min. Die beiden englischen Archäologen waren hier auf so etwas wie ein rituelles Archiv der frühesten Könige Ägyptens gestoßen, das möglicherweise sogar Zeugnisse über den legendären König enthielt, der das Land einst vereinigt hatte. War Narmer vielleicht der rätselhafte Menes der Legende?

Green kehrte im folgenden Jahr zurück und machte einen weiteren faszinierenden Fund. Er entdeckte die Überreste eines großen, kreisförmigen Hügels (aus sauberem weißem Sand) von etwa fünfzig Meter Durchmesser und zweieinhalb Meter Höhe, umgeben von schräg abfallenden Schutzwänden aus Sandstein. Es gab Anzeichen dafür, daß einmal ein Fußweg hinauf auf die Mitte des Hügels geführt hatte. Green datierte den Fund in prähistorische Zeit, vielleicht noch vor das erste Königsgeschlecht Ägyptens. Er deutete den Hügel als ein Symbol des Schöpfungshügels, der ersten Insel, die am Anfang der Zeiten aus dem Chaosmeer emporgestiegen und auf der das erste Leben, der Falke, gelandet war. Nach Green war dieser Hügel das rituelle Zentrum der Horus-Könige, der Gründer Ägyptens, gewesen.

Seither ist man auch in Teotihuacan in Mexico, in Cuzco in Peru, vor allem aber in Eridu im Irak, das in der sumerischen Religion und königlichen Mythologie einen ähnlich hohen symbolischen Status genoß wie Hierakonpolis, auf Parallelen zu solchen von Menschenhand geschaffenen kultischen Darstellungen von der Enstehung der Welt gestoßen. Wie wir gesehen haben, stand im alten Indien eine natürliche Insel am Zusammenfluß der Flüsse Ganges und Yamuna im Mittelpunkt ganz ähnlicher religiöser Überzeugungen; es muß sich also ganz offensichtlich um einen universalen Mythos handeln. Als eine amerikanische Expedition im Jahr 1967 die Arbeiten an der Ausgrabungsstätte bei Kom el-Ahmar wieder aufnahm, gelang es nicht nur, die Annahmen Greens zu bestätigen, sondern sogar, sie um das entscheidende, bisher noch fehlende, Detail zu ergänzen. Oben auf dem Hügel, genau in der Mitte, erhob sich ein kleines Hütten-Heiligtum aus Schilf und Lehm, umgeben von einem Schilfzaun – eine Anlage, wie sie noch heute überall in Oberägypten zu finden ist. Im Innern der Hütte befanden sich früher zweifellos eine Statue des göttlichen Falken und andere Gegenstände, zum Beispiel zeremonielle Tafeln und Keulenköpfe wie jene, die 1897 entdeckt worden waren. Dies war also das mystische Zentrum des Horus-Königtums von Nechen, das die Doppelkrone von Ober- und Unterägypten begründete. Das Geheimnis um den sagenumwobenen Menes war und ist damit allerdings noch immer ungelöst. Ob er der König auf der Narmer-Tafel ist, bleibt nach wie vor ungewiß. Einst glaubte man, der Fund von mit Siegeln versehenen

Links: *Die Narmer-Tafel, ca. 3100 v. Chr. Der weißgekrönte König von Oberägypten tötet Wasch, einen Herrscher aus der Delta-Region, symbolisiert als Papyrus-Bündel, auf dem der Horus-Falke, Narmers Schutzgottheit, sitzt.*

Rechts: *Die Skorpion-Keule. Ritueller Anstich eines Bewässerungskanals durch den König. »Ich habe einen Kanal gegraben«, sagt ein späterer König. »Ich habe die Stadt am Leben erhalten. Jeder Bürger hatte Nilwasser in Fülle.«*

Gefäßen bei Abydos, auf denen die Namen Menes und Narmer gemeinsamen auftauchen, sei ein Beweis für diese These, doch das ist nicht der Fall. Narmer könnte ebensogut der Vorgänger von Menes gewesen sein und eine oder zwei Generationen vor ihm geherrscht haben. Auch die geheimnisvollen Namen der prädynastischen Gestalten auf dem Palermo-Stein – Seka, Khaya, Neheb, Mekh und die anderen – geben der Forschung nach wie vor Rätsel auf. Doch wir wissen nun sehr viel mehr über die ersten prähistorischen Städte Ägyptens, in denen diese Könige möglicherweise geherrscht haben. Die Zeit der Besiedlung ließ sich bei Hierakonpolis bis 4500 v. Chr. zurückverfolgen, bei Nagada und Abydos bis 4000 v. Chr. (wobei Nagada seit 3500 v. Chr. offensichtlich eine bedeutende Stadt war). Das deutet darauf hin, daß die gesamte Vorgeschichte, die dem Triumph von Menes, dem Einiger Ägyptens um 3100 v. Chr., vorausgeht, noch der archäologischen Entdeckung harrt. Der größte Erfolg der ersten Dynastie nach der Zeit des legendären Menes war vielleicht, so Manetho, der Sieg eines Geschlechts aus Abydos. Aber niemals vergaßen diese Herrscher, was sie ihren schattenhaften Vorgängern in Hierakonpolis verdankten, deren archaisches Hügel-Heiligtum bis ins Pyramidenzeitalter unverändert erhalten blieb. Ihre Geschichte war die der lokalen Könige, Clans und Geschlechter, der lokalen Götter, Kulte und Totems, verwandelt in nationale Ideologien.

Aus den prähistorischen Stammeskämpfen entwickelte sich die »große Tradition«: der erste wirkliche Staat der Welt. Die ideologische Basis des prähistorischen Königtums, seine Symbole und Mythen erwiesen sich als einzigartig dauerhaft und bildeten das Fundament der ägyptischen Zivilisation. Das Gottkönigtum des Horus sollte so lange bestehen wie das alte Ägypten selbst.

Nicht weit von Kom el-Ahmar, im großen Tempel von Edfu, ist dieser Schöpfungsmythos fast drei Jahrtausende nach Menes' Tod liebevoll bis in alle Einzelheiten hinein für die griechischen Kolonialherren dargestellt. Mit dem Bau von Edfu wurde 237 v. Chr., nach der Eroberung Ägyptens durch Alexander den Großen, begonnen. Die Stätte war bewußt auf die neuen griechischen Herren zugeschnitten, deshalb wurde größter Wert auf die Ausgestaltung im Stil der traditionellen ägyptischen Ikonographie und Sakralarchitektur gelegt. Aus Wandbildern erfahren wir, daß jeder ägyptische Tempel ein Symbol des ursprünglichen Schöpfungshügels war, mit seinem einfachen Schilf-Heiligtum, das um den Thron herum errichtet wurde, auf dem einst der heilige Falke gelandet war. Ganz gleich, welche gigantischen Dimensionen die Tempel später annahmen, das Allerheiligste bestand immer aus diesem schlichten Schilf-Schrein. Im Innern des Heiligtums in Edfu schimmert noch heute im Halbdunkel der Schrein aus poliertem Stein. An seinen Innenwänden sind noch die Abdrücke des Zauns aus Schilf zu erkennen, der die Stelle umgab, wo das Bild des Falken stand. Der Falken-Mythos bildete das Fundament einer ganzen Gesellschaftstheorie, denn der Tempel war nicht nur ein Abbild des ersten Ortes, sondern auch der ersten Zeit – der Zeit, in der der Menschheit das Ideal einer stabilen Gesellschaft geschenkt wurde, das durch Königtum, Gesetz, Religion und Ritual aufrechterhalten und bewahrt werden sollte und nach dem Glauben der alten Ägypter gültig und in Kraft blieb, solange die Rituale in der vorgeschriebenen Weise vollzogen wurden. Das Universum und die bürgerliche Gesellschaft galten also als statisch. Fortschritt, Veränderung, neue Fragen und neue Antworten waren ganz einfach nicht nötig. Und tatsächlich kam man bis zur Eroberung des Landes durch Alexander den Großen dreitausend Jahre später sehr gut ohne sie aus.

Schon in der prädynastischen Periode, der Zeit vor Menes, als »Skorpion«, der »Kämpfende Falke«, über die »Anhänger des Horus« in Hierakonpolis herrschte, sind viele der wichtigsten Wesensmerkmale des späteren Ägypten ausgeprägt: fortschrittlicher Ackerbau, Metallverarbeitung, zentrale Wasserversorgung, Keramikkunst, monumentale Sakralbauten, aufwendig zelebrierte Bestattungsrituale, intensiver Fernhandel. Auch die Götter sind schon da, auf den Tafeln, Inschriften und Skulpturen aus Nechen, Abydos und Coptos: der falkenköpfige Horus; Min aus Achmim; der Wolfgott Coptos; die Geiergöttin; der schakalköpfige Anubis, Gott der Toten; der Mondgott Thot, Herr der Schrift; Ptah. Und wir begegnen bereits den vertrauten Formen des Gottesdienstes, erleben die Aura des Gottkönigtums, die Bestattungsbräuche, die verschiedenen Stilrichtungen der Kunst. All diese Merkmale überdauerten drei Jahrtausende, ja sie sind bis in moslemische Zeit zu verfolgen, und manche von ihnen – zum Beispiel die rituellen Klagen und die Trankopfer, die volkstümliche Heilkunde, die Begräbnisriten und die Gebete bei der Geburt eines Kindes, die jahreszeitlichen Feste und sogar der Glaube an den *Ka* oder Doppelgänger (der im Koran verboten ist) – haben bis heute überlebt.

Für die alten Ägypter war das Gottkönigtum der Garant eines stabilen Kosmos – eine Vorstellung, der man auf der ganzen Welt immer wieder begegnet, vom China der Shang-Dynastie bis zum aztekischen Mexiko. In Abydos wurden die ersten Könige Ägyptens in monumentalen, aus Lehmziegeln errichteten Totenhäusern bestattet, deren prachtvolle Fassaden denen irdischer Paläste nachempfunden waren. Eine Zeitlang praktizierten die Könige der Ersten und Zweiten Dynastie das Menschenopfer; die Frauen und der Hofstaat der Könige wurden zusammen mit dem Herrscher im Mausoleum »beerdigt«, wie es auch im Ur der Chaldäer, in Anyang und im klassischen Indien Sitte war (dort wurde die Sati-Praxis, die Opferung der Frauen der königlichen Familie, erst im letzten Jahrhundert verboten). In Ägypten verschwand dieser Brauch bald, denn er widersprach der dortigen Kultur zutiefst. Die Gräber in Abydos waren massive rechteckige Ziegelbauten mit einem Labyrinth von Vorratsräumen, vollgestopft mit Schätzen für das Leben nach dem Tod. 1991 fand man hier fünf Todesbarken in Originalgröße, dreihundert Jahre älter als die Cheops-Barke von Gise; der Fund zeigt, welch umfassende Vorkehrungen für das Leben im Jenseits getroffen wurden. Schon sehr früh entwickelten sich die entscheidenden Faktoren, die die ganze spätere ägyptische Geschichte bestimmen sollten: Die Zentralisierung der Macht, ein in ein Netzwerk von Ritualen eingebettetes Gottkönigtum und der Totenkult bildeten zusammen die Basis des ersten Staats der Welt.

DAS PYRAMIDENZEITALTER

AM ENDE SEINES LAUFS nach Norden weitet sich der Nil zu den grünen Niederungen seines Deltas. An diesem strategisch wichtigen Punkt in der Nähe der heutigen Hauptstadt Ägyptens, Kairo, ließ Menes die Königsstadt Memphis erbauen, die jetzt tief unter dem Flußschlamm begraben liegt. Auf den Sandsteinklippen über dem Flußbett aber erheben sich noch immer die Königsgräber von Memphis, der riesige Grabstätten-Komplex der Dritten Dynastie. Hier in Sakkara sind die Lehmziegelbauten von Abydos zu Stein geworden – zu den ersten monumentalen Steinbauten der Welt. An der sich kilometerweit erstreckenden Nekropolis von Sakkara wurde noch in griechischer Zeit gebaut. Den Mittelpunkt bildet ein weitläufiger Zeremonial-Komplex, der um 2700 v. Chr. für König Djoser errichtet wurde. Sein Kernstück ist ein großer Paradeplatz für die Entgegennahme von Tributen und für die Abhaltung der festlichen Zeremonien, mit denen die Erneuerung der Königsherrschaft gefeiert wurde. Wunderschöne Seitenkapellen beherbergten die Gottheiten von Nechen, Nagada und den anderen oberägyptischen Städten. Und hoch über dem Ganzen erhob sich ein gigantisches, sechzig Meter hohes, mit Stufen versehenes Grab: die erste Pyramide. Diese architektonische Schöpfung Djosers und seines Architekten Imhotep (der später zum Gott erklärt wurde) war damals etwas völlig Neues. In wenigen Generationen um 2500 v. Chr. schuf eine Handvoll außergewöhnlicher Herrscher – Huni, Snofru, Cheops, Chephren – in dem Versuch, ihren jeweiligen Vorgänger zu übertrumpfen, die größten Grabmäler, die die Welt je gesehen hat.

Um den Bau der Pyramiden rankt sich eine Vielzahl von Mythen. Die Hollywood-Version zeigt ausgemergelte Sklaven, die von tyrannischen Aufsehern unbarmherzig zur Arbeit gepeitscht werden. Nun gab es im alten Ägypten zwar Sklaven, doch Ägypten war keine Sklavenhaltergesellschaft. Der Großteil der Arbeitskräfte war nicht versklavt. Die Pyramiden wurden vielmehr von freien oder halb-freien Bauern errichtet. Wenn einem Herrscher eine lange Regierungszeit vergönnt war, konnte er ohne weiteres Arbeiter in großer Zahl für den Pyramidenbau verpflichten, denn in der feuchten Jahreszeit hatten die Bauern, die die Nil-Auen bestellten, nichts zu tun.

Das ägyptische Wort für Pyramide bedeutet »Ort des Aufstiegs«. Wir können die Pyramiden also vielleicht mit den künstlichen Bergen anderer Kulturen, wie zum Beispiel der Babylonier, Maya, Moche und Azteken, vergleichen. Herrscher aller Zivilisationen und aller Zeiten haben versucht, ihre Macht über die Massen zu legitimieren, indem sie sichtbare öffentliche Symbole dieser Macht schufen. Und was konnte ein ehrfurchtgebietenderer Beweis für die Macht eines Königs sein als ein solches Monument? Aber natürlich sind die Pyramiden viel mehr als einfach nur frühe Beispiele totalitärer Architektur. Nach Ansicht der Forscher wurde der tote König in seiner Pyramide für das ägyptische Volk zu einer Manifestation des Sonnengottes selbst. In der Stufenpyramide bei Sakkara sehen wir die erste Annäherung an die architektonische Verkörperung dieses Gedankens: eine riesige Treppe, auf der der Geist des Königs zum Himmel empor- und wieder in sein Grab hinabsteigen konnte. Schon die Zikkurat bei Sippar in Babylonien war als »Treppe in den hellen Himmel« bezeichnet worden. Im Grunde wurde mit den Pyramiden einfach an diese Vorstellung angeknüpft. Die Pyramide ist ein Bild für die Strahlen des Sonnengottes, der zur Erde herabkommt, und zugleich eine göttliche Treppe, auf der die Seele in den Himmel hinaufsteigen kann – ein typisch ägyptischer Gedanke, in dem eine immaterielle Vorstellung in materieller Gestalt ausgedrückt wird. Wenn in Gise an Wintertagen die Sonne durch die Wolken bricht, fallen ihre Strahlen in genau dem Winkel ein, in dem die Pyramiden errichtet sind: eine Treppe in den Himmel, geformt aus Sonnenstrahlen, auf denen der König, »klug und weise, zu den ewigen Sternen emporsteigen konnte«.

DIE STRUKTUR ÄGYPTISCHER GESCHICHTE

DIESES KAPITEL SOLL keinen umfassenden Überblick über die ägyptische Geschichte geben. Uns geht es vielmehr um das Wesen der ägyptischen Kultur mit ihrer »großen Tradition« und um die folgenschweren Veränderungen unter griechischer, christlicher und moslemischer Herrschaft, die dieses Wesen allmählich zurückdrängten. Die Geschichte Ägyptens war über lange Zeit außerordentlich stabil. Die Ideologie oder Religion, die die »große Tradition« ausmachten, wie sie sich – jedenfalls für unsere Augen – in dem keinerlei Wandel unterworfenen Kunststil jener Zeit manifestiert, zeigte keine wesentlichen Brüche. Das Alte Reich (ca. 2700–2100 v. Chr.) mit seiner höchsten Blüte im Pyramidenzeitalter war gekennzeichnet durch uneingeschränkte königliche Macht; damals wuchs die Bevölkerung von schätzungsweise einer halben Million in der

König Menkaure (Mycerinus) zwischen der Göttin Hathor und der Personifikation von Hu (Provinz), um 2500 v. Chr. Die hervorragende kunsthandwerkliche Tradition des Alten Reiches lebte weiter bis in die Zeit der griechischen Herrschaft.

prädynastischen Periode auf zwei oder drei Millionen zur Zeit Cheops'. Voraussetzung dafür war die Maximierung der Erträge des alljährlich vom Nil überfluteten fruchtbaren Schwemmlands. Um 2200 bis 2100 v. Chr. brachte dieselbe lange Dürreperiode, die die Könige der III. Dynastie von Ur im Irak vor so große Probleme stellte, eine Reihe niedriger Überflutungen, weil der Nil weniger Wasser führte, und das löste eine Hungersnot aus, die insgesamt fast fünfzig Jahre währte. Dies wiederum hatte den Zusammenbruch der alten Ordnung zur Folge, die ohnehin im Niedergang begriffen war. Die Monarchie wurde gestürzt, und eine Zeitlang bestand Ägypten wieder wie tausend Jahre zuvor aus zwei Reichen. Die Normen und Werte der ägyptischen Zivilisation waren jedoch so tief verwurzelt, daß die zentralisierte königliche Macht innerhalb eines einzigen Jahrhunderts wiederhergestellt werden konnte und eine neue Ära des Friedens und des Wohlstands anbrach.

Wieder kam der Anstoß dazu aus dem Süden. Während des Interregnums nach dem Zusammenbruch des Alten Reiches war in und um die Stadt Theben in Oberägypten ein

Landschaft bei Theben: Rosafarbene Klippen begrenzen den grünen Streifen des Flußufers. Bis zum Bau der modernen Dämme bestand hier ein einzigartiges Gleichgewicht der Natur, das die Lebensgrundlage der ägyptischen Zivilisation bildete.

kleines, unabhängiges Königtum herangewachsen, das nun zum ersten Mal in der Geschichte von sich reden machte. Der thebanische Herrscher Mentuhotep stellte im Jahr 2130 v. Chr. die Einheit der beiden Länder wieder her; in der thebanischen Überlieferung gilt er als zweiter Gründer Ägyptens, vergleichbar mit Menes. Theben selbst wurde zur südlichen »Hauptstadt« des Landes, die es bis heute geblieben ist – ein Zeugnis für das tiefverwurzelte Gefühl der Identität in Oberägypten. Mentuhotep und seine Dynastie ließen Grabmäler und einen Tempel errichten, zu dem jedes Jahr in einer prachtvollen Prozession das Bild ihres Schutzgottes Amun getragen wurde – Auftakt eines großen Festes, das noch heute gefeiert wird. In der Zeit des Mittleren (1991–1786 v. Chr.) und des Neuen Reiches (1587–1085 v. Chr.) wurden in dem einst so unbedeutenden Städtchen Theben eine Vielzahl gigantischer Heiligtümer und eine Reihe weitläufiger Totenhäuser vom westlichen Flußufer zur Stadt hinauf errichtet – die spektakulärste Ansammlung von Monumentalbauten, die die alte Welt kannte, eine riesige Stadt der Toten. Bei den Griechen hieß sie die »Gottesstadt«, und ihr Ruhm lebte fort bis Homer, der das »hunderttorige Theben« besang.

In dieser ganzen langen Zeit finden sich keine Anhaltspunkte dafür, daß die Bevölkerung Ägyptens ernstlich alternative Regierungsformen zum Gottkönigtum in Betracht zog, und auch Belege für Aufstände gegen den pharaonischen Staat fehlen praktisch völ-

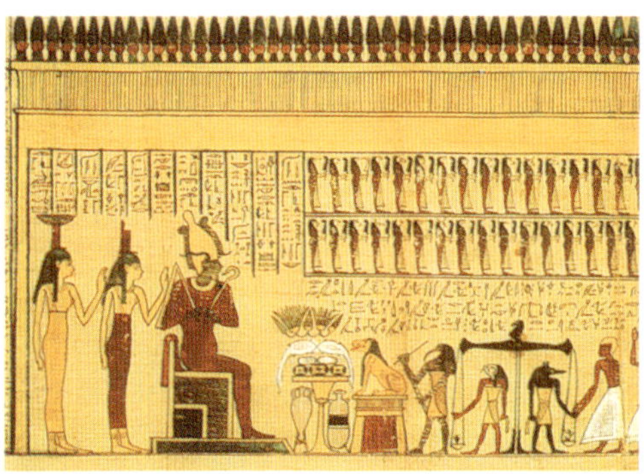

Oben: *Sakkara. Der große Festplatz mit seinen kapellenartigen steinernen »Zeltheiligtümern« für lokale Gottheiten vor der Stufenpyramide Djosers.*

Oben links: *Aus dem Totenbuch: Das Wiegen der Seele. Elemente der ägpytischen Religion, wie zum Beispiel die Vorstellung von einem jüngsten Gericht, haben möglicherweise Eingang in das Christentum und den Islam gefunden.*

Links: *Der Totentempel von Sethos I. in Abydos, ein herrliches Beispiel für die späte Blüte klassisch-ägyptischer Kunst (ca. 1300 v. Chr.). Seti reicht Ptah Dankopfer. Horus schreibt sie auf einen Lebensbaum.*

lig (im Gegensatz zur Zeit der griechischen, römischen und frühen islamischen Herrschaft, die immer wieder von schweren sozialen Unruhen erschüttert wurde). Das alte Ägypten war modern ausgedrückt ein Versorger-Staat, der seinen Einwohnern durch die Kontrolle über die Ressourcen des Nil einen gewissen Lebensstandard garantierte. Im Ausgleich dafür konnten die Herrscher die enormen Überschüsse für den Bau von Grabmälern, Tempeln und Palästen verwenden. All diese Bauwerke waren Symbole der staatlichen Machtvorstellungen: Sinnbilder des unerschütterlichen Glaubens an die Untrennbarkeit göttlicher und irdischer Herrschaft und die absolute Notwendigkeit eines stabilen Kosmos. Vorstellungen wie diese sind vermutlich unabdingbare Requisiten für die Herausbildung jeglicher Zivilisation, doch auch heute noch lebt ein Großteil der Weltbevölkerung in Nationalstaaten, die ganz ähnliche oder sogar genau dieselben Charakteristika aufweisen. Noch immer ist unser Denken von religiösen oder sozialen Mythen geprägt, vor allem vom Mythos des Großen Herrschers, Königs oder Gottes.

Im Neuen Reich scheint der ägyptische Staat sich von der – aus unserer Sicht – primitiv strukturierten Hierarchie des Pyramidenzeitalters, in der jeder seinen Platz kannte, in eine stärker pluralistische Gesellschaft verwandelt zu haben. Der mächtige Staatsapparat aus Priesterschaft und Bürokratie, dessen Aufgabe es war, den seit Menes tradierten Staatsmythos zu verkünden, bestand zwar weiter, doch er war flexibel genug, im Neuen Reich zu einer Herrschaftsform zu finden, die ihrem Wesen nach eine politische war. So hat die jüngste Forschung zeigen können, wie die Entwicklung bestimmter staatlicher Institutionen – Heer, Beamtenapparat, Ministerien, Priesterschaft – dazu führte, daß im Alltagsleben des Staats ganz allmählich jene die Zügel übernahmen, die für seine wirtschaftlichen Belange zuständig waren. Der Herrscher war zwar noch immer ein Gottkönig, aber er besaß sehr viel weniger reale Macht. Die Welt war eine andere geworden seit der glanzvollen theokratischen Vereinigung von göttlicher und irdischer Herrschaft in der Hand eines Cheops. Grundlage des ägyptischen Staatskosmos war jetzt eine politische Ordnung, aufrechterhalten durch uraltes Gewohnheitsrecht und über unvorstellbare Zeiträume gewachsene Verpflichtungen, die regionale Gruppen, lokale Traditionen und in Urzeiten zurückreichende Vorstellungen und Idiosynkrasien in sich aufgenommen hatte.

Die Tatsache, daß es in der langen Geschichte des pharaonischen Ägypten so wenig Versuche gab, die bestehende Ordnung zu stürzen, deutet darauf hin, daß der Staat im Umgang mit den bäuerlichen Gemeinschaften, die sein Rückgrat bildeten, einiges Geschick bewies. Da es auf lokaler Ebene keine Geldwirtschaft gab, bedurfte es eines ausgeklügelten und manchmal spitzfindigen Systems zur Umverteilung der Überschüsse, um den Lebensstandard der breiten Oberschicht zu garantieren und den umfassenden Dienstleistungsbereich zu finanzieren. Es war ein patriarchalisches und bis zu einem gewissen Grad autoritäres System, womit sich das alte Ägypten wenig von den meisten modernen Staaten des Nahen Ostens unterschied, vor allem, wenn man die Schicht der alteingesessenen Großgrundbesitzer betrachtet. Durch die Betonung einer Verantwortlichkeit der Oberschicht wurden der Willkür allerdings Grenzen gesetzt. Das galt auch für die Führungsspitze: Gott hatte sich bereit erklärt, das Volk als König zu führen. Die ägyptische Gesellschaft besaß seine göttliche Zusage, daß die unberechenbaren Naturgewalten beherrscht und den Menschen Wohlstand und Frieden bringen würden – wie es dreitausend Jahre lang im großen und ganzen auch tatsächlich der Fall war. Dabei war der ägyptischen Weltsicht ein gewisses ethisches Element nicht abzusprechen, hieß es doch, daß »die Götter von Wahrheit und Gerechtigkeit leben«, die damit als wichtiger Wert in der etablierten Ordnung galten. Der große Ägyptologe Henri Frankfort schrieb dazu: »Pharao war kein Tyrann im modernen Sinn, und der Dienst für ihn war keine Sklavenarbeit.«

DER NIEDERGANG

IM ERSTEN JAHRTAUSEND V. CHR. erlebte Ägypten Perioden des Wohlstands, aber auch lange Zeiten der Fremdherrschaft, angefangen mit den Angriffen der Assyrer im 8. Jahrhundert bis hin zur persischen Eroberung im Jahr 525 v. Chr. Im 7. Jahrhundert war dem Land noch einmal für kurze Zeit eine Vorrangstellung im Nahen Osten beschieden, dann jedoch mußte es alles daran setzen, seine Autonomie als unabhängiger Staat gegen rücksichtslosere und mächtigere Nachbarn aus dem Osten zu behaupten, mit deren überragender Militärmacht es nicht konkurrieren konnte. Ägyptens Niedergang war nicht mehr aufzuhalten. Zweimal wurde es von den Persern erobert. Allmählich paßten sich die ägyptischen Herrscher der neuen Militärtechnologie an und stellten griechische Söldner und Offiziere ein. Die Verwaltung wurde reformiert, und der Staat machte die ersten zögernden Schritte auf die Geldwirtschaft zu. Aber noch immer kam es zu keiner grundlegenden Veränderung. Die Kontinuität mit dem Alten blieb gewahrt – kein Gedanke an eine radikale Neustrukturierung der ägyptischen Institutionen. Auch in der Kunst und Architektur jener Zeit sieht man allerorten Reminiszenzen an die großen Tage des Alten Reichs. So war Ägypten, ähnlich wie das China des frühen 19. Jahrhunderts, so erfolgreich in der Bewältigung seiner Probleme und Aufgaben es auch sein mochte, in der Vergangenheit gefangen, umgeben von mächtigen Nachbarn, die längst nicht mehr als theokratische Staaten organisiert waren. Die vielleicht größte Veränderung jener Zeit war die Absage an die Vorstellung, daß der König ein Gott sei. Er war nicht länger die Verkörperung von Recht, Gerechtigkeit und Wahrheit, nicht mehr der Bundesgenosse der Götter. Das erste Jahrtausend v. Chr. war eine Zeit des Aufruhrs und des gewaltsamen Umbruchs im ganzen Nahen Osten, und es ist durchaus möglich, daß das ideologische Fundament der ägyptischen Zivilisation bereits erschüttert war, bevor das Land im 4. Jahrhundert v. Chr. an die Griechen fiel.

DIE GRIECHEN IN ÄGYPTEN: FREMDE IM ALTEN LAND

IM JAHR 332 v. Chr. wurde Ägypten von Alexander dem Großen erobert. Jetzt kam es zum endgültigen Bruch mit den Wurzeln aus ältesten Zeiten und zu einer Öffnung zum Meer, zur Außenwelt. Jahrtausendelang, seit der Zeit vor der Einigung Ober- und Unterägyptens, hatten sich die Kontakte des Landes nicht weiter als bis nach Arabien und zum Roten Meer, ins afrikanische Nubien und nach Syrien und Palästina erstreckt. Mit der Gründung Alexandrias befanden sich die Ägypter plötzlich – für die nächsten tausend Jahre! – mitten in der Griechisch sprechenden mediterranen Welt, deren Einflußbereich sich bis nach Zentralasien erstreckte und die zu einer der wichtigsten Grundlagen der späteren islamischen Welt wurde.

Im Wechsel der Zeiten spielte Alexandria eine wichtige Rolle. Im 1. Jahrhundert v. Chr. vermerkte ein römischer Schriftsteller, Alexandria sei »zweifellos die vornehmste Stadt der zivilisierten Welt, was Größe, Eleganz, Reichtum und Luxus betrifft«. »Dies ist das Paradies«, schrieb der Dichter Herodas. »Hier findet man alles, was das Herz begehrt – Reichtum, Kurzweil, Spiele, Wein, Frauen und Lustknaben, die beste Bibliothek der Welt, kurz, alle nur denkbaren irdischen Freuden.« Wie das New York der zwanziger Jahre war das hellenistische Alexandria eine Stadt der unbegrenzten Möglichkeiten, eine Stadt, deren Straßen mit Gold gepflastert waren.

Es übte denn auch eine geradezu magische Anziehungskraft auf alle Arten von Einwanderern aus: Bankiers, Kanzlisten, Ingenieure, Dichter, ja sogar religiöse Sektierer, deren mannigfaltige und bunte Lebensläufe durch das umfangreiche erhalten gebliebene Archivmaterial (wie etwa die Papyrusfunde bei Oxyrhynchus) vor dem Vergessen

Altägyptische Götter, darunter der schakalköpfige Anubis, kümmern sich um den Leichnam eines Bürgers von Alexandria – Kom el-Schukafa-Grab aus dem 2. Jahrhundert n. Chr.

bewahrt wurden. Da ist der mazedonische Einsiedler Ptolemaios, der von der ägyptischen Religion so tief beeindruckt war, daß er – vergleichbar einem westlichen Anhänger Hare Krischnas, der nach Indien auswandert – Ägypter wurde und den Rest seines Lebens im Serapeion-Tempel in Memphis verbrachte; oder der griechische Offizier Dryton, der eine Ägypterin heiratete, und dessen Familie schon in der nächsten Generation alle Merkmale ihrer griechischen Identität zu verlieren begann. Oft lernten die neuen Herren, die Griechen, die ägyptische Sprache und assimilierten sich völlig, während die Ägypter sehr viel weniger bereit waren, ihre alten Bräuche aufzugeben und sich mit den neuen anzufreunden. Die griechischen Eroberer blieben im Grunde immer Fremde im Land. Das soll nicht heißen, daß es zu keiner wirklichen Begegnung zwischen den Kulturen kam. In den Katakomben von Alexandria enthüllt sich dem Besucher noch heute jene geheimnisvolle und wunderbare Welt, die aus der Vermischung der ägyptischen, griechischen, jüdischen und orientalischen Religionen entstand. Die Griechen standen den Göttern Ägyptens allgemein sehr aufgeschlossen gegenüber. Ihre Verwurzelung in der aufgeklärten Religiosität des Mittelmeerraums machte es ihnen leicht, den ägyptischen Amun mit dem griechischen Zeus zu identifizieren oder zu sagen, die Ägypter beteten Aphrodite, die griechische Göttin der Liebe, unter dem Namen Hathor an.

Die altägyptische Göttin Nut stützt das Himmelsgewölbe. Malerei im Sarg von Soter, einem Bürger der römischen Provinz Ägypten. Die alten religiösen Überzeugungen überdauerten lange.

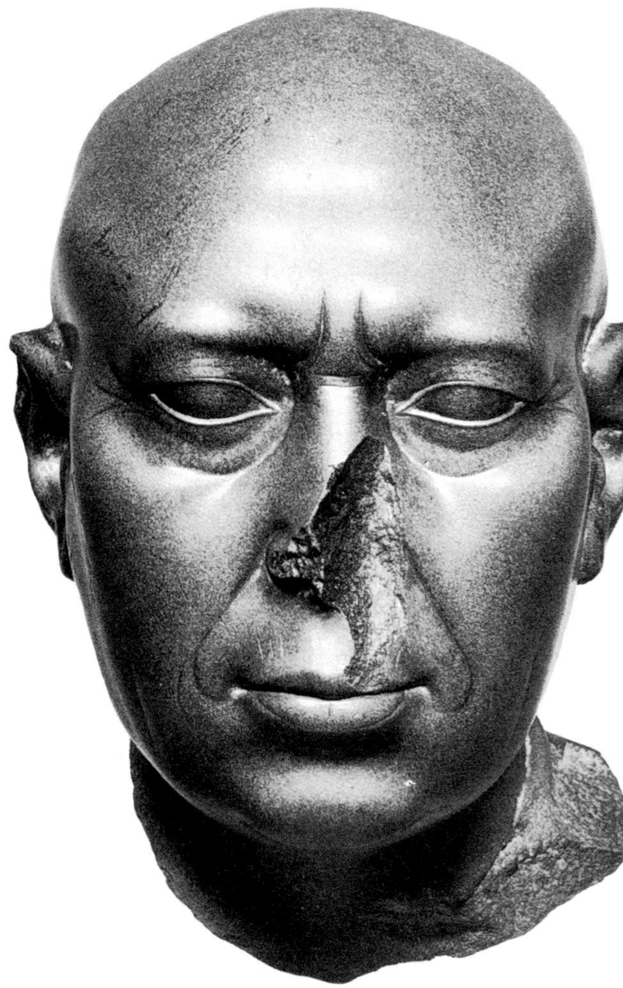

Der »grüne Kopf«, Berlin, aus dem 1. Jahrhundert v. Chr. Ein Beispiel aus einer ganzen Reihe hervorragender Porträtbüsten, die im griechisch regierten Ägypten entstanden. Die Einflüsse der klassischen Bildhauerkunst Griechenlands sind deutlich zu erkennen, daneben jedoch auch der strenge Stil des Alten Reiches (vgl. das Bild auf Seite 139).

Wie diese Annäherung in der Praxis aussah, kann man im Kom el-Schukafa-Grab aus dem 2. Jahrhundert n. Chr., tief unter den Straßen Alexandrias, mitverfolgen. Auf den ersten Blick wirkt es wie ein typisch ägyptisches Grab: am Eingang die Papyrus-Säulen, dahinter die geflügelte Sonnenscheibe und an der Fassade eine Reihe von Kobra-Köpfen. Bei näherer Betrachtung stellt man jedoch fest, daß die Gestalten zwar die altägyptischen Posen einnehmen, aber graeco-romanische Gesichtszüge aufweisen. Auf beiden Seiten der Tür stehen die Schlangen-Wächter, doch ihr Stab ist der Schlangen-Stab des Hermes, der in der griechischen Mythologie die Seelen in die Unterwelt führt. Die Sarkophage im Innern des Grabes sind mit traditionellen griechischen Grabmotiven geschmückt: Trauben, Kränze, Rinderschädel und Masken, doch über ihnen erheben sich die alten Götter Ägyptens. Isis schützt mit ausgebreiteten Flügeln den heiligen Stier, der falkenköpfige Horus wacht über der Mumie des Toten, und auch Thot, der Gott der Weisheit, sowie der schakalköpfige Anubis, der Wächter der Toten – in graeco-romanischer Rüstung –

fehlen nicht. Hier sehen wir die seltsame Synthese der Kulturen im hellenistischen und römischen Alexandria, der Stadt, »wo sich die Wege der Welt kreuzen« (Dio von Prusa, ca. 70 n. Chr.).

VON DER ALTEN WELT ZUM ISLAM

EINE DER AM SCHWERSTEN zu beantwortenden historischen Fragen ist nicht etwa die, warum Zivilisationen überhaupt untergehen und verschwinden, sondern jene, was es ist, das zu einem totalen Bruch mit der alten Weltanschauung und ihren Werten führen kann. Wie ist ein so radikaler Wandel, wie es der des alten pharaonischen Ägypten zum islamischen Staat war, zu erklären? Das ist wohl die Schlüsselfrage der ägyptischen Geschichte. Um die Zeitenwende kam es im ganzen Kulturkreis der hellenistischen Welt, der sich bis nach Indien erstreckte, zu einer gewaltigen geistig-religiösen Gärung, die schließlich zum Umsturz aller alten Ordnungen in dieser Region – dem Herzen der Zivilisation – führt. Die revolutionären Ideale des Achsenzeitalters setzten sich durch. Die alten Götter des Niltals, des Fruchtbaren Halbmonds, des Irak und Arabiens gingen unter. Überall entstanden neue religiöse Bewegungen, monotheistische, polytheistische, mystische, tranzendente. Neue Götter tauchten auf, und mit ihnen seltsame Sekten: Opfer-, Mysterien- und ekstatische Kulte. An die Stelle der alten heiligen Sprachen mit ihren umständlichen Schriften (Keilschrift, Hieroglyphen) traten die flexiblen demotischen *linguae francae* des Griechischen und Aramäischen. Große kosmopolitische Metropolen wie Alexandria und Antiochia wurden zu Zentren religiösen Forschens und Spekulierens; Massenkulte für die arme Stadtbevölkerung bildeten sich heraus. In Alexandria gab es sogar eine buddhistische Gemeinschaft und eine Gemeinde der Sekte der »Gymnosophisten«, die im Nil zu baden pflegten und in Askese lebten wie die hinduistischen Brahmanen. Zwei große geistige Strömungen waren zu beobachten: auf der einen Seite der Hang zum Irrationalismus, wie er sich in dem starken Zulauf, den die Mysterienkulte zu verzeichnen hatten, manifestierte, und auf der anderern die Suche nach »Gnosis«, nach innerer Erkenntnis, im Gegensatz zur ritualisierten Religion. In neuerer Zeit wird die Gnosis immer stärker als eigenständiges und universales religiöses Phänomen betrachtet, praktisch eine Weltreligion neben den anderen großen Religionen.

Die Ausbreitung der Vorstellung von einem persönlichen Weg zum Heil ist über die von der Qumran-Gemeinde verfaßten Schriftrollen vom Toten Meer und das frühe Christentum bis zu den Mandäern im Irak und den Manichäern, deren iranisch geprägte Variante der Gnosis im 3. Jahrhundert n. Chr. entstand, zu verfolgen. Ägypten wurde dabei gleichsam zur Brutstätte des religiösen Synkretismus – als sei der Zusammenbruch des alten religiösen Systems unter dem Ansturm der hellenistischen Kultur und Spiritualität so traumatisch gewesen, daß in seiner Folge Dutzende von Sekten entstanden, in denen sich die ganze Vielfalt nahöstlichen Gedankenguts in unterschiedlichster Gestalt niederschlug. In den »gnostischen Evangelien« zum Beispiel, die man in Nag Hammadi bei Abydos fand, offenbart sich eine gänzlich andere Form des frühen Christentums mit völ-

lig anderen Vorstellungen über das Wesen Gottes, die Rolle der Frau in der Kirche und nicht zuletzt über die Kernfrage des Christentums in seiner Frühzeit – die Frage nach Verdammnis und ewiger Strafe.

Dieses verwirrende Gemisch von Glaubensüberzeugungen unterschiedlichster Couleur, das für die Zeit vom 1. Jahrhundert v. Chr. bis ins 3. Jahrhundert n. Chr. symptomatisch war, legt gewisse Schlußfolgerungen nahe. Das Staatswesen des Bronzezeitalters war im Niedergang begriffen. Die alte »metaphysische Autorität, die über diese Welt gesetzt war«, war im Schwinden begriffen, »ein Brandgeruch lag in der Luft«, wie Carl Gustav Jung vor dem Ersten Weltkrieg die Symptome der von ihm erkannten »geistigen Veränderung« beschrieb. Eines der dramatischsten Anzeichen für diesen Kampf auf der psychologischen Ebene war der Verlust der optimistischen Weltsicht der ursprünglichen ägyptischen Zivilisation. Mit dem steigenden Zulauf, den das Christentum unter den entfremdeten, geistig heimatlos gewordenen Massen in Alexandria und in den Städten des Niltals zu verzeichnen hatte, schlich sich ein völlig neues Lebensgefühl in die ägyptische Kultur ein: die Abwendung von der materiellen Welt, und zwar in der radikalsten Form, im Mönchstum. In der Spätzeit der römischen Herrschaft vollzog sich ein Umbruch, der so folgenschwer war wie kaum je eine politische Revolution. Es kam zu einem tiefgrei-

Oben: *»Die Wüstenstadt« – das Pauluskloster am Roten Meer. Die Begründer des christlichen Mönchstums waren Paulus von Ägypten und Antonius, die »Helden des Paneremos«, der tiefen Wüste.*

Links: *Sargporträts aus Faijum, 2. Jahrhundert n. Chr.: »Seht, wie ihr über das bloße Menschsein auf dieser Erde hinausgekommen seid«, schrieb der ägyptische Christ Origenes. »Seid euch bewußt und erkennt, daß in jedem von euch die Möglichkeit liegt, verwandelt zu werden.«*

fenden Wandel in der Seele der nahöstlichen Kultur, jener Kultur, die seit alters den Geist des Westens bestimmt hat. Überall im Niltal nahmen Zehntausende von Menschen ein monastisches Leben auf. Wir fühlen uns unwillkürlich an unsere eigene Zeit erinnert, an die Selbstversorger-Kommunen, die sich bewußt aus der Gesellschaft zurückziehen, und an das weitverbreitete Unbehagen an der Zivilisation, die von vielen als ein fehlgeschlagenes Experiment betrachtet wird. »Eines Tages mögen vielleicht bessere Städte entstehen«, schrieb der ägyptische Philosoph Plotin. »Vielleicht bauen unsere Kinder, auch wenn sie in einer sündigen Zeit empfangen wurden, besser als ihre Väter.« Und so wurden die Mauern des uralten Gebäudes heidnischer Kultur, der stabile Kosmos, der den Ägyptern so lange Halt und Sicherheit gegeben hatte, allmählich vom Christentum mit seiner Berufung auf einen fernen hohen Gott statt auf einen irdischen Herrscher ausgehöhlt. »Es war eine Zeit«, schrieb Epiktet, »in der uns bewußt wurde, wie ungewiß das menschliche Leben ist.«

DAS ENDE DES ÄGYPTISCHEN HEIDENTUMS

IN DEN ALTEN STÄDTEN am Nil hatte das antike Heidentum bis in die christliche Ära hinein überlebt. Erst tausend Jahre nach der griechischen Eroberung brach die alte Ordnung endgültig zusammen – ein erstaunliches Zeugnis für ihre Zähigkeit. Gegen Ende des 6. Jahrhunderts n. Chr., am Vorabend der Eroberung des Landes durch den Islam, war Ägypten zu etwa drei Vierteln christlich. Doch fast bis dahin – beinahe zwei Jahrhunderte, nachdem Edikte aus Rom die alte Religion mit dem Bannspruch belegt hatten – bestand der alte Tempelkult in wohlorganisierter Form unverändert fort.

Achmim in Mittelägypten war und ist noch heute berühmt für seine Textilverarbeitung. Tuchfragmente aus spätrömischer Zeit mit Themen aus der griechischen, ägyptischen und christlichen Kultur zeugen von einer fruchtbaren Synthese der drei Zivilisationen in diesem Gewerbezweig. Nach seinem Besuch in Achmim im 5. Jahrhundert v. Chr. schrieb der griechische Reisende Herodot, Achmim sei die einzige Stadt in Ägypten, die den griechischen Bräuchen den Vorzug gebe. Das blieb so bis zum Ende des römischen Reiches, ja bis zur islamischen Eroberung. Die Stadt besaß eine ganze Reihe heidnischer Tempel, darunter auch einen des griechischen Gottes Perseus. Am berühmtesten aber war der Tempel des alten Phallus-Gottes Min, den die Griechen mit Pan identifizierten. Von Trajan im Jahr 115 n. Chr. fertiggestellt, galt das Bauwerk bei den arabischen Reisenden des Mittelalters als eines der Weltwunder. Ibn Jubayr bezeichnete es 1183 als »den bemerkenswertesten Tempel der Welt«; von ihm besitzen wir auch eine ausführliche Beschreibung der geschnitzten und gemalten Decken und der vierzig riesigen Säulen mit ihren reich verzierten Kapitellen. Das monumentale Bauwerk maß einhundertzehn auf fünfundsiebzig Meter. Im 14. Jahrhundert wurden der Min-Tempel und andere Tempel in Achmim jedoch zerstört; nur die Ruinen eines römischen Tempels, den Trajan im 2. Jahrhundert n. Chr. hatte errichten lassen, blieben bis ins 19. Jahrhundert erhalten. In jüngster Zeit nun tauchten bei Ausgrabungen tief unter den Straßen, »östlich der Stadt und unter ihren Mauern«, wie Ibn Jubayr geschrieben hatte, Überreste des einstigen Min-Tempels auf. 1989 wurden zwei Kolossal-Statuen der Töchter von Ramses II. ausgegraben, was darauf hindeutet, daß der Tempel in der Gestalt, in der er bis in die islamische Zeit hinein bestand, aus der 18. Dynastie stammte.

Im 5. Jahrhundert n. Chr. war Oberägypten berühmt für seine Griechisch sprechenden Literaten wie Olympiodorus von Theben, der gemeinsam mit seinem treuen Papagei, der attisches Griechisch sprach und »den Namen seines Herrn aussprechen konnte«, bis nach Äthiopien und ans Schwarze Meer reiste. In Achmim hatte sich ein Kreis heidnischer Dichter zusammengefunden, die ausgedehnte Reisen durch das ganze östliche Reich unternahmen. Einer von ihnen, Nonnos, verfaßte ein achtundvierzig Bücher umfassendes episches Gedicht – so lang wie die Ilias und die Odyssee zusammengenommen – über Dionysos, den berühmten heidnischen Gott der Spätantike, den Gott der Trunkenheit und der Ekstase. Gestalten wie Olympiodorus und Nonnos helfen uns, die geistigen und psychologischen Veränderungen zu begreifen, die im vorislamischen

Leichentuch aus dem 5. Jahrhundert aus Achmim, auf dem die koptischen Kunstweber griechische Themen verarbeitet haben (Artemis und Actaeon). Noch heute stellen die Kopten des Ortes Textilien (mit christlichen Themen) her.

Ägypten in der Luft lagen. Aus dieser Welt stammen auch die oberägyptischen Papyrusfunde mit ihren alchimistischen, magischen und astrologischen Texten aus der okkulten und heidnischen Philosophie. In diesem kulturellen Milieu war der Alchimist Djosimus von Panopolis zu Hause, der Gedanken aus dem Platonismus und der Gnosis mit Judentum und »orientalischer Weisheit« vermischte. Dies war die Welt, in der Horapollon, ein vornehmer Heide des späten 5. Jahrhunderts, den Versuch unternahm, eine Abhandlung über die Interpretation von Hieroglyphen zu schreiben. Horapollons Vater, Asklepiades, hatte eine Literaturgeschichte der frühen Traditionen Ägyptens verfaßt, die über dreißigtausend Jahre umfaßte! Kein Wunder, daß der Tempel des Min das Heidenedikt von Kaiser Theodosius so lange überlebte.

Die meisten der wohlhabenden Großgrundbesitzer rund um Achmim waren noch im 5. Jahrhundert Griechisch sprechende Heiden, ja man weiß sogar von Ratsherren, die nach ihrer Bekehrung zum Christentum wieder ins Heidentum zurückverfielen. Das war der Stand der Dinge, als zu Beginn des 5. Jahrhunderts Schenuda, der militante christliche Abt des Weißen Klosters, das sich noch heute über den Fluß von Achmim erhebt, mit seinen fanatischen Mönchen nächtliche Überfälle verübte, um die heidnischen Landbesitzer aus der Stadt zu vertreiben. Schließlich griffen die Mönche den Tempel des Min selbst an und stahlen eine Statue des Gottes und einige heilige Bücher. Das Ansehen der heidnischen Priester in der Gemeinde war jedoch noch groß genug, um Schenuda vor Gericht zu bringen und für diesen vandalistischen Akt bestrafen zu lassen. An anderen Orten in Oberägypten hielt sich die hellenistische Kultur bis ins 6. Jahrhundert. In

Nubien wurden die Tempel von Philae zum Beispiel erst unter der Herrschaft Justinians (527–65) geschlossen – sprich, für den christlichen Gottesdienst umfunktioniert. Ihre heidnischen Priester waren mittlerweile ungebildet und völlig verarmt, ihre angebliche Kenntnis der Hieroglyphen beschränkte sich schon lange auf bloßen Hokuspokus. Bis ins 2. Jahrhundert n. Chr. gab es in Städten wie Achmim und Oxyrhynchus noch traditionelle Steinmetze, die die monumentalen Glypten schufen; danach starb der Beruf aus. Von jetzt an war die Kenntnis der alten Schriften einer kleinen Elite vorbehalten. Die letzten Inschriften stammen aus dem 4. Jahrhundert und sind größtenteils Kauderwelsch. Als Horapollon kurz vor 500 n. Chr. seine Abhandlung über die Hieroglyphen schrieb, wußte er schon nicht mehr, was die Zeichen eigentlich bedeuteten. Bald sollte auch dieser Sohn des heidnischen Verfassers einer »Harmonie aller Theologien«, wie es bezeichnend für die Zeit war, zum Christentum übertreten.

Im 6. Jahrhundert wurden dann die Tempel in ganz Ägypten geplündert und zu Kirchen umfunktioniert. In Abydos kratzten christliche Fanatiker mit boshafter Sorgfalt die alten Symbole, die die Menschen des Altertums mit ihren Göttern verbunden hatten, von den Wänden der Tempel. In Luxor wurde im Allerheiligsten des großen Tempels von Amenophis III. eine koptische Kirche eingerichtet, in Medinet Habu wurden die Wandschnitzereien abgeschlagen und das Gesicht der Isis und der Phallus des Min entfernt. Es kam zu einer religiösen Revolution, zur Abkehr von der Verehrung vieler Götter zugunsten der Anbetung eines einzigen Gottes. Aus dieser tiefen geistigen Krise ging schließlich der Islam als Sieger hervor. Er verkörperte nach Judentum und Christentum ein weiteres Stadium in der Transformation der Religion Abrahams – die letzte große Weltreligion, verkündigt durch den Propheten Mohammed. Diese stellte Ägyptens urzeitliche Bindung an den Osten jenseits des Roten Meeres schließlich wieder her.

DAS ISLAMISCHE ÄGYPTEN

IM JAHR 641 n. Chr., nach tausend Jahren griechischer und römischer Herrschaft, fiel Ägypten an die moslemischen Araber, die den neuen Glauben des Propheten Mohammed ins Land brachten. Doch das Leben in Edfu ging scheinbar unverändert weiter, seine Einwohner schienen keine Notiz von dem Machtwechsel zu nehmen. Bis 700 n. Chr. blieb das Griechische Amtssprache, wie es seit Jahrhunderten gewesen war. Erst ganz allmählich zeigte sich das volle Ausmaß der Veränderungen: Ägypten, das so lange zum Mittelmeer hin orientiert gewesen war, wandte sich wieder dem Fruchtbaren Halbmond zu.

Wie überall in den Mittelmeerländern und im Nahen Osten waren auch in Edfu die Christen und Moslems die Erben der Antike. Die Auswirkungen der gewaltigen geistigen Wende am Ausgang der Spätantike bestimmen noch heute unser Leben. Auf einem der letzten religiösen Papyri aus dem Ägypten des späten 7. Jahrhunderts stehen – auf griechisch! – die wichtigsten Worte des islamischen Glaubenbekenntnisses: »Im Namen Gottes des Gnädigen und Barmherzigen, es ist ein Gott und nur ein Gott allein«, und es heißt weiter in griechischer Schrift: *Mahmet Apostolos Theou*, »Mohammed ist der Apostel Gottes«. Das war das Ende der Welt der Isis, der Hathor und der Aphrodite.

Doch der Übergang zum Islam zog sich über viele Jahrhunderte hin. Eine Volkszählung aus der Zeit um 700 zeigt, daß die Landbevölkerung noch immer fast vollständig dem christlichen Glauben anhing: »Zehntausend Dörfer mit fünf Millionen Seelen.« Zwar kam es im 8. Jahrhundert nach einer langen Reihe von Aufständen, die allerdings eher auf allzu harte Steuergesetze denn auf religiöse Meinungsverschiedenheiten zurückzuführen waren und von den moslemischen Herrschern sämtlich rücksichtslos niedergeschlagen wurden, zu Massenkonversionen. Doch erst im 10. Jahrhundert wurde der Islam zur stärksten Religion. Heute machen die in Ägypten wieder zahlreicher werdenden koptischen Christen weniger als zehn Prozent der Gesamtbevölkerung aus.

Die vorchristliche heidnische Kultur hat nur im volkstümlichen Brauchtum überlebt, auf dem Land, vor allem in Oberägypten, wo noch heute die tieferliegenden Schichten der Vergangenheit spürbar sind. Mitte März zum Beispiel, bei Vollmond, wenn sich erstmals die Hitze des Sommers ankündigt, findet alljährlich ein Fest statt, in dem sich noch heute Spuren der altägyptischen Kultur entdecken lassen.

Jedes Jahr zu dieser Zeit strömen Tausende von Menschen aus dem ganzen Land in der kleinen Stadt Luxor zusammen und feiern das Frühlingsfest, die Feier der Überflutung der Nilufer, vor allem aber die vierzig Tage der Trauer um die Toten, die noch immer eingehalten werden, wie es in pharaonischer Zeit Brauch war. Tief im Landesinnern werden auch heute noch viele Feste abgehalten, die auf die altägyptische Verehrung heiliger Männer und Frauen, antiker Schreine, Bäume, Schlangen und Göttinnen zurückgehen und später christianisiert und islamisiert wurden. Doch das Fest in Luxor ist das größte. Offiziell geht es dabei um das Gedenken eines moslemischen Heiligen, Abul Haggag, doch die Feierlichkeiten finden in einer Moschee im Innern eines der großen heidnischen Tempel des alten Ägypten statt, inmitten von Säulen aus dem 14. Jahrhundert v. Chr., die sich ihrerseits über einer sechs Meter dicken Schicht aus noch älterem Ruinenschutt erheben. Auch die koptischen Christen nehmen am Fest teil, denn einst stand auch eine christliche Kirche in diesem Tempel, und die Frau des moslemischen Heiligen, der hier gefeiert wird, war sogar Koptin gewesen.

Abul Haggag starb im 11. Jahrhundert, in einer Zeit, in der der Islam zur dominierenden Religion in Oberägypten wurde. Seit damals ist sein Grab in der Moschee eine Pilgerstätte. Auf den Treppen bieten Souvenirhändler Räucherwerk, Gebetsschnüre, Amulette und Zettel mit Zaubersprüchen feil. Innen auf den Wänden sieht man blutige Handabdrücke frommer Frauen – ein Brauch aus paläolithischer Zeit. Wie überall stehen sich auch hier die strengen Forderungen der Orthodoxie und das praktische Leben der Menschen gegenüber. Mit der Verehrung der Scheichs und Heiligen füllt das einfache Volk, die Fellachen, die Leere zwischen seinen alltäglichen Hoffnungen und Ängsten und dem fernen Gott, an den es glauben soll. Nach den Liedern und Gebeten am Grab ist der Rest der Nacht der traditionellen Musik und den Liedern Oberägyptens gewidmet. Die beiden Länder – Ober- und Unterägypten – wurden vor fünftausend Jahren von Menes, dem Falkenkönig, vereinigt, doch selbst in dieser unermeßlich langen Zeit hat sich die Nahtstelle zwischen ihnen nicht ganz geschlossen. Noch heute sind es zwei Länder mit eigenständigem Charakter, eigenen Bräuchen und Traditionen, und ein Einwohner Kairos oder des Deltas würde sich heute nacht hier als Fremder fühlen. Beim Fest des heiligen Haggag kommen wir den alten Feiern zur alljährlichen Erneuerung des Lebens in der Auferstehung des Osiris so nahe, wie es heute nur möglich ist.

Am folgenden Tag erreichen die Feierlichkeiten ihren Höhepunkt. Die noch lebenden Nachkommen des Heiligen führen eine riesige Prozession rund um den Tempel und die Moschee an. Sie tragen Nachbildungen der Särge von Haggag und seinen Söhnen. Hinter ihnen gehen die Mitglieder der Zunft der Fährmänner von Luxor mit ihren zeremoniellen Booten. Diese werden heute zwar auf Lastwagen befördert, aber nichtsdestoweniger vollziehen die Fährmänner ihre traditionelle rituelle Pflicht, so wie es ihre Ahnen vor Tausenden von Jahren taten, wenn sie das Boot des Sonnengotts Amun durch die Straßen des alten Luxor trugen. Der Tag endet dann nicht etwa feierlich, sondern in einer Art Orgie mit Trank, Tanz und Liebestaumel – nicht unbedingt dem islamischen, dafür aber umso mehr dem Geist der Ahnen entsprechend. Dieser Ausklang erinnert an Herodots Bericht über die Freudenfeste zu Ehren der Göttin Bastet im 5. Jahrhundert v. Chr: »Wenn die Ägypter dorthin reisen, tun sie dies folgendermaßen: Männer und Frauen segeln zusammen; in allen Booten befinden sich Personen beiderlei Geschlechts. Einige der Frauen machen Lärm mit Rasseln, manche Männer spielen die ganze Fahrt über auf Flöten, andere singen und klatschen in die Hände. Wenn sie an einer Stadt vorbeikommen, machen sie Halt, und ein paar Frauen gehen an Land und machen sich laut über die Frauen des Ortes lustig, während andere tanzen und dabei auf verwegene Weise ihre Röcke heben. So geht es weiter, die Städte am Fluß entlang, und wenn sie schließlich ankommen, trinken sie mehr Wein als den Rest des Jahres zusammengenommen. Nach Auskunft der Ortsansässigen machen alljährlich siebenhunderttausend Männer und Frauen – dazu kommen noch die Kinder – diese Pilgerfahrt.« Und so ähnlich ist es noch heute.

Jenseits des Flusses, auf den grünen Feldern unter den Klippen am Westufer, beginnt das Reich der Toten. Der große Tempel von Ramses III. in Medinet Habu liegt zum Teil unter den Resten der Ziegelbauten eines koptischen christlichen Dorfes begraben, das im 19. Jahrhundert freigelegt wurde. Vor den Toren des Dorfs steht ein kleines heiliges Badebecken, das noch heute mit Wasser gefüllt ist. Hierher kommen auf Anraten weiblicher Medien, wie es sie noch heute in der volkstümlichen Religion gibt, kinderlos gebliebene christliche und moslemische Frauen und beten wie in alter Zeit heimlich um Fruchtbarkeit. Ein berühmter zeitgenössischer Dichter Ägyptens, Constantine Cavafy, schrieb:

Daß wir ihre Statuen zerbrochen
und sie aus ihren Tempeln vertrieben haben
bedeutet nicht, daß die Götter tot sind.

KAIRO:
DAS ISLAMISCHE VERMÄCHTNIS

DOCH AUCH IN DEN STÄDTEN hat das Vermächtnis Altägyptens überlebt. »Die Bauten Kairos, der Mutter der Städte, sind unvergleichlich in ihrer Schönheit und Pracht«, schrieb Ibn Battuta. »Begegnungsstätte von Reisenden, Hort für Starke und Schwache, fluten seine Menschenmassen hin und her wie das Meer.« Kairo wurde im 10. Jahrhundert in Sichtweite der alten Hauptstadt Memphis, der Pyramiden von Gise und der Totenstadt Sakkara gegründet. Damals war die Stadt von Menes, »Memphis mit seinen weißen Mauern«, nur noch Legende, »die Stadt Pharaos mit siebzig Toren und Mauern aus Eisen und Kupfer«, wie Ibn al-Fakih schrieb; ein ärmliches christliches Dorf schmiegte sich an die mächtigen Ruinen. Bald geriet sogar der Name »Memphis« in Vergessenheit, und Kairo, jenseites des Flusses, wurde zur kulturellen Metropole des arabischen Islam. Kairo und Ägypten blieben vom Einbruch der Mongolen im Jahr 1258 verschont und waren bis zur osmanischen Eroberung von 1517 die Hüter des reichen Vermächtnisses der klassischen arabischen Kultur. Damals war die arabische Welt vielleicht nicht mehr das kulturelle Zentrum des Islam – diese Ehre gebührte inzwischen Persien und der Türkei –, doch Ägypten war zum Mittelpunkt der arabischen Welt geworden, und so sollte es auch bleiben.

Noch heute kann man in Kairos Moscheen und Universitäten lebendige Bindeglieder zur Welt der Pharaonen aufspüren, denn das mittelalterliche islamische Kairo war wie seine Vorgängerin im Altertum eine konservative Enklave mit strenger Moral. Hier erinnerte nichts an die bunte kulturelle Vielfalt Bagdads im 10. Jahrhundert oder an den Versuch einer mystischen Synthese von Osten und Westen im alten Persien. Die Stadt wurzelte tief in der Vergangenheit, ganz der Aufgabe verpflichtet, ihr Erbe zu bewahren und zu vertiefen, vor allem aber die alten religiösen Texte, den Koran, die *hadit* (Überlieferungen) und das Gesetz zu erklären. In der Al-Aksa-Moschee, der führenden Lehranstalt des Islam, die älter ist als Oxford oder die Sorbonne, bedeutet Lernen noch immer das Studium der heiligen Texte, die das Land zusammenhalten, wie sie es seit alters taten, in dem Bemühen, das heikle Gleichgewicht zwischen dem Säkularen und dem Spirituellen, zwischen Religion und Staat in fundamentalistischer Zeit zu wahren. Und so erinnert das Äußere des mittelalterlichen Kairo mit seinen riesigen königlichen Moscheen, seinen Kuppeln islamischer Totentempel, seinen Totenstädten, den Schrift- und Religionsschulen und den Abertausenden von Gebetshallen noch heute an die alte pharaonische Stadt. Das Westufer des Nil mag nicht mehr das Land der Toten sein, doch die monumentale Sakralarchitektur hat noch immer ihre alte Funktion. (Erst 1950 wurden die Nachfolgeeinrichtungen der alten Tempelbezirke, die religiösen *waqfs* oder Stiftungen, die insgesamt ein Zwölftel des kultivierten Landes ausmachen, von Präsident Nasser verstaatlicht.) Die ägyptische Kultur hat trotz aller Brüche in ihrer Geschichte nicht nur die entscheidenden Wesensmerkmale einer uralten Zivilisation bewahrt, sondern ist ungeachtet aller Veränderungen den Wegen ihrer Ahnen treu geblieben. Und vielleicht sind ja diese beiden Gedanken, die untrennbar miteinander verbunden sind, der Schlüssel zum Wesen der Zivilisation überhaupt.

IBN HALDUN – GEDANKEN ÜBER DIE ÄGYPTISCHE GESCHICHTE

HIER IN KAIRO beschäftigte sich im späten 14. Jahrhundert Ibn Haldun, der bedeutendste islamische Historiker, mit der Frage nach der Kontinuität. Sein Anliegen war dem des vorliegenden Buches nicht unähnlich: Er wollte das Geheimnis der Zivilisation ergründen, den Ursachen für ihren Aufstieg und Niedergang nachgehen. Ibn Haldun hielt das an einem Ort zur Ruhe gekommene, gemeinschaftlich organisierte Zusammenleben von Menschen für das Ziel jeglicher Zivilisation. Er war der Ansicht, daß diese besondere Lebensform wie alles in Zyklen von Wachstum und Niedergang ablaufe. Anfänglich betrachtete er die ständig wachsenden materiellen Bedürfnisse einer solchen Gesellschaft als Ursache ihres unausweichlichen Untergangs. Doch wenn besonders günstige Umstände vorlagen, was Geographie und Klima, Volkscharakter und Brauchtum anging, wenn eine ausgeprägte Gruppenidentität vorlag, konnte sich eine tiefe Verwurzelung in einer Kultur entwickeln, die er als »das Wesen der Zivilisation« bezeichnete. Und Ägypten war vielleicht das beste Beispiel für dieses Phänomen. Die Pharaonen, so führte Haldun aus, haben das Land am Nil dreitausend Jahre lang regiert. Ihnen folgten die Griechen und Römer, dann der Islam. »So war das Wesen der Zivilisation schlechthin hier verwurzelt wie nirgendwo sonst auf der Welt.« Haldun's Definition kann vielleicht helfen, Äyptens unbestrittene kulturelle Führungsposition in der arabischen Welt zu erklären. Verschont von den Mongolen, die im 13. Jahrhundert die Zivilisation des Irak zerstörten, blieb das Land bis zum Einfall der Osmanen im 16. Jahrhundert das Zentrum des

Links: *Der Tempel von Amenophis III. und die Moschee von Abul Haggag in Luxor. Ein einzigartiges Beispiel lebendiger kultischer Kontinuität seit dem Bronzezeitalter.*

Rechts: *Die Nachfahren Abul Haggags führen die Bootsprozession von ihrer Moschee an, die innerhalb der alten Tempelanlage liegt.*

Islam. Noch heute gibt es hier eine bunte und pluralistische Kultur, die ihre hellenistische Herkunft verrät. Am Anfang aber stand der ägyptische Staat: der erste umfassende Versuch in der Menschheitsgeschichte, zu einem Zusammenleben in einem geordneten Gemeinwesen zu finden, in dem die Grundbedürfnisse der Bevölkerung abgedeckt waren und sogar ein gewisses Maß an Glück und materiellem Wohlstand garantiert war – bis heute eines der erfolgreichsten Experimente dieser Art.

FÜNFTES KAPITEL

MITTELAMERIKA

Die Bürde der Zeit

Vor einhundertfünfzig Jahren stießen europäische Forscher tief im Dschungel von Mittelamerika auf die Überreste einer versunkenen Zivilisation. »In der feierlichen Stille des Urwalds«, schrieb John Stephens im Jahr 1839, »wirkten die Monumente wie etwas Heiliges, wie stumme Gottheiten, die um ein gefallenes Volk trauern.« Schon nach kurzer Zeit stellte sich heraus, daß die Erbauer der bis dahin unbekannten Städte in Mexiko, Guatemala und Honduras, die Maya, Meisterleistungen auf den Gebieten der Astronomie, Naturwissenschaft und Mathematik vollbracht und völlig unabhängig von der Alten Welt eine Schrift erfunden hatten. Stätten wie Copan, so Stephens, waren wie der Blick in »eine neu entdeckte Geschichte der Menschheit, ein Beweis dafür, daß die alten Völker des amerikanischen Kontinents keineswegs Wilde gewesen waren, sondern daß ihre Kultur sich mit einer so hochstehenden Zivilisation wie der des alten Ägypten messen konnte. Ihre Fähigkeiten in der Malerei, Architektur und der Bildhauerei hatten sich jedoch nicht in Anlehnung an die Alte Welt entwickelt, sondern waren hier herausgebildet worden und gewachsen, ohne Vorbild oder Lehrer, und hatten eine völlig eigenständige, unabhängige Existenz geführt, wie die Pflanzen und Früchte des einheimischen Bodens.«

Diese Empfindungen spiegelten recht genau die Eindrücke der ersten Europäer, die den amerikanischen Kontinent betreten hatten, und zwar in einer Zeit, in der die Stadtkulturen der Azteken und der Inka in voller Blüte standen. Die ersten Konquistadoren trauten buchstäblich ihren Augen nicht: »Wir waren überwältigt«, schrieb Bernal Diaz. »Was sich unseren Augen darbot, glich dem Zauber, von dem die alten Mythen künden. Einige unserer Soldaten meinten, Traumgebilde zu erblicken. Wir schauten und schauten und wußten nicht, was wir sagen sollten.« Die Erschütterung der Konquistadoren damals kam wohl ungefähr dem Schock gleich, den wir heutigen Menschen bei der Begegnung mit extraterrestrischen Lebewesen empfinden würden.

Die Europäer konnten kaum fassen, wie diese Völker so komplexe Gesellschaften hatten schaffen können, die in vielem den Kulturen Europas ähnelten. »Diese Indianer besitzen eine außerordentlich hochstehende Moral«, schrieb ein Mönch im 16. Jahrhundert. »Sie sind bewandert in allen mechanischen und freien Künsten, dazu vollkommene Philosophen und Astrologen von höchstem Rang. Was das Staatswesen betrifft, sind sie denen, die vorgeben, auf dem Gebiet der Staatskunst Großes erreicht zu haben, sogar voraus. Ihre Religion aber«, fuhr er fort, »ist ein verabscheuungswürdiges Zerrbild der Botschaft Christi und kann nur das Werk des Teufels selbst sein.«

Es war ein Rätsel. Die Zivilisationen der Alten Welt, sogar die Indiens und Chinas, hatten voneinander gelernt, da ihre Schicksale bis zu einem gewissen Grad miteinander verwoben waren. Hier aber stand man vor einer völlig eigenständigen Zivilisation, die ihre ureigene, ganz und gar außerordentliche Vision von der Bestimmung des Menschen entwickelt und bewahrt hatte. Doch so groß die äußerlichen Gemeinsamkeiten mit der Alten Welt auf den ersten Blick sein mochten, so zutiefst verstörend waren die geistig-moralischen Unterschiede.

Viele Züge der vorspanischen amerikanischen Gesellschaften erschienen den Europäern als völlig eigenständige Entwicklungen, doch immer wieder begegneten sie auch verblüffenden Hinweisen auf eine uralte gemeinsame Vergangenheit der Menschheit, die die ersten wissenschaftlichen Beobachter dieses Phänomens, die Jesuiten, mehr als einmal in Erstaunen setzten. Beim Vergleich der Maya mit den alten Chinesen zum Beispiel kristallisierten sich auffallende Parallelen in der religiösen Praxis, den Glaubensüberzeugungen und Symbolen heraus, die darauf hinzudeuten schienen, daß die Ureinwohner Amerikas ihre prähistorischen Ursprünge in Asien nie ganz vergessen hatten. So spielt zum Beispiel die Jade noch heute eine wichtige Rolle bei den Heilungs- und Sterberitualen der Landbevölkerung Guatemalas – genau wie in China. Weitere Parallelen finden sich in den beiden Kulturen gemeinsamen Symbolen der Schildkröte und der Fledermaus, in der Wahrsagekunst, im Verbrennen von Gebetsstreifen und in den Darstellungen des Lebensbaums; darüber hinaus weist die klassische bildende Kunst der Maya und der Chinesen in manchen Fällen bemerkenswerte Übereinstimmungen auf. Alle diese Elemente müssen bis in vorsprachliche Zeit zurückreichen, zu einer gemeinsamen Wur-

Die zum Teil vom Urwald überwucherte Maya-Stätte Tikal. Das Foto wurde im Jahr 1882 aufgenommen und gibt uns einen Eindruck von dem Anblick, der sich den ersten Archäologen bot.

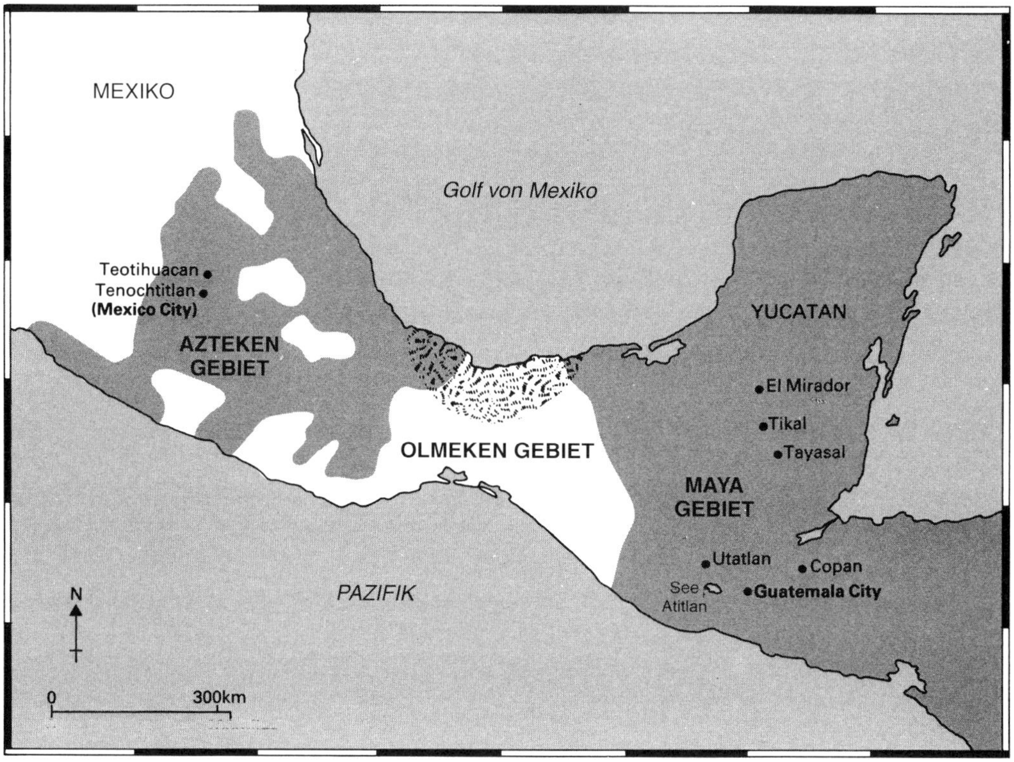

Karte von Mittelamerika mit den wichtigsten im Text erwähnten Orten. Die mexikanische Ebene, das Hochland von Yucatan und Guatemala haben im Laufe der Geschichte unterschiedliche kulturelle Zonen gebildet.

zel der Völker Asiens, die sich in der langen Entstehungszeit der paläolithischen Kultur im chinesischen Herzland formierten. Auch die grundlegende Überzeugung, daß Zivilisation und Menschheit nicht von der Natur zu trennen, sondern Teil ihrer Ordnung seien, deren Wirken die Menschheit zu verstehen suchen müsse, haben die Maya mit den Chinesen gemein. Und wie die Chinesen versuchten auch die Maya, dieser Verpflichtung mit Hilfe von Wahrsagerei, Schamanismus und geistig-moralischer Kontrolle über das Volk nachzukommen. Im Mittelpunkt der Weltanschauung der Maya-Zivilisation aber stand eine förmliche Besessenheit von allem, was mit »Zeit« zu tun hat – Zeit, gemessen in Zyklen, die Hunderte von Millionen von Jahren zurückreichen, länger, als unseres Wissens das Universum existiert. Wo die Griechen den Kosmos mit Hilfe der Geometrie erforschten und die Hindu mit Hilfe der Metaphysik, dachten die Maya in der Mathematik der Ewigkeit.

Seit der Landung von Kolumbus im Jahr 1492 haben zwei Vorstellungen von Kultur um die Seelen der Bewohner des amerikanischen Kontinents gefochten, wie sie unterschiedlicher nicht denkbar sind: die Ideologie des Westens – fremd und neu –, und die alte, ursprüngliche Gedankenwelt. Der Kampf zwischen diesen beiden Visionen – das

Grundthema, das sich wie ein roter Faden durch die vergangenen fünfhundert Jahre Menschheitsgeschichte zieht – wurde in Mittelamerika mit besonderer Grausamkeit und Intoleranz ausgetragen. Doch trotz Völkermord und Zwangsbekehrungen ist es nicht zu einer geistig-spirituellen Eroberung Amerikas gekommen. Die Nachfahren der Ureinwohner haben vielmehr unbeirrt an ihren alten Sprachen und Überzeugungen, an ihrer Auffassung von Zeit und Kosmos festgehalten; sie haben die Kontinuität mit ihrer, wie sie es formulieren würden, »alten Zukunft« bewahrt. Das vorliegende Kapitel ist deshalb die Geschichte von der Zerstörung einer Zivilisation und vom hartnäckigen Überleben bestimmter Ideale ihrer Kultur bis in unsere Zeit hinein.

DAS ÜBERLEBEN DER HOCHLAND-MAYA

UNSERE SUCHE beginnt in Chichicastenango in Guatemala. »Chichi« ist ein Marktflecken im Hochland der Quiche-Maya; vor der spanischen Eroberung war es eine Maya-Siedlung. Seine beiden wichtigsten Heiligtümer aus jener Zeit werden noch heute genutzt – als katholische Kirchen. Der Zutritt zu der kleineren von beiden, El Calvario, ist Europäern streng verboten. Die größere, St. Thomas, erhebt sich oberhalb der Marktstände;

Paradies voller Gewalt. Die Landschaft des Maya-Hochlands in Guatemala. Bergketten vulkanischen Ursprungs begrenzen fruchtbares Hochland, durchsetzt mit Ansiedlungen aus der Zeit der spanischen Kolonialherrschaft.

eine breite Treppe führt zum Hauptportal hinauf. Auf dieser brennt auf einem von vielen traditionellen Maya-Altären ein Feuer, über dem die Leute in selbstgemachten Weihrauchgefäßen Kopal verbrennen – ein Ritual, das die Maya-Schutzgeister am Eingang der Kirche versöhnlich stimmen soll. Die Heimatorte der Marktbesucher und Händler sind jeweils an ihren gewebten Jacken zu erkennen. Xibalba zum Beispiel, die Fledermaus, in der Maya-Religion ein uraltes Symbol der Unterwelt, das Totemtier der letzten Dynastie der Cakchiquel-Maya, die hier im Hochland herrschten, ist heute das Emblem der Gemeinde von Solola in der Nähe des Atitlan-Sees. Die kunstvollen Muster auf den Blusen der Frauen, die *Huipils*, enthalten verschlüsselte genealogische Informationen über den Clan ihrer Trägerinnen. Das ist nur einer der vielen Bereiche, in denen es den Menschen gelang, die Vorstellungen des alten Maya-Universums zumindest teilweise zu bewahren.

Die religiösen Bruderschaften in Chichi, die *Cofradias*, versuchen, die traditionellen Rituale weiterhin aufrechtzuerhalten. Diese Rituale vorspanischer Zeit bestimmen noch heute die Festtage des Landes – sowohl die der Maya als auch die christlichen. Im Jahr 1702 gestatteten die *Cofradias* von Chichi den Europäern, die einzige bekannte Handschrift des Schöpfungsmythos der Maya, das *Popol Vuh*, einzusehen und zu kopieren. Wir verdanken unsere gesamte Kenntnis dieses bewundernswürdigen literarischen Werkes, das inzwischen in viele Sprachen übersetzt wurde, dieser einen Version, wenngleich viele Maya-Schamanen die darin aufgezeichneten Geschichten noch heute kennen und obwohl möglicherweise noch weitere Handschriften existieren, die jedoch vor europäischen Augen verborgen werden.

Die Maya-Altäre, auf denen für die Ahnen, die Schamanen und die Hebammen Kerzen angezündet werden und Kopal verbrannt wird, ziehen sich die Treppe von St. Thomas hinauf bis in die Kirche hinein. An dem einen Ende des großen, scheunenartigen Hauptschiffs ist mit Hilfe von Seilen ein riesiges Kreuz an den Stützpfeilern der Empore befestigt – kein gewöhnliches Kreuz, sondern das berühmte »sprechende Kreuz« der Maya-Mythologie, in dessen Namen im 19. Jahrhundert einer der größten Aufstände gegen die europäischen Siedler stattfand. Die Gebete der *Cofradias* könnten das Credo aller Ureinwohner Amerikas sein und sprechen zugleich ein zentrales Thema unserer eigenen Geschichte an: das Weiterbestehen der Traditionen einer älteren Kultur neben oder inmitten der ihr nachfolgenden. »Diese Rituale«, so die *Cofradias*, »wurden uns von unseren Ahnen gegeben. Sie stammen aus der Zeit der ersten Götter und gingen niemals verloren.« »Erwarte nicht von uns, daß wir diese Bräuche aufgeben, Vater Christus«, beten sie, »denn für uns ändern sich nur die Namen und das Schicksal.«

Die Entdeckung der verlorenen Handschrift des *Popol Vuh* in Chichi wirft Licht auf einen weiteren faszinierenden Aspekt des Überlebens der Maya-Kultur: die Beständigkeit ihrer *schriftlichen* Zeugnisse. Seit der ersten Begegnung der Europäer mit den Zivilisationen der Neuen Welt sind fünfhundert Jahre vergangen, Jahrhunderte, in deren Verlauf diese Zivilisationen von den Fremden unterworfen und versklavt wurden und ein Großteil ihrer Kultur unterging. Im 16. Jahrhundert inszenierte die katholische Kirche bei dem systematischen Versuch, die Maya-Literatur zu vernichten, eine Reihe großangelegter öffentlicher Bücherverbrennungen; nicht zuletzt deshalb finden sich heute in westlichen Bibliotheken nicht mehr als ein halbes Dutzend Maya-Kodizes. Draußen, in den Dörfern des westlichen Hochlands von Guatemala, zeigt sich jedoch rasch, daß das Volk, die Nachkommen der Maya, treue Hüter der schriftlichen Belege für ihren Rechtsanspruch auf das Land ihrer Ahnen waren. (Noch heute zögern sie gewöhnlich, Europäern diese Dokumente zu zeigen.) In einem kleinen Dorf in der Nähe der Stadt Totonicapan trägt eine der ortsansässigen Familien den Namen eines der letzten Maya-Herrscher dieser Region. Heute sind sie einfache Bauern, die in einem großen Gemeinschaftsraum mit festgestampftem Lehmboden wohnen. An der einen Wand steht in einem kunstvollen, verglasten Schrein die Gottheit der Familie, der Heilige Jakobus, der allerdings die Attribute des Kriegsgottes der Maya trägt. So unglaublich es auch scheinen mag, die Familie besitzt tatsächlich noch immer Handschriften aus dem 16. Jahrhundert, einschließlich eines großen Buches, in denen ihr Rechtsanspruch auf die ererbten Ländereien verzeichnet ist, die sie vor der spanischen Eroberung besaß. Verständlicherweise versucht man, die Existenz dieser Dokumente geheimzuhalten. Wer könnte das diesen Menschen verdenken nach allem, was den Maya angetan wurde, nicht zuletzt angesichts der systematischen Zerstörung von Maya-Literatur durch die katholische Kirche? Vorn in dem alten Stammbuch ist eine seltsam anmutende Karte eingezeichnet. Sie zeigt das heilige Zentrum der letzten Hauptstadt der Quiche-Maya, in der ein Ahnherr der Familie Anfang des 16. Jahrhunderts als hoher Beamter des Hofes fungierte. Da sind die vier Hauptpyramiden, die große heilige Plaza, der runde Altar für den Erd-Gott, der Ballspielplatz und die königlichen Paläste. Unter der Karte steht in Quiche-Schrift eine Anmerkung des Künstlers. Sie stammt aus der Zeit um 1550 und lautet: »Dies sind die Bauten in Stein und im Lied der großen Quiche.« Möglicherweise entstand die Handschrift im selben Jahr, in dem vermutlich auch das *Popol Vuh* aufgeschrieben wurde; in den Nachträgen zu beiden Büchern werden jedenfalls einige der prominentesten lokalen Maya-Führer der damaligen Zeit erwähnt. Sie gehörten zu denjenigen Angehörigen der Maya-Aristokratie, die nach der grausamen Unterwerfung der Hochland-Maya realistisch erkannten, daß die europäische Herrschaft keine vorübergehende Erscheinung war, und sich dieser Zukunft stellten.

Die Zitadelle, die im Buch von Totonicapan abgebildet ist, wurde im Jahr 1524 von dem Konquistador Pedro de Alvarado zerstört. Nichtsdestoweniger werden die Ruinen von Utatlan noch heute von Maya-Schamanen, Priestern und Wahrsagern besucht, die dort an ihren religiösen Festtagen die vorgeschriebenen Rituale vollziehen – Diener einer Geisterwelt, die fünf Jahrhunderte lang im geheimen bewahrt wurde. Die Ruinen liegen, umgeben von Wäldern und Schluchten, tief im Hochland der Maya. Dies ist das Herzland der Quiche, hier wird der europäischen Herrschaft noch heute Widerstand entgegengesetzt. Aber Utatlan hütet ein noch ungewöhnlicheres Geheimnis: Direkt unter der von den Konquistadoren zerstörten Zitadelle liegt eine Höhle, die neunzig Meter tief ins Erdinnere hinabführt. Hier finden seit dem Untergang der Stadt, vor europäischen Augen verborgen, geheime Zeremonien statt. Hier beten die Priester zur Erde, zu den Ahnen und zu den alten Königen der Maya, *Santo mundo, Dios mundo* und *Rey Quiche* (Tecun Uman, der 1524 von den Spaniern getötet wurde). Sie grüßen die »Stadt der heiligen Ruinen« und ihr altes Volk, *Nuestra raza Maya-Quiche*. Sie zünden Talgkerzen an,

Oben: *»Manchmal kräuselt er sich, manchmal murmelt er, weit unter dem Himmel« (Popol Vuh). Der Atitlan-See in Guatemala: einer der vier heiligen Seen, die noch immer die vier Enden der Welt der Quiche-Maya markieren.*

Links: *Maya-Rituale vor der Kirche in Chichicastenango.*

verbrennen Zucker und Kopal und gießen Alkohol darüber, so daß die Flammen in der Finsternis hochschlagen und der Rauch emporsteigt. In einer fremdartig anmutenden Mischung aus christlichen Hymnen und Maya-Zaubergesängen wenden sie sich an die heilige Erde, mit Worten, die aus dem präkolumbischen Schöpfungsbuch, dem *Popol Vuh*, stammen: »Heilige Erde, Herz der Erde, Spenderin des Lebens, schenke uns Kinder, führe sie deinen grünen Weg und schenke der Welt Beständigkeit.« Danach zünden sie am Eingang der Höhle ein Feuer an, und entbieten »Himmel-Erde demütig ihren Dank«. Langsam steigt der Rauch auf, sucht sich seinen Weg durch das niedrige Gesträuch, über die Felsen hinaus, um schließlich in den Strahlen der Sonne zu verwehen. Die Maya haben viele Vorstellungen aus dem Christentum übernommen, die Heiligkeit von Mutter Erde konnten sie in diesem jedoch nicht finden.

Ein letztes Beispiel für die unerschütterliche Bewahrung der Maya-Bräuche stammt aus einem Ort noch tiefer im Herzland der Quiche-Maya, aus Momostenango. In den Hügeln über der Stadt steht das Häuschen eines alten Maya-Schamanen, Andres Xiloj. Andres ist gleichsam ein lebendes Bindeglied zur vorspanischen Welt. Seit fast fünfzig Jahren Priester, ist er ein *Chuchkahau*, Oberhaupt einer Familie, wörtlich ein »Mutter-Vater«, vor allem aber ein »Hüter des Tages«, ein Wächter des Maya-Kalenders, der hier erstaunlicherweise bis heute in Geltung ist. Da er die traditionellen Zaubergesänge und die heilige Sprache beherrscht, kann »Don« Andres alte Texte wie das *Popol Vuh* übersetzen und deuten. Zum Schamanen wurde er nach einer schweren Krankheit, die ihn bestimmte, »der Erde zu dienen«. Teils Psychologe, teils Medium, setzt Andres die heilige Kunst der Wahrsagerei als Diagnosewerkzeug bei den Krankheiten seiner Patienten ein, um ihre Vergangenheit und ihre Zukunft zu »erfühlen« und die Botschaften zu entschlüsseln, die ihm sein eigener Körper übermittelt. Letztlich besteht seine Aufgabe darin, »das, was dunkel ist, ans Licht zu bringen«. Für seine Patienten legt er die glänzenden, dunkelroten Samenkörner des Korallenbaums und die Kristalle aus – gemäß den Tagen des Maya-Kalenders, ein Zyklus von zweihundertsechzig Tagen, der sich nach Quiche-Überzeugung an der Zeit orientiert, die der menschliche Fötus im Mutterleib verbringt. Im Jahreszyklus der Maya gibt es dreizehn Zahlen und zwanzig Zeichen – zum Beispiel kann ein Tag »Sechs Schlange« oder »Acht Affe« heißen. Manche sind günstig, andere nicht. Wie viele Quiche hat Andres seinen Kalender genau im Kopf und kann ihn in Sekundenschnelle in den westlichen Kalender umrechnen. Die Bewahrung der Zeitrechnung einer Kultur ist vielleicht eines der eindrucksvollsten Symbole ihres Überlebenswillens. Eine bestimmte Vorstellung symbolisiert für Don Andres, stärker als alle anderen, die Unterschiede der beiden Kulturen, in denen er lebt: Den Maya ist die Erde heilig. Deshalb wurde der Menschheit laut *Popol Vuh* »das Gedächtnis gegeben, damit sie die Tage zähle«, um »Trägerin der Achtung für ihre Göttlichkeit zu sein und um die Rituale zu vollziehen und zu bewahren, die die Menschheit, die Natur und die Himmel miteinander verbinden.« Ohne sie aber würde das Universum seines Sinnes verlustig gehen: »Wenn wir uns die Erde zur Feindin machen, machen wir uns unseren eigenen Körper zum Feind.«

Die Geschichte der Zivilisationen Mittelamerikas unterscheidet sich radikal von jener der Zivilisationen der Alten Welt. Hier in Mittelamerika haben wir es mit der bewußten, gewaltsamen und systematischen Zerstörung einer Kultur vor noch verhältnismäßig kurzer Zeit zu tun. Andres' Wahrsagekunst, die *Cofradias* von Chichi, die maya-katholischen Kirchen, die verlorenen Handschriften, die Rituale in Utatlan – all das sind Bruchstücke eines kollektiven Überlebenswillens, des Versuchs, seit der spanischen Eroberung, also seit nunmehr fünfhundert Jahren, ein ganzes Universum zusammenzuhalten. Es ist die Geschichte, wie eine Kultur durch eine andere unterworfen und von ihr unterdrückt wurde und sich dennoch standhaft weigert, die Werte der neuen Herren zu akzeptieren.

DIE ARCHÄOLOGIE DER ANFÄNGE

ES IST AN DIESER STELLE vielleicht ganz hilfreich, sich noch einmal kurz den prähistorischen Hintergrund der Kulturen Amerikas vor Augen zu führen: Die ersten Menschen kamen wahrscheinlich während der letzten Eiszeit, zwischen vierzig- und zwölftausend Jahren vor unserer Zeitrechnung, aus Sibirien über die Bering-Straße nach Amerika; manche Archäologen setzen die äußerste Grenze allerdings um zwanzigtausend Jahre v. Chr. an. Damals trennte sich durch den steigenden Meeresspiegel der amerikanische Kontinent vom asiatischen ab und entwickelte sich bis 1492 völlig eigenständig, obgleich es gewisse Parallelen zwischen den Zivilisationen der Alten und der Neuen Welt gibt, zum Beispiel bei der Landwirtschaft und der Metallbearbeitung, bei der Entstehung der Städte, in der Schrift, der Zukunftsdeutung, ja sogar im Blick auf die Symbolsprache. Um 9000 v. Chr. hatten die Siedler aus Asien die Spitze Südamerikas erreicht. Um 7000 v. Chr. bauten sie bereits die wichtigsten bekannten Getreidearten an, allen voran Mais. In Mittel- und Südamerika und in den Anden fand man Überreste von Bauerndörfern aus der Zeit um 3000 v. Chr., darunter große, bisher weitgehend unbekannte Niederlassungen in Amazonien. Die charakteristische Kultur dieser Region erwies sich als außerordentlich langlebig. Seit dem 2. Jahrtausend v. Chr. bis zur europäischen Eroberung und darüber hinaus dominierten die Olmeken in Mittelamerika und die Chavin-Kultur in Peru auf sämtlichen Kunst- und Wissensgebieten – Ikonographie, Religion und Architektur – und wurden zur Inspirationsquelle für die wichtigsten amerikanischen Kulturen: der Teotihuacanos, der Maya, der Tolteken und der Azteken in Mittelamerika, der Moche-, Nazca- und Chimu-Kultur und der Inka in den Anden. In der beeindruckenen inneren Kraft der olmekischen Kunst, die über dreitausend Jahre alt ist, spürt man bereits die schwermütige und stoische Empfindsamkeit, die so typisch ist für das geistig-spirituelle Universum Mittelamerikas.

TEOTIHUACAN

IHRE ERSTE BLÜTEZEIT erlebte die mittelamerikanische Zivilisation im 1. Jahrtausend n. Chr. im Tal von Mexiko; ihr Zentrum war Teotihuacan, »der Ort, an dem die Menschen zu Göttern wurden«. Hier errichteten die ersten Mexikaner eine weitläufige Stadt, das Zentrum eines Handelsimperiums, das sich über ganz Mittelamerika erstreckten sollte. Um 500 n. Chr. zählte Teotihuacan mit seinen zweihunderttausend Einwohnern zu den größten Städten der damaligen Welt – eine riesige Metropole, deren Grundriß ein zwölf Quadratkilometer großes Gitternetz mit Tempeln, Palästen und Wohnhäusern bildete. Hier wurden himmelhohe Pyramiden erbaut, die denen in Ägypten und Babylonien in nichts nachstanden – ein Beleg dafür, daß der menschliche Geist, auch wenn seine Träger durch Zeit und Raum so weit getrennt sind, die gleichen Symbole schafft, die gleichen Träume träumt von einer Brücke, die die Kluft zwischen Himmel und Erde schließt. Eine erst in jüngerer Zeit gemachte außergewöhnliche Entdeckung im Innern der Sonnenpyramide hat bestätigt, daß dem Grundriß der Stadt eine komplexe kosmische Symbolik zugrundeliegt. Die Pyramide wurde über einer natürlichen Höhle erbaut; ein enger Gang durch das Lavagestein führt zu einem siebeneckigen Raum genau unter dem Mittelpunkt des Bauwerks. Dies war die ursprüngliche Pilgerstätte, über der dann die Pyramide errichtet wurde. Von hier waren einst die ersten Ahnen ans Licht der Welt emporgestiegen – ein Vorgang, auf den im späteren Schöpfungsmythos der Maya, im *Popol Vuh*, angespielt wird: Es war der Geburtsort von Sonne und Mond, der Ort, an dem die Zeit selbst ihren Anfang nahm. Teotihuacan entwickelte sich höchstwahrscheinlich zu einem bedeutenden Wallfahrtszentrum der Frühzeit. Innerhalb der Stadt hat man Hunderte von Tempeln ausgegraben, in den Wohnstätten zahllose Altäre, außerdem Keramikwerk-

Links: *Der Schamane Andres Xiloj zelebriert vor der Öffnung der heiligen Höhle von Utatlan einen »bescheidenen Dank an die heilige Erde«.*

Rechts: *Teotihuacan, Mexiko. Blick von der Mittelachse, vorbei an der Pyramide des Mondes, 5. Jahrhundert n. Chr. Teotihuacan war damals vermutlich die sechstgrößte Stadt der Welt.*

Rechts unten: *Teotihuacan, die große Metropole der mexikanischen Ebene, ca. 500 n. Chr. Ihre zeremoniellen Achsen waren an den umgebenden Bergen und den Sternbildern ausgerichtet. Vgl. Madurai oder Hsi'an.*

stätten, die in Massenproduktion Götterfiguren und Räucherwerk-Gefäße aus Terrakotta herstellten.

Dies war die erste echte urbane Zivilisation Mittelamerikas. Leider existieren keinerlei schriftliche Dokumente mehr, die uns Aufschluß über die Herrscher geben könnten, die diese großzügig angelegte Metropole schufen. Wenn wir jedoch ihre Anfänge mit jenen der ersten Städte der Shang-Dynastie in China vergleichen, ergibt sich ein relativ einheitliches Bild ursprünglicher asiatischer Stadtkultur, das zur Prägung des Begriffs »China-Maya-Kontinuum« geführt hat, einer Kultur, die auf der Vorstellung von der Stadt als irdischem Abbild der kosmischen Ordnung, als »Dreh- und Angelpunkt der vier Himmelsrichtungen«, wie die Chinesen es formulierten, basiert. Die gleiche Vorstellung steht hinter dem Namen, den die Inka ihrem Reich gaben: Tawantinsuga, das »Land der vier Himmelsrichtungen«. Auch für die ersten indischen, ägyptischen und mesopotamischen Stadtgründungen war dieser Gedanke maßgeblich gewesen. In Teotihuacan wird dieser Zusammenhang jedoch sofort augenfällig, zum Beispiel in den vier großen, sich überschneidenden zeremoniellen Achsen, die an den umliegenden Bergen und den Sternbildern ausgerichtet sind, während die unterirdische Welt durch die Ur-Höhle unter dem Zentrum der Pyramide verkörpert wird, deren innerster Raum jedes Jahr bei der Sommersonnenwende von der Sonne erhellt wurde. Hier ist die Stadt gleichsam ein zeremonielles Theater, in dem die Menschheit die Ordnung des Kosmos bewahrt, und

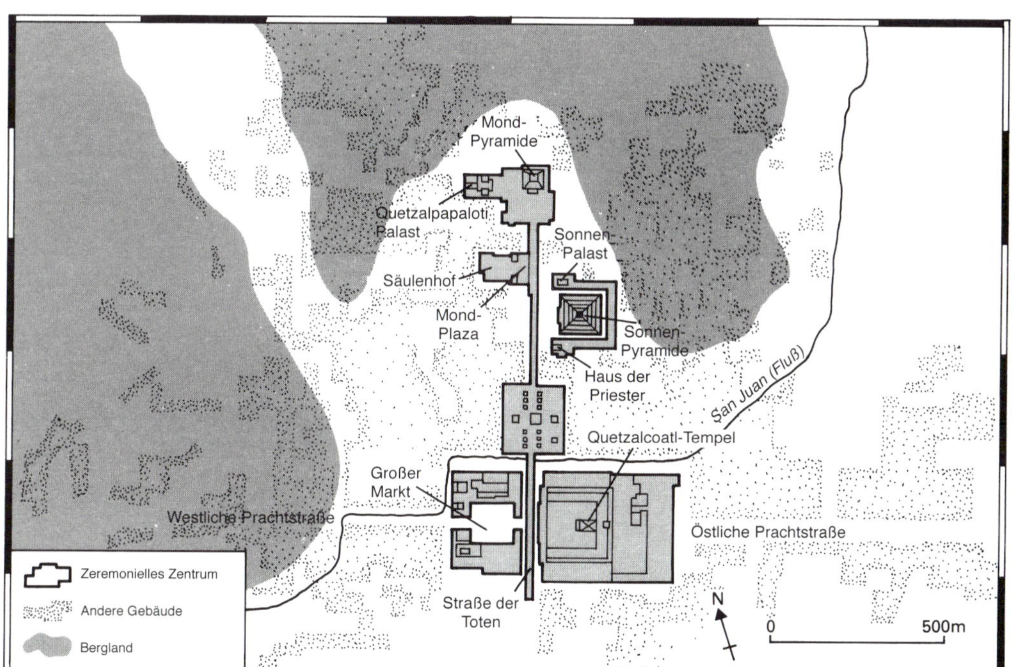
Mond-
Pyramide
Quetzalpapalotl-
Palast
Sonnen-
Palast
Säulenhof
Mond-
Plaza
Sonnen-
Pyramide
Haus der
Priester
San Juan (Fluß)
Quetzalcoatl-Tempel
Großer
Markt
Westliche Prachtstraße
Östliche Prachtstraße
Zeremonielles Zentrum
Andere Gebäude
Bergland
Straße der
Toten
N
0
500m

diese Funktion behielten die Städte in Mittelamerika auch noch, als sie zu Wirtschafts- und Handelszentren wurden. Noch zur Zeit der spanischen Eroberung wurden die großen urbanen Zentren der Azteken von ihren zeremoniellen Bauwerken dominiert. Damals, in der Frühzeit, wurde die Ideologie, der »geistige Überbau«, mag er nun als religiös, sozial oder politisch zu definieren sein, zu einer der treibenden Kräfte zivilisatorischen Fortschritts. Und die Ideologie ist auch der Schlüssel zum Verständnis jenes schicksalhaften Umschwungs am Beginn jeder Zivilisation, der im Laufe jeder einzelnen der bronzezeitlichen Umwälzungen, die Gegenstand dieses Buches sind, zur Herrschaft weniger über viele führte – ein Zustand, der im übrigen noch heute in vielen Teilen der Welt die Norm ist.

DIE KLASSIK DER MAYA

Im 1. Jahrtausend n. Chr. breitete sich die Stadtkultur über ganz Mittelamerika aus, vom Tal von Mexiko bis in die Regenwälder von Guatemala und Honduras. Bis vor kurzem glaubte man, daß Teotihuacan dabei der Ausgangspunkt war. Doch trotz der unleugbaren Einflüsse des Ortes, was Handel, Religion und vielleicht auch Politik betrifft, hat sich in jüngster Zeit herausgestellt, daß der Aufstieg der Städte im Hoheitsgebiet der Maya ein ganz eigenständiges Phänomen war, tief verwurzelt in der regionalen Vorgeschichte. Bei Grabungen nördlich von Tikal, in Mirador, wurde, so vermutet man, die große Metropole des nördlichen Guatemala und des südlichen Mexiko freigelegt, deren Blütezeit zwischen 100 v. Chr. und 150 n. Chr. lag. Die Stätte war bereits in den zwanziger Jahren unseres Jahrhunderts entdeckt worden, wurde aber erst in jüngster Zeit kartographisch erfaßt und genauer untersucht. Das Stadtgebiet von Mirador erstreckt sich über neun Quadratkilometer. Hier lebten einst Zehntausende von Menschen. Die Tiger-Pyramide der Stadt ist mit fast sechzig Metern Höhe die größte Pyramide der Maya-Kultur überhaupt, dabei ist der Ort sehr viel älter als die klassischen Maya-Stätten wie beispielsweise Tikal. Vom 5. Jahrhundert an schossen dann überall in Yucatan Stadtstaaten aus dem Boden. Tikal zum Beispiel hatte zur Zeit des europäischen Mittelalters achtzigtausend Einwohner; die Stadt besaß ein großangelegtes Bewässerungssystem und war über Straßen und Fußwege mit Hunderten von Dörfern verbunden, die von ihr abhängig waren. In dem weiten Zeremonialbezirk im Zentrum standen ein gutes Dutzend Pyramiden und Hunderte von Altären und Schreinen; der Zuschnitt dieses Komplexes war ein großartiges Zeugnis mittelamerikanischer Kultpraxis, die gut zweitausend Jahre zurückreicht.

Die faszinierendste Maya-Stadt aber ist Copan in Honduras. Ein mittelgroßer Stadtstaat mit etwa zwanzigtausend Einwohnern, wurde Copan vom 5. bis 9. Jahrhundert n. Chr. von einem offenbar geradezu begnadeten Herrschergeschlecht regiert. Ausgesucht schöne Skulpturen zieren die öffentlichen Plätze, Pyramiden und Ballspielstätten – Wahrzeichen aller Maya-Städte. In Copan bewiesen die Maya-Künstler eine Vorstellungskraft und schöpferische Freiheit, die manchmal an den Naturalismus von Meisterwerken der Steinmetzkunst aus Gotik und Renaissance in Europa erinnert. Die erst

Links: *Blutopfer. Steinmetzarbeit an einem Türsturz in Yaxchilan, Guatemala; eine Maya-Frau aus der königlichen Familie kniet vor König Schild-Jaguar und sticht sich Dornen durch die Zunge (709 n. Chr.).*

Rechts: *Lebensgroße Figur eines Maisgottes aus Copan, 8. Jahrhundert n. Chr.: »All ihr Tun und Reden drehte sich um Mais«, schrieb ein Missionar im 18. Jahrhundert. »Sie betrachteten ihn fast als einen Gott.«*

kürzlich gelungene Entschlüsselung der Maya-Schrift ermöglichte uns Einblicke in das Leben, ja in die Gefühlswelt der hier verewigten Herrscher (das Leben des einfachen Volkes bleibt uns freilich leider nach wie vor verschlossen). Zu den aufschlußreichsten Zeugnissen gehört zweifellos eine Reihe von Porträts eines Königs, den wir durch sein Hieroglyphen-Zeichen unter dem Namen »Achtzehn-Kaninchen« kennen. Die Porträts versetzten die Wissenschaftler der Alten Welt in höchste Aufregung, als sie in den vierziger Jahren des 18. Jahrhunderts von Frederick Catherwood veröffentlicht wurden. Das früheste Bild zeigt das grimmige Gesicht eines Mannes in den besten Jahren, Mitte vierzig; es ist auf den 11. Oktober 721 datiert. Dann, zehn Jahre später, erscheint derselbe

König auf einer Stele von 731. Bilden wir es uns nur ein, oder ist hier sein Ausdruck weicher, milder geworden durch Alter und Erfahrung? Ein recht roh ausgeführtes, fast karikaturhaftes Porträt, geschaffen im Juli 736: Ein seltsam sardonisches Gesicht, der Ausdruck fast verwirrt, sieht uns an. Zwei Jahre nach der Vollendung dieses Bildes wurde Achtzehn-Kaninchen, inzwischen wohl etwa sechzig Jahre alt, von einem rivalisierenden König aus dem Stadtstaat Quirigia gefangengenommen und am 3. Mai 738 enthauptet. »Den Königen kommt es zu, das Brot des Kummers zu essen«, sagt ein Maya-Sprichwort.

DIE SCHRIFT

UNABHÄNGIG VON DER ALTEN WELT wurde in Mittelamerika eine Schrift erfunden – ein weiterer Hinweis auf gewisse allgemeingültige Muster in der menschlichen Entwicklung. Das großartigste Denkmal der Maya-Literatur ist die über und über mit Hieroglyphen bedeckte Treppe von Copan – im wahrsten Sinn des Wortes ein Berg von Zeichen, eine riesige, mit Stufen versehene Rampe, fünfzehn Meter breit, dreißig Meter hoch. Weit über eintausendzweihundert Glyphen erzählen die Chronologie der Mythen und Dyna-

Ganz links: *Tikal. Die große Plaza mit ihrem Gebäudekomplex wurde zwischen 150 v. und 800 n. Chr. mehrmals umgestaltet. Die wichtigsten Pyramiden stammen aus späterer Zeit. Die größte ist ca. 65 Meter hoch und damit das höchste noch stehende Bauwerk der Ureinwohner der Neuen Welt.*

Oben: *Versammlungsplatz auf der zentralen Plaza in Copan, Honduras, 8. Jahrhundert n. Chr.*

Links: *König »Achtzehn Kaninchen« von Copan, datiert vom 20. August 731.*

stien Copans bis ins Jahr 755 n. Chr., als der Ort von König Rauch-Muschel geweiht wurde. Es ist dies die längste Einzelinschrift im präkolumbischen Amerika – ein Monument der Schrift und der Zeit. Ausgrabungen bei Copan in den achtziger Jahren unseres Jahrhunderts förderten weitere faszinierende Belege für die typische Funktion der Schrift in einer Maya-Stadt der späten klassischen Periode zutage. In der Vorstadt Las Sepulturas haben Archäologen einen Komplex von vierzig oder fünfzig Gebäuden entdeckt, die um elf Innenhöfe errichtet sind, darunter Häuser, Tempel, Schreine, Vorratshäuser und Garküchen. Auf der Haupt-Plaza erhob sich ein großes Haus, in dessen Empfangssaal eine lange steinerne Sitzbank stand, die mit kunstvoll ausgeführten Hieroglyphen übersät war. Zwei Figuren neben der Tür hielten »Tintenfässer« aus Muschelschalen in den Händen; sie stellten vermutlich zwei Schreiber dar. Möglicherweise war das Haus die Residenz des Oberhauptes einer weitverzweigten Sippe von Schreibern, Hütern des Rituals sowie des Kalenders der Könige von Copan um 800 n. Chr. Hier liegt die Assoziation zu den Wahrsagern und Hütern des Rituals im alten chinesischen Kaiserstaat nahe, deren entferntes Gegenstück die »Schreiber« von Copan darstellen könnten.

Der letzte bekannte König von Copan, Yax Pac, starb im Winter 820 n. Chr. Die Arbeit an dem letzten Datum aus der Geschichte der Stadt, das in Stein gegraben wurde, blieb unvollendet; es ist der 10. Februar 822. Selten standen die Archäologen vor einer

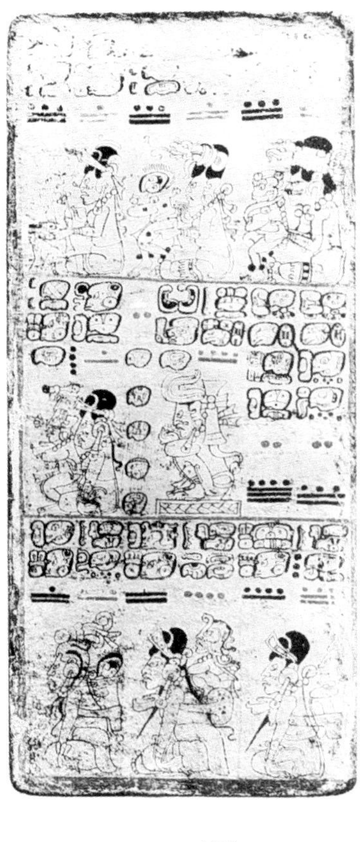

Links: *Maya-Schriftkunst. Der Dresdner Kodex aus dem 13. Jahrhundert n. Chr. enthält komplizierte astronomische Berechnungen, die auf einer »Langen Zählung« basieren, welche 3114 v. Chr. einsetzt. Der Maya-Kalender wich in seiner Jahresberechnung nur vierzehn Sekunden vom Lauf der Sonne ab.*

Rechts: *Detail einer Festszene aus Bonampak, ein Meisterstück klassischer Maya-Kunst.*

solchen Kombination aus Geheimnis und Genauigkeit! Mit jenem mysteriösen Datum verschwand die königliche Dynastie, und die Stadt fiel an den Urwald zurück. In den folgenden dreihundert Jahren bestellten lediglich ein paar Bauernfamilien das schöne Tal des Copan-Flusses; eine Stadt wurde hier nie wieder errichtet. Etwa um dieselbe Zeit wurde auch Tikal verlassen, und bald waren alle klassischen Maya-Städte vom Erdboden verschwunden. Der geheimnisvolle Untergang der Maya ist noch heute ein Rätsel für die Wissenschaft. Vielleicht war der Boden ausgelaugt und die Umwelt zerstört. Höchstwahrscheinlich führte eine Vielzahl von Faktoren zum Niedergang dieser großartigen Kultur, wie es auch bei den Kretern, Mykenern und Römern der Fall war. Umwelt, Politik, soziale Probleme, klimatische Veränderungen, bestimmte psychologische Entwicklungen – ihr Zusammenspiel unterminierte die soziale Ordnung. Wie überall auf der Welt gingen die großen religiösen und administrativen Zentren als erste unter. Mit dem Weggang der Elite verloren sie ihre Existenzgrundlagen. Das Vermächtnis der Stadt aber lebte in den Köpfen und Herzen der Menschen fort. Kult und Brauchtum wurden weiter gepflegt, und noch heute findet sich ihr Niederschlag in der Sprache der Maya. Als die Europäer im Jahr 1848 zum ersten Mal vor den Ruinen von Tikal standen, kannten die Urwald-Indianer noch den alten Namen des Ortes: Ti'kal, »der Ort, wo die Zählung der Tage bewahrt wurde« – wo einst die Ahnen die Bürde der Zeit getragen hatten.

DIE AZTEKEN

MIT DEM UNTERGANG der klassischen Maya wurde das alte Kernland, das Tal von Mexiko, wieder zum Zentrum der mittelamerikanischen Zivilisation. In der Mitte der weiten, von Bergen umringten Ebene lag ein großer See mit zahllosen kleinen Inseln, der Texcoco, von fruchtbaren Ufern gesäumt. Heute erstreckt sich über das ganze Gebiet der Moloch Mexico City. An genau dieser Stelle siedelte im 14. Jahrhundert ein kriegerischer Stamm, dessen Angehörige sich selbst *Mexica* nannten. Die Stadt, die sie gründeten, erhielt den Namen Tenochtitlan. Sie war auf einer Insel gelegen, aus Stein erbaut und durch ein weitverzweigtes System von Fußwegen, die durch ein riesiges Gebiet trockengelegter Sümpfe führten, mit dem Festland verbunden. Mit seinen zweihunderttausend Einwohnern war Tenochtitlan die Vorläuferin der heute größten Stadt der Welt.

Der Aufstieg und Fall des aztekischen Reiches, das hier im 15. Jahrhundert erstand, gehört zu den dramatischsten Episoden in der Menschheitsgeschichte. Noch heute erfüllt uns der Gedanke an die Azteken mit einer gewissen furchtsamen Faszination. Aus ihren Kunstwerken springt uns eine geradezu bezwingende fremdartige Spiritualität an. Die berühmte Statue der Erdgöttin Coatlicue, die man im Jahr 1790 auf dem wichtigsten Marktplatz von Tenochtitlan, dem Zocalo, fand, wurde damals in aller Eile wieder vergraben, aus Angst, daß die mexikanische Jugend sie zu sehen bekäme und ihrer dunklen, noch immer mächtigen Zauberkraft ausgesetzt würde. In den ersten Jahren des 19. Jahrhunderts wieder ausgegraben, wurde sie kurz darauf erneut in der Erde verborgen – noch immer war ihre furchteinflößende Gegenwart den Menschen unerträglich. Später fand sie dann ein Plätzchen in der Universität von Mexiko – allerdings hinter einem Schutzschirm versteckt. Heute gehört Coatlicue zu den Kostbarkeiten des Azteken-Raums im Nationalmuseum von Mexico City. Ihr wechselhaftes Schicksal – von der Göttin zum bösen Geist, vom Monster zum Meisterstück – ist, wie Octavio Paz anmerkte, ein Beispiel für den Wandel unserer Empfindungen in den letzten vierhundert Jahren. Noch heute verursacht der Anblick der Statue ein gewisses Unbehagen.

Mit der Wiederentdeckung Coatlicues, der »Göttin mit dem Schlangenrock«, wächst der Wunsch, uns eingehender mit dem »Anderssein« anderer Völker zu befassen, statt es einfach als »Teufelswerk« abzutun. Das heutige Zentrum von Mexico City rund um die Kathedrale war auch das rituelle Zentrum der aztekischen Stadt. Ausgrabungen, die hier seit den siebziger Jahren vorgenommen werden, haben die Fundamente der Großen Pyramide des aztekischen Kriegsgottes Huitzilopochtli zutage gefördert. An dieser Stelle wurden die Spanier, als sie die Stadt im Jahr 1521 unter der Führung von Cortés plünderten, Zeugen unvorstellbarer Schreckensszenen. Bernal Diaz hat beschrieben, wie seine gefangenen Kameraden in der Nacht, in der die Stadt fiel, von den Azteken-Priestern die Treppe der Pyramide hinaufgeschleift wurden zu einem letzten verzweifelten Opfer für den Kriegsgott. Für die Spanier wurde das die *Noche triste*, die Nacht der Tränen: »Dann dröhnte von der Pyramide herab die schaurige Trommel von Huitzilopochtli und es erscholl der dumpfe Ton von Hörnern, Muscheln und einer Art Trompeten. Ihr Klang war schrecklich. Wir alle starrten hinauf zur Spitze der Pyramide und sahen, wie sie unsere Kameraden die Treppe hinaufschleppten, um sie oben zu opfern. Wir sahen, wie

Coatlicue, die aztekische Muttergottheit mit dem »Schlangenrock«.

sie Federn an ihre Köpfe steckten und sie zwangen zu tanzen ... und nach dem Tanz legten sie sie mit dem Rücken auf schmale Steinblöcke, schlitzten ihnen mit Messern den Brustkorb auf, rissen das noch schlagende Herz heraus und opferten es den Götzen.«

Seit unvordenklicher Zeit war das Blutopfer ein wichtiges Element der mittelamerikanischen Kultur – wie im übrigen der meisten Kulturen. So praktizierten die Maya das Menschenopfer – das rituelle Töten im Gegensatz etwa zum Blutvergießen im Krieg – bis zu einem relativ späten Zeitpunkt in ihrer Geschichte, wenn auch nicht sehr häufig. Die Azteken dagegen glaubten, daß die Götter sich mit dem Blut und den Herzen der menschlichen Opfer für ihren Kampf mit den Mächten der Finsternis stärkten. Wenn sie unterlägen, so die aztekische Vorstellung, würde die Sonne nicht mehr aufgehen. Während die kriegerischen Azteken den anderen Bewohnern der mexikanischen Ebene ihre Schreckensherrschaft aufzwangen, nahm diese grauenhafte Ideologie unvorstellbare Dimensionen an, bis schließlich zur Zeit der spanischen Eroberung bei einer einzigen

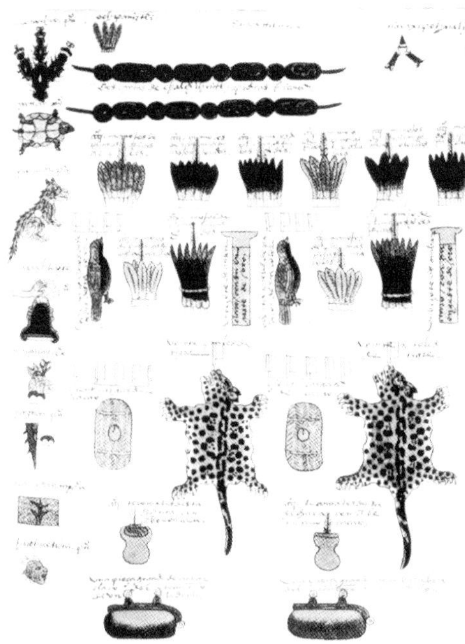

Zeremonie manchmal Tausende von Menschen getötet wurden. Rund um die Stätte des großen aztekischen Tempels, des Templo Mayor, fanden Archäologen den entsetzlichen Beweis für diesen religiösen Pflichteifer. Die rituellen Enklaven der sukzessive aufeinanderfolgenden Bauten und Neubauten auf der Tempelplattform enthielten immer wieder große Ansammlungen menschlicher Schädel; man fand auch *Chacmools*, die Schalen, in die die menschlichen Herzen hineingelegt wurden; ja sogar die Götterstatuen waren noch da, denen sich die bedauernswerten Opfer auf den Stufen des »künstlichen Bergs« gegenübersahen, außerdem steinerne Abbildungen der Stangen, auf die die Köpfe der Opfer aufgesteckt wurden, sowie die Messer aus Obsidian, mit denen ihnen die Herzen herausgeschnitten wurden.

Inmitten des bunten, fröhlichen Treibens von Mexico City ist der Templo Mayor einer der wenigen Orte auf Erden, an denen sich die Schrecken von einst noch heute beklemmend auf uns legen. Wie konnte es geschehen, daß eine in zahlreichen Künsten – Bildhauerei, Textilverarbeitung und Dichtung – so hochstehende Kultur in solch gigantischem Maße dem blutigen Menschenopfer huldigte? Dieselbe Frage muß man sich auch angesichts der Ereignisse im Europa unseres Jahrhunderts stellen. Die Spanier damals konnten diese Szenen nur als Werk des Teufels sehen – so fremd waren sie ihnen. Einzigartig aber war nur das Ausmaß dieser Menschenopfer. Alle Kulturen haben dergleichen praktiziert, vor allem in religiösem Zusammenhang. Theologen und Henker haben seit jeher Hand in Hand gearbeitet.

Das Problem der Azteken ist also unser aller Problem, ein Problem, das Historiker und Anthropologen seit Generationen beschäftigt. Warum sind Grausamkeit und das

Ganz links: *Die Gründung Tenochtitlans, 1325 (Mendoza-Kodex, 1541), am See Texcoco im Tal von Mexiko. Die Azteken entdeckten hier das geweissagte Zeichen: ein Adler auf einem Kaktus (noch heute das Emblem von Mexiko-City).*

Links: *Die Azteken unterdrückten brutal ihre Nachbarvölker, die hohe Tributzahlungen (Waren und Sklaven) leisten mußten.*

Rechts: *Menschenopfer (aztekischer Kodex).*

Heilige so eng verflochten? Warum gilt der Tod als notwendig für die Erneuerung des Lebens? Warum ist das Töten so tief in der Psyche des *Homo sapiens* verankert? War der *Homo sapiens*, der überall auf der Welt über die Hominiden triumphierte, vielleicht zugleich und spezifischer der *homo necans*, der »Killer-Mensch«? Darüber können wir nur spekulieren. Möglicherweise hat die Vorstellung, daß das Blutvergießen notwendig für die Bewahrung des Lebens sei, in den vielen tausend Generationen unserer Vorgeschichte als Jäger und Sammler gleichsam ihren genetischen Fingerabdruck hinterlassen und sich so tief in unsere Seelen eingeprägt, daß dieses noch heute, auch in der modernen westlichen Kultur, als das äußerste Opfer betrachtet wird. Denn die gefährliche Kraft, die einem solchen Symbol innewohnt, kann noch immer jederzeit mit atavistischer Macht und Grausamkeit hervorbrechen. Die Szenen des wahnsinnigen Mordens, die Cortés und seine Gefolgsleute erblickten, als sie ohnmächtig mitansehen mußten, wie ihre Kameraden die Stufen hinauf in einen grauenhaften Tod geschleppt wurden, waren ja in gewissem Sinn auch ein Beweis für die tiefe Frömmigkeit der Azteken (so jedenfalls verstanden sie manche der ersten spanischen Kirchenmänner wie zum Beispiel der Dominikaner Las Casas). Die Azteken waren insofern einzigartig unter den großen Kulturen der Welt, als sie die Solidarität mit dem Universum über *alles* stellten, auch über das menschliche Leben. Ein stärkerer Unterschied zu den humanistischen Werten der großen Kulturen der Alten Welt war nicht denkbar – einer Welt, die im Laufe ihrer Geschichte und häufig auch am Beispiel ihrer Nachbarn die mäßigende Macht der Vernunft und den Wert des menschlichen Lebens schätzen gelernt und die Notwendigkeit erkannt hatte, der Grausamkeit in der menschlichen Gesellschaft durch andere Mittel –

durch Gesetze, durch »Güte«, durch religiöse Sanktionen – Einhalt zu gebieten. Uns mag das aztekische Universum aberwitzig, mörderisch, schreckenerregend in seiner Graumsamkeit erscheinen – dennoch blickt uns daraus eine bestimmte Seite unseres Menschseins an, und wenn wir sie einfach verleugnen, so ist es zu unserem eigenen Verderben. Denn im Namen anderer Ideale und anderer Götter hat die westliche Kultur keinen geringeren Beitrag zum Töten geleistet als die Azteken – und das noch in unserem, im 20. Jahrhundert.

DER FALL VON TENOCHTITLAN

MIT DER SPANISCHEN EROBERUNG Mittelamerikas wollen wir ganz einfach eine Geschichte erzählen, die vielleicht als Sinnbild der Eroberung einer bestimmten Vision von Zeit und Geschichte durch eine andere verstanden werden kann. Mit einer Chance von 52 zu 1 war Cortés ausgerechnet im aztekischen Jahr »Eins Schilfrohr« in Mexiko gelandet, in dem einer Prophezeiung zufolge der alte Gott Quetzalcoatl aus seinem Exil im Osten zurückkehren sollte. Dieser Zufall verhinderte von vornherein jeglichen Widerstand von seiten der Azteken, denn deren Glaube an die ständig sich wiederholenden Zyklen der Geschichte – die Bürde der Zeit – war ebenso stark wie der der Maya. Wenn man den spanischen Historikern jener Zeit glauben darf, erkannten die Azteken sofort, daß diese geheimnisvolle fremde Macht den Untergang ihres Universums brachte.

In jener schrecklichen letzten Nacht, in der Tenochtitlan fiel, erschien den Azteken ein Omen, das sie als Vorzeichen der Zerstörung ihrer mythischen und kosmologischen Ordnung deuteten. Die Beschreibung dieses Ereignisses findet sich in Fray Bernadino de Sahagans *Allgemeiner Geschichte der Angelegenheiten des Neuen Spanien*. Sie geht angeblich auf den Bericht eines mexikanischen Informanten zurück. »Bei Einbruch der Nacht begann es zu regnen, aber es war mehr ein schwerer Tau als ein Regen. Dann plötzlich erschien das Omen, wie ein Feuer am Himmel. Es drehte sich in riesigen Spiralen wie ein Wirbelwind und erglühte in heißen roten Funkenschauern. Dazu donnerte und zischte es, wie Metall im Feuer. Es kreiste über den Dämmen am Seeufer. Ein Weilchen blieb es über Coyoncazco (dort, wo der große westliche Fußweg ans Ufer stößt) stehen. Dann zog es hinaus auf die Mitte des Sees, wo es plötzlich verschwand. Niemand schrie auf, als das Omen am Himmel erschien. Die Menschen wußten, was es bedeutete, und sie schauten schweigend zu.«

GUADALUPE:
DIE ALTEN GÖTTER LEBEN WEITER

NACH DER EROBERUNG des aztekischen Reiches machten sich die Spanier daran, dessen Kultur systematisch zu zerstören. Heute stellt die Kultur Mexikos, die so reich ist an Meisterwerken der Literatur und bildenden Kunst, eine Synthese aus indigenen und europäischen Vorstellungen und Empfindungen dar. Dennoch lebt die alte, einheimische, vorspanische Vision in der mexikanischen Seele fort und hat seit der Unabhängigkeit Mexikos im Jahr 1821, in der Atmosphäre der Demokratie, neue Lebenskraft gewonnen – ein schroffer Gegensatz zu der Gewaltherrschaft, unter der die Maya bis heute zu leiden haben. Ein Zeugnis dieser ungebrochenen Kontinuität ist die wohl größte Pilgerstätte des amerikanischen Kontinents: Die Jungfrau von Guadalupe vor den Toren von Mexico City, zu deren Füßen sich an ihrem großen Festtag im Dezember alljährlich zwei Millionen Gläubige einfinden, verkörpert eine Synthese christlicher und vorspanischer Vorstellungen und Traditionen. Ihr Heiligtum erhebt sich an der Stätte einer alten aztekischen Muttergottheit, Tonantzin, und mit diesem Namen reden die Gläubigen die Jungfrau Maria noch heute an.

So seltsam es auch scheinen mag, die christlichen Mysterien fungierten in Mittelamerika gleichsam als Brücke zwischen dem alten und dem neuen Glauben. Die Gründe dafür sind leicht auszumachen. Zentral für den christlichen Glauben ist die Vorstellung der Opferung Christi: der Gott, der sein Blut und seinen Leib, ja sein heiliges Herz hingab, um die Welt zu retten. (Von der jesuitischen Kunst des 16. Jahrhunderts bis hin zu Frida Kahlo und den Surrealisten ist das aus dem Leib geschnittene Herz denn auch ein wichtiges und allgegenwärtiges Thema in der mexikanischen Kunst.) Im Christentum fanden die Azteken die Schlüsselvorstellung ihrer eigenen Religion wieder, wenn auch auf eine mystische Ebene gehoben, und im Kreuz, dem alten mittelamerikanischen Symbol des Lebensbaums, »des grünen Baums der ganzen Welt«, vereinen sich beide Religionen.

Dasselbe Muster ist auch in der Inka-Kultur in Südamerika zu beobachten. Dort hat die religiöse Topographie bis heute überdauert; überall in den Anden begegnet man den Spuren des schamanistischen Ahnenkults, der für den Inka-Staat so wichtig war. Und geradeso wie in Mexiko und Guatemala werden den alten Gottheiten auch hier noch die traditionellen Opfer dargebracht. Das gilt vor allem für den Kult der heiligen Berge, der nebenbei bemerkt jenem Kult gleicht, der noch heute in China gepflegt wird. Im Rahmen der Pilgerfahrt zum Gletscher unterhalb von Ahsangate, östlich von Cuzco, strömen alljährlich Tausende von Menschen zum »Qoyllur Rit«, dem »Sternenschnee-Fest«, das seinen Namen dem Auftauchen des Siebengestirns am Sternenhimmel verdankt und nach dem christlichen Kalender unmittelbar vor Fronleichnam stattfindet. In dieser Zeit treffen sich die »Bärenmänner« oder Schamanen, weihen neue Mitglieder und holen heiliges Wasser von den heiligen Stätten auf dem Gletscher: ein lebendiges Bindeglied zum paläolithischen Schamanismus Mittelamerikas mit seiner Berganbetung. Und unten in Cuzco selbst, der alten Inka-Kapitale, geht die Zahl der Ärzte und anderen öffentlich bestallten Gesundheitsdiener in der unübersehbaren Menge der *Curanderos* unter, der traditionellen Heiler, die in Kontakt mit den Berggottheiten stehen und ihnen auf den Bergeshöhen Zaubergesänge darbringen. Wie überall in Mittelamerika ist die Hochkultur der Vergangenheit auch hier durch Krieg und Eroberung, durch Grausamkeit, Krankheiten und Verfolgung auf den Bereich »Folklore« zurückgedrängt worden. Doch sie ist noch lebendig.

DIE NEUE ORDNUNG

NACH DER EROBERUNG Guatemalas errichteten die Spanier ihre neue Hauptstadt Antigua im Schatten der alten heiligen Vulkane Agua und Fuego. Antigua war als Manifestation der Ideale der europäischen Zivilisation geplant. Aber hinter dieser humanistischen Fassade fand der größte Völkermord der Geschichte statt. Heute geht man davon aus, daß im ersten Jahrhundert nach der spanischen Eroberung mindestens drei Viertel der eingeborenen Bevölkerung Mittelamerikas durch die Grausamkeit der Eroberer oder an den von ihnen eingeschleppten Krankheiten starben – möglicherweise etwa fünfzig Millionen Menschen. Jose de Acosta gehörte zu den Europäern, die entsetzt waren von dem Leid, das die Spanier über die Indianer brachten. Sein zensierter Bericht über die spanischen Greueltaten wurde erst jetzt veröffentlicht. »Die Spanier ganz allein tragen die Verantwortung für das, was hier geschieht«, schrieb er. »Wir haben in unseren Taten verraten, was wir mit unseren Worten bekannten; jedermann kann sehen, daß die elendesten Indianer jene sind, die mit der europäischen Kultur in Berührung kommen. Wir haben diese bemitleidenswerten Menschen in einem Grad ausgebeutet und ausgeplündert, daß man sich des Gedankens nicht erwehren kann, die Europäer hätten ein weit größeres Interesse an der Teilung der Kriegsbeute – und das heißt in diesem Fall an der Aufteilung der Plünderungsrechte – als an der Wahrung der menschlichen Rechte der Besiegten. Wir haben versucht, den Indianern Christentum und Ehrlichkeit mit Zwang, Lüge und Grausamkeit zu vermitteln. Noch bei keinem Eroberungsfeldzug der Geschichte hat man solche Grausamkeit gesehen – weder bei den Griechen noch bei den Barbaren.«

LAS CASAS: WAS IST ZIVILISATION?

ZU BEGINN DER SPANISCHEN EROBERUNG drängte die katholische Kirche im Namen Christi auf die Versklavung der Eingeborenen. Aber es war auch die katholische Geistlichkeit, unter deren Trägern sich erstmals das Gewissen der Europäer zu regen begann, und heute stehen katholische Priester in vorderster Reihe im Kampf der indianischen Bevölkerung gegen ihre Unterdrücker. Der berühmteste dieser ersten »Befreiungstheologen« war Bartolomeo de Las Casas, Bischof von Coban. Las Casas, der zeitlebens mit leidenschaftlichem Engagement für die Rechte der Indianer eintrat, erntete mit seinem Idealismus jedoch nichts als Haß und den offiziellen Titel »Beschützer der Indianer«. Noch heute wird sein Andenken in der Region, die zu seinem Gedächtnis Vera Paz, »Wahrer Friede«, genannt wird, verehrt. Coban ist eine der wenigen Gemeinden in Guatemala, wo der Gottesdienst noch immer nicht in spanischer, sondern in Maya-Sprache gehalten wird. Las Casas brachte sein Anliegen sogar persönlich vor den König und die Königin von Spanien und klagte bei ihnen Gerechtigkeit für die Indianer ein. (Mit der Zeit erkannte er, daß seine Argumente gegen die Versklavung der Indianer in gleicher Weise auch für die schwarzen Sklaven aus Afrika, ja für alle unterdrückten Völker der Welt, galten.)

Es heißt, daß es im Jahr 1550 in Valladolid in Spanien zu einem öffentlichen Streitgespräch zwischen Las Casas und dem führenden aristotelischen Philosophen jener Zeit, Sepulveda, gekommen sei. Die Fragen, um die es in dem Disput ging, sind im Grunde die der heutigen Welt: Wer gibt der Ersten Welt das Recht, die Dritte Welt zu beherrschen, zu versklaven und auszubeuten?

»Sind diese Menschen«, schrieb Las Casas, »etwa nicht vernunftbegabte und fühlende menschliche Wesen mit einer Seele wie wir alle? Und haben sie damit nicht das Recht, gleich behandelt zu werden wie wir?« Las Casas führt faszinierende Belege, die er aus dem Studium der griechischen und römischen Zivilisation gewonnen hatte, für die These an, daß die Stadtstaaten Mittelamerikas in vieler Hinsicht dem entsprachen, was die Griechen unter dem idealen Staat verstanden. Sie waren, so führt er aus, rationale, politische Gemeinwesen, die ein Recht darauf hatten, daß man ihnen mit Respekt, Toleranz und Freundlichkeit begegnete. Zweifellos hat Las Casas den moralischen Sieg in der Debatte davongetragen, doch wie der Fortgang der Geschichte zeigt, sahen die Herrscher des Westens, die Staaten mit Macht und Geld, in den eingeborenen Völkern der ganzen Welt, von den Indianern Mittelamerikas bis zu den Schwarzen in Afrika, weiterhin das, was die Griechen – zu ihrer Schande – als »natürliche Sklaven« bezeichnet hatten. Europas Weg zur zivilisierten Gesellschaft war, wie Las Casas nachwies, so langwierig und schmerzlich wie nur je einer.

DER UNTERGANG TAYASALS

HUNDERTFÜNZIG JAHRE nach der spanischen Eroberung fiel das letzte unabhängige Königreich in Mittelamerika. Im unzugänglichen Urwald im Norden Guatemalas lag die Inselfestung von Flores, »Tayasal« in der Eingeborenensprache. Hier lebten die letzten Maya, deren Lebensform eine Mischung aus Elementen der Maya-Kultur und der mexikanischen Kultur darstellte, die wir als yucatekische Kultur bezeichnen. Die heiligen Schriften der Yucatan-Maya prophezeiten, daß in Zyklen von dreizehn *Katuns*, das sind 256 oder 257 Jahre, Unheil über ihr Volk hereinbrechen würde. Der nächste Zyklus sollte im Jahr 1697 beginnen. Im Wissen um diese Überlieferung griff die spanische Armee am 13. März des Jahres 1697 an. Mitten auf dem See Peten überwältigten sie die Kriegs-Kanus der Maya, deren mit Obsidian-Spitzen versehene Pfeile machtlos gegen die spanischen Rüstungen und das Musketenfeuer der Gegner waren. Die Verteidiger flohen, und die Spanier marschierten zum großen Tempel von Tayasal hinauf. An einem einzigen Tag legten sie die zwölf Tempel auf der Insel in Schutt und Asche, zerschmetterten Tausende von Götterstatuen und feierten schließlich am Abend auf dem höchsten Punkt der Insel, mitten in den Ruinen des großen Tempels, wo heute die Kirche steht, eine heilige Messe. Das letzte unabhängige Königreich der Maya war gefallen. Die Eingeborenen schienen das Geschehen beinahe fatalistisch hinzunehmen; in ihren Augen war es die unausweichliche Folge der sich wiederholenden Zeit-Zyklen. Dreimal seit dem 10. Jahrhundert hatte dieser Zyklus eine Katastrophe über sie gebracht. In ihren Augen war dies die wahre Bürde der Zeit. Und ihre alte Zählung hat noch heute Gültigkeit. Die größte Katastrophe in der jüngsten Geschichte Guatemalas, der von den Vereinigten Staaten unterstütz-

Das alte Maya-Fest am Tag »Acht Affe« in Momostenango, Guatemala. Die Schamanen verbrennen Räucherwerk und stimmen rund um die »Stadt der Heiligtümer« Zaubergesänge an.

te Putsch gegen die demokratische Regierung im Jahr 1954, fand exakt 257 Jahre nach dem Fall Tayasals statt.

DIE MAYA HEUTE

NOCH HEUTE LEBEN DIE MAYA, die die Mehrheit der guatemaltekischen Bevölkerung bilden, unter der Herrschaft einer europäischen Elite. Der Guerillakrieg der achtziger Jahre endete mit vierzigtausend Toten und einer Million Vertriebener. Es bleibt nur zu hoffen, daß die Geschichte dieses Volkes in den neunziger Jahren, unter einer neuen demokratischen Regierung, endlich einen anderen Verlauf nehmen wird. In ihrem Überlebenskampf setzen die Maya nach wie vor hartnäckig auf die Gemeinschaft. So feiern sie die Kirchenheiligen als Hüter der Gemeinschaft, nicht als christliche Heilige. Ihr Identitätsgefühl wurzelt noch immer in den alten kollektiven Werten, repräsentiert in der Ahnenverehrung und der Gemeinschaft.

Die europäische Elite, die so lange Zeit in Amerika geherrscht hat, vertrat demgegenüber eine völlig andere Sicht von Vergangenheit und Zukunft. Einer der modernen Diktatoren Guatemalas, Estrada Cabrera, gab seinem Glauben an die Werte der europäischen Zivilisation Ausdruck, indem er überall im Land kleine Parthenons aus Beton errichten ließ – Monumente des kolonialen Fortschritts, Zeugnisse des Triumphs der Griechen über die »Barbaren«. In der Hauptstadt Guatemala City mußte die indigene

Mexcaltitlan, Mexiko: Die vorspanische Siedlung in einer Lagune an der Pazifikküste vermittelt einen hervorragenden Eindruck vom typischen Aussehen aztekischer Seestädte. Mexcaltitlan wird manchmal mit Aztlan verglichen, der ursprünglichen Heimat der Azteken. Der alte Mondkult hat hier überlebt.

Kultur wie überall in Mittelamerika den Werten der Konsumgesellschaft des großen Nachbarn im Norden, Onkel Sam, weichen. Die Indianer in der Stadt sind verarmt, Fremde im eigenen Land; an allen Ecken und Enden begegnet man den Witwen des Bürgerkriegs, die in den schattigen Hauseingängen sitzen und betteln. Im Hinterland aber sieht es anders aus – hier hat das alte Universum überlebt.

Der heiligste Tag im Maya-Kalender ist *Wahxakib Batz*, »Acht Affe«. Am Morgen dieses Tages finden sich, scheinbar aus dem Nichts kommend, Tausende guatemaltekischer Indianer, einem Ruf aus der geheimen Welt der Geister folgend, in Momostenango, dem »Ort der Heiligtümer«, ein. An »Acht Affe« werden die neun Tempel der Ahnen in den Hügeln rund um die Stadt instand gesetzt und die Geister der Ahnen besänftigt. Die »Hüter des Tages« aus ganz Guatemala versammeln sich, um neue Schamanen zu weihen, die fortan die Bürde der Zeit tragen werden. In den fünfhundert Jahren seit Kolumbus haben diese Menschen nach außen hin nach westlicher Zeitrechnung und westlicher Geschichtsauffassung gelebt, zugleich aber haben sie ein halbes Jahrtausend lang geduldig ihr eigenes Universum bewahrt. Vielleicht hatte es manchmal den Anschein, als hätte das unerschütterliche Festhalten an der Vorstellung von der »Bürde der Zeit« zum Untergang der Maya geführt, doch letzlich war diese Hartnäckigkeit wahrscheinlich ihre Rettung, ist es ihnen doch einzig und allein dadurch gelungen, ihre Identität bis in ein hoffentlich neues Zeitalter der Toleranz und des Pluralismus zu bewahren, in dem die Ureinwohner Amerikas wieder in ihrer eigenen Geschichte und ihrer eigenen Zeit leben dürfen.

SECHSTES KAPITEL

DER BARBARISCHE WESTEN

Wir haben im Laufe unserer Begegnungen mit den ältesten Kulturen der Welt gesehen, daß die Wurzeln der modernen Zivilisation, das heißt jener Gesellschaftsformen, in der heute die meisten Menschen auf diesem Planeten leben, in erster Linie in Asien lagen. Wir haben gesehen, auf welch unterschiedliche Weise sich Zivilisation im Nahen Osten, in China und Indien entwickelte; diese Unterschiede prägen noch heute die jeweilige Weltsicht dieser Länder. Während die ältesten und bedeutendsten Zivilisationen in Indien und China nach wie vor in ihrem Ursprungsland weiterleben, ist im Nahen Osten der Islam in die Fußstapfen der alten Kultur getreten. Die Völker Asiens machen zusammengenommen bei weitem die Mehrheit der heutigen Weltbevölkerung aus. Es ist daher an der Zeit, in diesem letzten Kapitel in einer Art Epilog über den Aufstieg des Westens nachzudenken und über mögliche Wechselbeziehungen zwischen dem Westen und den älteren Kulturen, die ihm vorangingen, und darüber, wo er von ihnen lernte. Hat die Ideologie des Westens tatsächlich universale Gültigkeit, wie sie von sich behauptet, oder ist sie vielleicht eher das Produkt bestimmter Idiosynkrasien, die aus den Eigentümlichkeiten der europäischen Landschaft, ihres Klimas und ihrer Geschichte heraus erwachsen sind?

Es ist heute oft die Rede vom »Triumph des Westens«, ja die Bezeichnung »der Westen« steht schon fast mehr für eine Geisteshaltung als für eine geographische Region. Doch wir sind hier grundsätzlich davon ausgegangen, daß damit die Kultur Westeuropas und seiner unmittelbaren Nachbarn gemeint ist, einschließlich ihrer kolonialen Ableger in Amerika und anderswo. Seit der Renaissance dominiert weltweit die westliche Zivilisation – europäisch, christlich, kapitalistisch, rationalistisch –, die erste Zivilisation überhaupt, die ihren Lebensstil, ihre Werte, ihre Kultur und ihre Sprachen in der ganzen Welt verbreitet hat. Dabei handelt es sich hier im Vergleich zu Indien und China um eine noch sehr junge Zivilisation. Zwar gab es schon im Bronze- und Eisenzeitalter relativ komplexe Gesellschaftsgefüge in Westeuropa, doch die urbane Kultur kam erst mit den Römern nach Westeuropa – eine exotische Blume, die in manchen Regionen mit dem Zusammenbruch des römischen Reiches rasch wieder dahinwelkte, bis sie schließlich im frühen Mittelalter von den Nachfahren jener Barbaren, die nun in den Ruinen römischer Herrlichkeit lebten, wieder zur Blüte gebracht wurde, von den Franken, Goten, Angeln und Sachsen. Die mittelalterliche Kultur Westeuropas war also das Produkt verhältnismäßig später Völkerwanderungsströme im 4. und 5. Jahrhundert n. Chr. Erst spät nahm sie bestimmte Kernstücke der entstehenden westlichen Ideologie wie etwa das Christentum römischer Prägung und die lateinische Kultur in sich auf. Daß Westeuropas zentrale kulturelle Werte nicht, wie etwa in Indien und China, auf dem Boden des Landes gewachsen waren, in dem sie dann Gültigkeit hatten, mag auf lange Sicht für die Kulturgeschich-

Der christliche Schöpfergott, der außerhalb seiner Schöpfung steht und ihr die Naturgesetze auferlegt. Diese monotheistische Vorstellung ist typisch für die westliche Tradition, so wie der tanzende Schiwa für Indien (s. S. 81).

te des Westens bedeutsam gewesen sein. Gleichzeitig blieb die Wanderung ein wichtiges Merkmal westlichen Denkens: Die Landnahme hatte einen festen Platz in den germanischen Heldensagen, und die augenfälligen Parallelen zu den Mythen im Alten Testament erleichterten es den westeuropäischen Barbaren, sich selbst als »neues Volk Israel« zu betrachten, als heroische Wanderer, die die letzte Wahrheit, wie sie in *ihrer* Heiligen Schrift definiert war, weitertrugen. Schon allein die Vorstellung einer solchen »letzten Wahrheit« ist den östlichen Zivilisationen völlig fremd.

Die Kultur Westeuropas war also keineswegs so tief verwurzelt wie die des Nahen Ostens, Chinas oder Indiens, und ihre sozialen und religiösen Überzeugungen besaßen bei weitem nicht die Festigkeit der Werte der alten Kulturen, wie mittelalterliche arabische Kommentatoren bereits anmerkten. Westeuropa brachte es auch nie zu politischer, kultureller oder sprachlicher Einheit, obwohl es alte Affinitäten zwischen den nordeuropäischen Völkern gab, die alle germanische Dialekte sprachen, und ähnliche Entsprechungen bei den Anwohnern des Mittelmeerraumes mit ihren romanischen Sprachen. Kriegerische Auseinandersetzungen bestimmten die Geschichte Westeuropas. Erst im letzten Jahrzehnt des 20. Jahrhunderts werden, nach Jahrhunderten erbitterter Kriege untereinander, die noch in unserem Zeitalter Millionen von Menschenleben gefordert haben, ernstgemeinte Bemühungen um eine Annäherung erkennbar. Ob die Geschichte des Westens tatsächlich in besonderem Maße von Gewalt gekennzeichnet ist, ist schwer

zu sagen. Alle Kulturen verfielen irgendwann dem Widerspruch zwischen den von ihnen angestrebten Idealen und ihrer geschichtlichen Realität, und keiner ist es gelungen, dauerhaft auf Gewalt zu verzichten. Es erübrigt sich, an dieser Stelle auf die unbestreitbaren Triumphe und Errungenschaften des Westens zu verweisen. Die Idee der Freiheit des einzelnen war unleugbar eines der größten Geschenke an die Menschheit, und höchstwahrscheinlich war dieser Gedanke tief in den regionalen westlichen Kulturen verwurzelt und konnte überhaupt nur auf diesem Boden und in diesem Klima gedeihen. Die glänzenden Leistungen des Westens auf dem Gebiet der Kunst, Literatur und Musik suchen ihresgleichen. Und doch hat ebendieser Westen in den letzten fünfhundert Jahren Tod und Zerstörung bis in den letzten Winkel der Welt getragen. Um zu begreifen, wie es dazu kommen konnte, wollen wir die wichtigsten Strömungen betrachten, die die westliche Tradition ausmachen.

DAS VERMÄCHTNIS GRIECHENLANDS

DIE EINORDNUNG DER griechischen Traditionen in die europäische Kultur ist nicht unproblematisch. Können wir Griechenland überhaupt zum Westen rechnen? Diese Frage mag uns heute absurd erscheinen, doch während sich ein moslemischer Gelehrter im Bagdad des 10. Jahrhunderts durchaus und völlig selbstverständlich als geistiger Erbe des klassischen Hellenismus betrachtet hätte, wäre dieser Gedanke einem zeitgenössischen

Eleusis: das Heiligtum (ganz links) *der Großen Mutter Demeter. Auf der Stele* (links) *ist sie abgebildet. Demeter wird hier noch heute als Panagia Misosporitissa, »die Herrin in der Saat«, verehrt. In den Ritualen zu Ehren der Erdmutter, nach Ansicht Ciceros Athens größtes Geschenk an die Menschheit, wurde das Ländliche über das Städtische, das Intuitive über das Rationale, das Weibliche über das Männliche gestellt – Gedanken aus der alten Sophia perennis (ewigen Weisheit), jener Weltsicht, die im Zuge der Aufklärung in der westlichen Welt verlorenging.*

Schriftsteller in England niemals in den Sinn gekommen. Er wäre zwar mit einigen der wichtigsten griechischen Sagen und Mythen vertraut gewesen und hätte sich dem bedeutenden patristischen Werk in griechischer Sprache verpflichtet gefühlt, doch er hätte sich wohl kaum als Erbe Griechenlands gesehen. Israel und Rom spielten in seiner Vorstellungswelt eine weit wichtigere Rolle. Die Entdeckung Griechenlands als großer geistiger Ahnherr des Westens vollzog sich erst sehr viel später. Sie bahnte sich nach der Aufklärung im 18. Jahrhundert an, als die Religion neben dem Säkularismus und den Naturwissenschaften in den Hintergrund zu treten begann. Damals bedurfte es neuer und eindrucksvollerer geistiger Vorläufer, um Europas wachsende Überlegenheit über ältere und bedeutendere Zivilisationen zu legitimieren. Doch auch schon vor der Aufklärung war die Kultur des klassischen Griechenland im Westen präsent gewesen, vermittelt durch die römische Kultur mit ihrer rationalistischen Ästhetik und durch das römische Christentum mit seinem patriarchalen Autoritarismus. Es war das römische Bild von Griechenland, das die Renaissance beherrschte und das in der Aufklärung auf ein Schild gehoben wurde. Erst in der Mitte des 18. Jahrhunderts waren die Westeuropäer so weit, daß sie sich zum ersten Mal mit erhalten gebliebenen Elementen der echten griechischen Kultur auseinandersetzten, Elementen in der Natur, in der Architektur und im Brauchtum, ganz besonders aber mit dem griechischen Volk selbst, das sich trotz seiner Verarmung und Verrohung unter jahrhundertelanger türkischer Herrschaft an die ganzheitliche Naturauffassung der Antike geklammert hatte, die der Westen Europas mit der Aufklärung und der modernen, naturwissenschaftlichen Betrachtungsweise verlor –

ein Hinweis, wenn auch ein undeutlicher, auf das wahre Wesen der klassischen griechischen Kultur.

Griechenland war immer das Bindeglied zwischen Europa und Asien gewesen. Die Palastkultur des Nahen Ostens gelangte im Bronzezeitalter zuerst nach Griechenland, doch sie schlug keine wirklichen Wurzeln, und als die Paläste verschwanden, verschwand mit ihnen auch die Zivilisation. Im 6. Jahrhundert v. Chr. war es wiederum Griechenland, das als erstes die neuen wissenschaftlichen und philosophischen Gedanken aufnahm, die im Achsenzeitalter aus Asien, aus dem Irak, dem Iran und Indien kamen. Im frühen 5. Jahrhundert v. Chr. schuf das griechische Denken aus diesen Ideen eine Synthese, die eines der großartigsten Zeitalter in der Kulturgeschichte der ganzen Welt hervorbrachte.

Die höchste Blütezeit der klassischen griechischen Kultur währte nur kurz – sie umfaßte die erste Hälfte des 5. Jahrhunderts v. Chr. Die herrlichen Bronzen eines Riace, die Statuen von Olympia, Pindar, Äschylos, die eleusischen Mysterien, die neue Naturwissenschaft aus Ionien, die Entstehung der Demokratie in Athen und deren Siege über das persische Großreich sind die uns vertrautesten Wegmarken dieser Zeit, in denen sich die geistige Tradition Griechenlands am vollkommensten spiegelt. Die zweite Hälfte des 5. Jahrhunderts v. Chr., von der perikleischen Ära bis zu Platon, war bei all den hervorragenden Leistungen, die auch diese Zeit noch hervorbrachte, doch schon so etwas wie die reiche Nachlese einer der glänzendsten Epochen der Weltgeschichte. So vertraut sind uns die Zeugnisse der klassischen griechischen Antike, daß wir leicht in Gefahr geraten, ihre Einzigartigkeit und Einmaligkeit aus den Augen zu verlieren, die sie weder dem Osten noch dem Westen ganz zugehörig macht, stellen sie doch eine höchst spezifische Anverwandlung dar, die sich allein auf griechischem Boden vollzog. Schon um 400 v. Chr. war das alles zerfallen im Zuge imperialistischer Bestrebungen, beim Zusammenbruch der Demokratie, in den Schrecken des peloponnesischen Krieges, im politischen Bankrott, der mit einem Verlust jener geistigen Haltung einherging, auf die Platon nur noch wehmütig zurückblickte. Die aufgeklärte Geisteshaltung des 5. Jahrhunderts hatte dem Menschen unbegrenzte Möglichkeiten eröffnet, und doch führte sie kein goldenes Zeitalter herauf. Griechenland wurde nie geeint, es blieb ein Gebiet ständig miteinander im Kampf liegender Stadtstaaten, die in der Mitte des 4. Jahrhunderts v. Chr. eine leichte Beute für die aus dem Norden vordringenden Mazedonier waren. Damit verlor Athen seine kulturelle Vormachtstellung, die auf die großen hellenistischen Stadtgründungen in Kleinasien und Nordafrika überging, die Machtbasen eines Vielvölkerimperiums, das sich vom Balkan bis nach Indien erstreckte. Die Ideale dieses neuen, hellenistischen Zeitalters aber, die von den Römern übernommen wurden, sollten zu den Vorläufern der westlichen Kultur werden.

DAS GRIECHISCHE VORDRINGEN NACH ASIEN

»Die Griechen sind klug und frei und fähig, die ganze Menschheit zu beherrschen«, sagte Aristoteles. Im 4. Jahrhundert v. Chr., unter Aristoteles' Schüler Alexander dem Großen, drangen sie in den Nahen Osten vor, überrannten Anatolien, Syrien, Palästina und

Hellenistischer Stil: Athene auf einem Fries am Pergamon-Altar (2. Jahrhundert v. Chr.). Von der Zeit der Römer bis in die Renaissance und ins Barock übte die hellenistische Kunst einen starken Einfluß auf die bildende Kunst des Westens aus, bis hin zu den Filmen Hollywoods.

schließlich Ägypten. Die Zeit der griechischen Herrschaft in Asien, als hellenistisches Zeitalter bekannt, gilt als eine der umwälzendsten Epochen der Weltgeschichte.

Innerhalb einer einzigen Generation wimmelte es im Niltal von griechischen Kolonisten, als ob ein Goldrausch ausgebrochen wäre. Die ägyptische Kultur, uralt, geheimnisvoll und exotisch, beeindruckte die Fremden tief. Die Monumente Oberägyptens waren bedeckt mit den Graffiti ehrfürchtiger griechischer Touristen. Die Ägypter selbst dagegen blieben, wie wir aus Papyri mit Orakelsprüchen und apokalyptischen Visionen ersehen können, völlig ungerührt von den Neuankömmlingen. Nach den Worten einer Prophezeiung aus der Zeit der griechischen Fremdherrschaft erwarteten die Ägypter mit Sehnsucht den Tag, an dem »die fremde Kultur, die unter uns aufgeschossen ist, dahinwelken wird; diese Fremden, die Ägypten besetzen, werden verschwinden wie Blätter im Herbst«. Andere gaben ihrer Feindseligkeit unverhohlenen Ausdruck: »Diese Griechen sind Diebe und Emporkömmlinge, dazu gewalttätig«, empörte sich ein ägyptischer Priester. »Und diesen Leuten haben wir alles beigebracht, was wir wissen!« Und in Luxor schließlich, im inneren Schrein des alten ägyptischen Tempels, gemessen ausschreitend wie einer der alten Pharaonen, finden wir Alexander selbst, den ehrgeizigen und grausamen Liebling der westlichen Geschichte.

Auf ihrem Zug nach Osten, nach Asien, eroberten die Griechen die alte Zivilisation Babyloniens, und aus den ehrwürdigen Städten von Uruk und Babylon wurden griechische Kolonien. Die Griechen überquerten das Sagrosgebirge und den Oxus und stießen nach Zentralasien vor. Sie gründeten Städte wie Samarkand, die noch heute blühen. Über den Khaiberpass drangen sie nach Indien vor und errichten an der indischen Nordwestgrenze ihre Kolonien, die die Basis der langen indo-griechischen Kultur bilden sollten.

In einer der weniger bekannten Episoden aus der Geschichte des Altertums gingen Alexanders Nachfolger in ihren Eroberungsgelüsten sogar noch weiter. Im 2. Jahrhundert v. Chr. schickten sie marodierende Trupps den Ganges hinunter, die die alten religiösen Zentren von Benares und Patna in Schutt und Asche legten. In dem Dorf Kauschambi haben Archäologen in neuerer Zeit Spuren der Zerstörung freigelegt. Man fand ein buddhistisches Kloster, das von griechischen Söldnern niedergebrannt worden war. (Ironie der Geschichte: der hellenische Feldherr, der für diese Greueltaten verantwortlich war, Menander, beschloß seine Tage als Buddhist, im Einklang mit der indischen Tradition.)

»Das waren entsetzliche Zeiten«, sagten die Inder. »Die schrecklichen, aber tapferen Griechen verwüsteten unser Land durch Feuer und Hungersnot, töteten Frauen und Kinder und sogar unsere heiligen Kühe.« Es war eine von radikalen Umwälzungen gekennzeichnete Epoche, eine Zeit, die der unseren nicht unähnlich war, rastlos, kosmopolitisch, selbstherrlich, im Banne von Sex und Gewalt, und wie die vergangenen drei Jahrhunderte durch die brutale Inbesitznahme fremder Länder und Kulturen geprägt. In Indien sah man das Menetekel an der Wand: »Mit dieser Stärke, diesem unbezähmbaren Willen und dieser Grausamkeit werden die Erben der Griechen in einem künftigen Zeitalter die Welt beherrschen.« Aus europäischer Sicht war dies der erste gewaltsame Vorstoß des Westens in die Welt.

DIE ANFÄNGE DER EINEN WELT

DIE GRIECHISCHEN EROBERUNGEN setzten ungeheure historische Energien frei. Der Internationalismus der hellenistischen Ära legte das Fundament für eine gemeinsame Kultur mit einer einheitlichen Weltsicht in weiten Teilen der riesigen Region zwischen Ägypten und Indien. Diese gemeinsame geistige Basis spielt sicherlich eine entscheidende Rolle in der Entwicklung der islamischen Welt. Nicht zuletzt brachte das hellenistische Zeitalter auch eine globale wirtschaftliche Öffnung der Zivilisationen der Alten Welt. Handelsrouten führten durch Zentralasien auf der Seidenstraße bis nach China. »In früheren Zeiten«, notierte der im 2. Jahrhundert v. Chr. lebende Historiker Polybius, »bestand die Weltgeschichte aus einer Reihe unzusammenhängender Episoden. Doch von jetzt an wird Geschichte ein organisches Ganzes. Die Angelegenheiten Europas und Afrikas sind mit denen Asiens verknüpft, und alle Ereignisse sind auf andere bezogen und tragen zu einem einzigen Ziel bei.«

Im 2. Jahrhundert v. Chr. brachten die Teilnehmer chinesischer Forschungsexpeditionen nach Westasien die Kunde vom parthischen Reich in Persien und von den Griechen ins Reich der Mitte, eine Entdeckung, die weitreichende Folgen für ihr Weltbild hatte.

Aus der anderen Richtung kommend, entdeckten im 1. Jahrhundert v. Chr. wiederum griechische Seeleute das Geheimnis der Monsunzeiten. Von nun an segelten griechische und römische Händler Jahr für Jahr über den indischen Ozean, um Gewürze, Perlen und Seide aus China einzuhandeln. Bald standen die Römer mit Millionen bei den Chinesen in der Kreide, um ihre Gewürzspeicher am Tiber füllen zu können. Selbst im fernen Afghanistan gab es griechische Kolonien. Tamilische Dichtungen erzählen davon, daß es sogar in Südindien griechische Kaufleute gab, die ganz ähnlich organisiert waren wie die »indischen« Handelskompanien im 17. Jahrhundert. Faszinierend ist das aus dem 1. Jahrhundert stammende Handbuch eines alexandrinischen Kaufmannes, in dem sämtliche Häfen Ostafrikas und Indiens beschrieben und jeweils die in ihnen erhältlichen Waren verzeichnet sind: Gewürze, Perlen, Seide, Elfenbein. In den ersten beiden Jahrhunderten n. Chr. bestanden auch offizielle Kontakte zwischen dem römischen Reich und Indien. Die zahlreichen Funde römischer Goldmünzen in Tamil Nadu stammen alle aus dieser Zeit. 166 n. Chr. gab es sogar eine römische Botschaft in China. Mittlerweile wurden auch archäologische Belege für die Außenposten des Ost-West-Seehandels gefunden, darunter ein Zwischenlager bei Pondicherry in Südindien, die Speicher noch voll aretischen Weins, und eine Stadt am Mekongdelta, Oc-eo, wo eine große indische Kolonie mit Waren aus Persien und dem Mittelmeerraum handelte. So fand eine Statue der Hindu-Göttin Lakschmi den Weg in ein Haus in Pompeji (79 n. Chr.), und eine Poseidonstatue endete im fernen Kolhapur südlich von Bombay. Auch auf dem Landweg fand ein reger Warenaustausch statt. Ein Lagerhaus bei Begram in der Nähe von Kabul aus der Zeit zwischen 100 und 300 n. Chr. gab vielerlei Schätze frei: chinesische Lackarbeiten, ägyptische Gefäße aus Porphyr, griechisches Glas und Hindu-Schnitzereien aus dem Yamunatal. Selbst Tempel im fernen Japan waren mit Kostbarkeiten aus Persien und Byzanz geschmückt.

Die letzten vorchristlichen und die ersten nachchristlichen Jahrhunderte bildeten also den Anfang eines breitangelegten geistigen und kulturellen Austauschs in der gesamten Alten Welt, und es ist kein Zufall, daß die großen Universalreligionen gerade aus dieser Zeit stammen, das Christentum aus dem 1. Jahrhundert, der Manichäismus aus dem 3. und der Islam aus dem 7. Sie alle erreichten China gegen Ende des 7. Jahrhunderts über die indische Seeroute und die Seidenstraße durch Zentralasien. In dieser Zeit zeichnete sich auch zum ersten Mal so etwas wie eine Weltwirtschaft ab, die ihr Zentrum in Asien hatte, erst im 10. bis 12. Jahrhundert einen langsamen Rückgang erlebte und schließlich von den Raubzügen der Mongolen gestoppt wurde, um später von der wachsenden Wirtschaftsmacht Westeuropas weitergeführt zu werden.

DER AUFSTIEG ROMS

NICHT DIE GRIECHEN, sondern die Römer legten den Grundstein für die westliche Oberherrschaft über die Welt. Sie einten zum ersten Mal den Mittelmeerraum und Westeuropa, jenen Bereich auf der Weltkarte, den wir heute mit dem Begriff »Westen« verbinden. Wie alle Imperien gründete auch das römische Großreich auf militärischer Macht, Versklavung der unterworfenen Völker und Grausamkeit. Mit ihrer hervorragend organisierten Administration, ihren brillanten Architekten, Ingenieuren und ausgezeichneten Militär-Taktikern unterwarfen die Römer nacheinander die »unterentwickelten« regionalen Kulturen Europas, die noch in der Eisenzeit lebenden Einwohner Galliens und Britanniens ebenso wie die gebildeten Bürger von Griechenland, Ägypten, Syrien und Nordafrika. Zum ersten Mal kam Westeuropa unmittelbar mit der mediterranen afrikanischen und asiatischen Zivilisation in Berührung.

Auf der Höhe seiner Macht erstreckte sich das römische Weltreich vom Hadrianswall in Britannien bis zum persischen Golf, und man konnte sich mit Fug und Recht als Bürger von Rom bezeichnen, wenn man in Manchester, Athen, Luxor oder selbst in Uruk, im heißen Süden des Irak, lebte. Doch anders als in Indien oder China gab es keine bindende religiöse oder soziale Ethik, die die ihrem Wesen nach so unterschiedlichen Teile des Reiches zusammengehalten hätte, und so kam es im 4. Jahrhundert n. Chr. zu einer allgemeinen Krise ökonomischer, sozialer, vor allem aber geistiger Art. Zahlreiche neue religiöse Kulte und Sekten wetteiferten miteinander, die sich meist aus den alten Traditionen des Nahen Ostens und Persiens speisten: Judentum, Gnosis und Zoroastrismus. Das auf diesem religiösen Nährboden gewachsene Christentum kam damals gerade recht und wurde unter der Ägide des frisch konvertierten Kaisers Konstantin im Jahr 330 n. Chr. offiziell zur Staatsreligion des römischen Reiches erklärt. Von da an sollte der Gedanke eines irdischen und eines himmlischen Reiches unauflöslich mit der westlichen Kultur verbunden bleiben.

Der Triumph des Christentums zeigt die außergewöhnliche Fruchtbarkeit des Gedankenguts, dessen Heimat die unwirtlichen Landschaften Judäas, Syriens, Palästinas und des Irak sind: ein Zeugnis der ständigen religiösen und geistigen Inspiration, die der Westen von den älteren Kulturen des Ostens empfing. Zum ersten Mal in der Geschichte hatte eine Religion mit universalem Anspruch Wurzeln in einem Land und einer Kultur fern und fremd dem Ort ihrer Entstehung geschlagen. Ein Bestand an religiösen Glaubenssätzen, Mythen und Tabus, die von Menschen des Eisenzeitalters in Palästina stammten und ihren eigentlichen Ursprung in den bronzezeitlichen Städten des Irak hatten, wurde von den Herrschern Westeuropas als ultimative geschichtliche Offenbarung anerkannt. Und auch nachdem das römische Reich selbst im Jahr 410 n. Chr. an die Barbaren aus dem Norden gefallen war, ging dieses historische Sendungsbewußtsein nie mehr verloren. Die kulturellen Ideale Roms, der römische Imperialismus und das römische Christentum blieben die Werte und Ideologien des Westens, und die verschiedenen Renaissancen der westlichen Geschichte waren durchweg Versuche, diese alten Ideale neu zu beleben. Selbst die Bestrebungen zur Einung Europas in den neunziger Jahren unseres Jahrhunderts sind in diesem Licht zu sehen. Alle Europäer und die meisten Amerikaner sind Erben derselben Kultur. Doch anders als China und Indien mit ihrer tiefen geistigen und weltanschaulichen Kontinuität im Laufe ihrer langen Geschichte fand der Westen erst zu einem vergleichsweise späten Zeitpunkt zum Gefühl eigener Identität, denn nun wurden die Barbaren zu Römern und schufen eine neue Kultur, die die Grundlage unserer heutigen Kultur ist: die des barbarischen Westens.

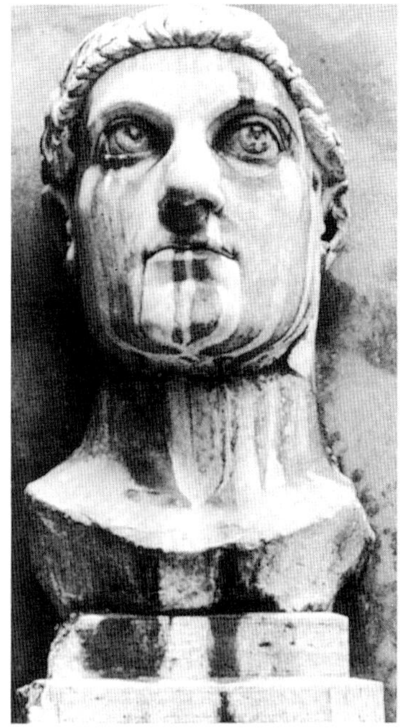

Links: *Die spätrömische Militärjunta – die Tetrarchen in Venedig (ca. 300 n. Chr.). Der nüchterne, utilitaristische Stil zeugt von einer Welt, die im Begriff war, die Ideale des klassischen Humanismus hinter sich zu lassen.*

Oben: *Kaiser Konstantin, der erste christliche römische Kaiser, ein Mann, der sich gern als rechte Hand Gottes betrachtete. Von diesem Zeitpunkt an war die Religion im Westen mit der politischen Macht verquickt.*

DAS MITTELALTER

NACH DEM FALL des römischen Reiches ließen sich germanische Barbarenstämme in den verwüsteten Provinzen nieder. An den wilden Gestaden Britanniens begannen die Angelsachsen mit ihrer aus dem Nahen Osten stammenden Religion, ihrem von Ägypten übernommenen Mönchstum und ihrer aus Italien kommenden Schriftsprache mit dem angestammten Optimismus aller Immigranten, die es in ferne Länder verschlagen hat, eine neue Ordnung zu errichten.

In Northumbria am Flüßchen Tyne muß man auf der Suche nach den Spuren der Vergangenheit viele Schichten menschlicher Geschichte abtragen, nicht zuletzt die Überreste sehr viel jüngerer »Reiche«, die auf Kohle, Stahl und Werftbau aufgebaut waren. Und dennoch kommen wir in Jarrow an einen Ort, der für die Geschichtsschreibung des Westens von wahrhaft historischer Bedeutung ist. Hier, im Kloster von St. Peter und Paul, entstand eines der ersten großen Geschichtswerke des Westens. In dieser Schrift wurde die westliche Sicht von der eigenen Bestimmung erstmals auf den Punkt gebracht, niedergelegt in lateinischer Sprache von einem Nachfahren der Barbaren. Der Verfasser war ein Mönch, Beda Venerabilis. Beda machte als erster die von Christ Geburt an zählende Datierung „Anno Domini" populär, die sich heute in der ganzen Welt durchgesetzt hat. Die Bücher, die in dieser Umgebung geschrieben wurden, geben uns einen wichtigen Einblick in die Vorstellungen der damaligen Welt. Der biblische Held David zum Beispiel wurde, dargestellt als Psalmendichter und Lehrer seines Volkes, zum Vorbild für die Herrscher der neuen Dynastien des barbarischen Westens. Dieselbe Handschrift zeigt David mit dem Speer Gottes, wie er gerechte Kriege gegen die Ungläubigen führt. Beide Bilder zusammen ergeben den idealen westlichen Herrscher, von den Kreuzzügen bis zum Golfkrieg.

Bedas Werk war zweifellos der bemerkenswerteste und der erfolgreichste Versuch, sichtbar zu machen, wie die Menschen des barbarischen Westens sich im Mittelalter unter dem Einfluß der Zivilisation – christlicher, latinischer, mediterraner Zivilisation – veränderten. In dieser Hinsicht war Beda echter Europäer. Im Vergleich zum zeitgenössischen China der Tang-Zeit freilich waren Bedas Angelsachsen und die Völker Europas in der Tat Barbaren. Sie waren, wie wir heute in der gönnerhaften Sprache der »satten Reichen« sagen würden, verarmte, unterentwickelte Immigranten aus der Dritten Welt. Und doch waren hier, an der Küste von Northumbria, im 8. Jahrhundert schon alle wichtigen Elemente vorhanden, aus denen sich die Kultur des modernen Westens entwickeln sollte: eine jüdisch-christliche Religion und Ethik, Reste des griechischen und römischen Humanismus und Rechtsbegriffes, eine einheimische germanische Gesellschaft und Sprache. Unter der Feder eines Historikers wie Beda erwuchs aus diesem Gemisch eine machtvolle Geschichte, die in die Aussage mündete, daß die Könige und Völker des barbarischen Westens die rechtmäßigen christlichen Erben des römischen Reiches seien, ein auserwähltes Volk, dazu bestimmt, uns in der letzten Phase der Menschheitsgeschichte von der Stadt der Menschen zur Stadt Gottes zu führen. Dieser Gedanke aber und diese Geschichtsauffassung sollten fortan im Mittelpunkt allen Ringens um Kultur in der Welt stehen, von Augustinus bis Marx, von Jarrow bis zum Platz des himmlischen Friedens.

DIE WURZELN DES MODERNEN WESTENS

IN DER ZEIT zwischen dem 11. und 13. Jahrhundert entwuchsen die Barbaren ihren barbarischen Anfängen. Sie brachten eine der größten Epochen in der Geschichte der Kunst und Architektur hervor, das Zeitalter der Kathedralen. Doch zugleich waren soziale Kräfte am Werk, die den festen Griff der römischen Kirche schließlich lockern sollten.

In Ostengland kann man Spuren des Wandels im Leben der einfachen Leute entdecken, Veränderungen, die sich vor achthundert Jahren abzeichneten und entscheidende Auswirkungen auf die Zukunft haben sollten. Es geht hier nicht um große Ereignisse, sondern um Sozialgeschichte, die Geschichte von Geburt, Heirat und vom Aufziehen der Kinder, und bei der Beschäftigung mit ihr tut sich eine der faszinierendsten Fragen im Zusammenhang mit dem Aufstieg des Westens auf: Wie kam es, daß Länder mit Ressourcen und Wirtschaftssystemen von doch eher kleinem, bescheidenem Zuschnitt schließlich zur Weltherrschaft gelangen konnten? Um 1550 lebten in England nur zweieinhalb Millionen Menschen; China und Indien mit ihren weitverzweigten, hochentwickelten Wirtschaftssystemen hatten schon Jahrhunderte zuvor über 100 Millionen Einwohner. In diesen Ländern waren alle großen Erfindungen gemacht worden, die für den wissenschaftlichen und industriellen Fortschritt notwendig waren. Wie konnten die westeuropäischen Länder sie übertrumpfen? War irgend etwas Besonderes am Wesen des Westens, oder war es einfach ein historischer Zufall?

In ganz Nordwesteuropa, besonders im Osten Englands, zeigen die Geburts-, Heirats- und Sterberegister, daß sich seit dem 12. Jahrhundert ganz bestimmte Trends abzuzeichnen begannen: Späte Eheschließungen, kleine, mobile Kernfamilien, aber auch ein auf Besitz und Eigentum ausgerichteter Individualismus. Zeichen einer Philosophie des freien Markts sind festzustellen, die mit hoher Wahrscheinlichkeit die erste Saat der späteren westlichen Ideologie waren, einer Ideologie, die durch die englischen, französischen und amerikanischen Revolutionen zur vorherrschenden Philosophie des Westens wurde und unser Leben bis heute bestimmt. Gerade in England sind solche Gedanken sehr tief verankert. Warum, ist nicht ganz klar. Möglicherweise trug sein Inseldasein besonders zur Bewahrung der Grundzüge archaischer egalitärer Traditionen der Bauern des Eisenzeitalters bei. Außerdem war England nicht sehr stark romanisiert. Auf jeden Fall ist das englische Gewohnheitsrecht seinem Ursprung nach angelsächsisch, genauso wie die »demokratischen« Institutionen, die es umsetzten: die Grafschaften mit ihren verschiedenen administrativen Einrichtungen. Schon im 10. Jahrhundert zeigt sich die gleichzeitige Herausbildung einer selbständigen Lokalverwaltung, einer starken Währung und des Ideals des freien Bürgers im Gegensatz zum Leibeigenen. Zahlreiche Fälle von Fronarbeitern, die sich mit Geld freikauften, weisen darauf hin, daß die Leibeigenschaft immer stärker zugunsten von Freiheit und Besitz als nützlicheren Grundlagen für das Gemeinwesen zurückgedrängt wurde. Der Hintergrund eines klar festgelegten Gesetzes, einer anerkannten Währung, persönlicher Freiheit und repräsentativer Regierung, der für uns heute so selbstverständlich ist, hat im Westen eine lange Tradition.

Außerdem heirateten die Leute später – ein wichtiger Faktor für das ökonomische Wachstum und die Geburtenkontrolle. Je früher Ehen geschlossen werden, desto mehr Generationen leben in einem Jahrhundert. In ärmeren Ländern heiraten die Menschen jung und haben große Familien. Das ist der eigentliche Auslöser für Überbevölkerung, auch für die Bevölkerungsprobleme der Welt von heute. In Teilen des mittelalterlichen Westeuropa dagegen schlossen die Männer und Frauen Vernunftehen; sie heirateten erst mit Ende Zwanzig, hatten kleine Familien und vererbten ihren Besitz ungeteilt. Die

Menschen im Westen praktizierten also bereits etwas, was zum Beispiel die Chinesen später per Gesetz erzwingen mußten.

Aus dieser Praxis erwuchs nicht nur eine wirksame Geburtenkontrolle, sie bot auch die Möglichkeit zur Bildung von Vermögen, denn wenn Lebensunterhalt, Erbe und Besitz gesichert sind, sind keine Großfamilien notwendig. Der Westen wurde also bereits damals zu einer mobilen, auf Besitz gegründeten Gesellschaft, die sich von der Großfamilie und den alten Gepflogenheiten des Fixiertseins an einem Ort und in einem Beruf entfernte. Das war der Vorläufer eines Wertewandels, in dessen Verlauf der moderne Westen sich von allen traditionellen Gesellschaften lösen sollte, kündigten sich darin doch die Vorboten des westlichen Individualismus an. In ganz Nordeuropa, besonders in Deutschland und Holland, waren solche individualistischen Agrargesellschaften zu finden. Sie vertraten eine ganz bestimmte Weltsicht, die zweifellos, genau wie in Indien oder China, etwas mit dem Klima, den landschaftlichen Bedingungen und der Bodenbeschaffenheit ihres Lebensraums zu tun hatte, mit jenen Einflüssen, die die Art prägen, wie Menschen sich in der Geschichte einrichten. Dieser Weltsicht zugrunde lag der Gedanke der Freiheit, basierend auf Besitz und Gewohnheitsrecht und den Rechten des gemeinen Mannes – eine Vorstellung, die ureigentlich aus Europa stammt und nicht aus dem alten Athen. Sie stellte das Recht des einzelnen stärker in den Mittelpunkt und formulierte daraus eine Philosophie, die zumindest eine Zeitlang die Welt beherrschen sollte. Und sie brachte eine der wichtigsten Errungenschaften der westlichen Tradition hervor: den Gedanken der offenen Gesellschaft.

DIE RENAISSANCE IM ISLAM UND IM WESTEN

IN DER ZEIT zwischen dem 8. und 11. Jahrhundert fungierte immer noch der Fruchtbare Halbmond als der große Schrittmacher der Kultur in Westasien. Die Moslems hatten das Erbe der Alten angetreten und im mittelalterlichen Bagdad erstmals den Versuch unternommen, eine Brücke zwischen den Religionen und den Philosophien des Ostens und des Westens zu schlagen. Durch die arabischen Universitäten und Bibliotheken gelangten babylonische Astronomie, Hindu-Mathematik und chinesische Naturwissenschaft nach Europa. Arabische Gelehrte schufen eine geniale Synthese aus persischer, griechischer, jüdischer und moslemischer Philosophie und Metaphysik. Es war eine der großen multikulturellen Epochen in der Weltgeschichte. Im Basra des 10. Jahrhunderts verschrieb sich ein Kreis von Gelehrten, die sich »Brüder der Reinheit« nannten, einem ehrgeizigen geistigen Projekt, das heute undenkbar erscheint: »Wenn man den arabischen Glauben und die jüdische Intelligenz mit irakischer Bildung, christlicher Lebensführung, griechischem Wissen, indischer Mystik und einer sufistischen Lebenshaltung verbinden könnte, dann hätte die Menschheit das Stadium der Vollkommenheit erreicht.« Der Traum der »Brüder der Reinheit«: das großartige Credo einer wahrhaft internationalen Kultur.

Der westliche Humanismus, der in der italienischen Renaissance wiederauflebte, verdankte der moslemischen Übermittlung des griechischen Erbes sehr viel, wie überhaupt den zahlreichen kulturellen Anregungen, die noch immer aus Asien kamen und das spirituelle und philosophische Leben des Westens befruchteten. Neuere Untersuchungen über das Aufkommen der ersten Kollegs und Universitäten im späten Mittelalter in Europa zeigen, daß sie sich in Organisation und Lehrplan stark an das Vorbild ihrer islamischen Pendants anlehnten. Als der berühmte italienische Humanist Pico della Mirandola im 15. Jahrhundert die alte griechische Formel von der Größe des Menschen wiederaufgriff, schrieb er bezeichnenderweise: »Es gibt nichts Herrlicheres auf der Bühne der Welt als den Menschen. Das habe ich in den Werken der Araber gelesen.«

Im 13. und 14. Jahrhundert betrat man in Italien und anderen Teilen Europas schließlich auch jenen Weg, den die Gelehrten in Bagdad schon vierhundert Jahre zuvor eingeschlagen hatten: Es kam zur Assimilation an eine immer noch in erster Linie religiös geprägte Kultur, in der der Glaube an die theokratische Herrschaftsform Hand in Hand ging mit der Hochschätzung und Aneignung klassischer Bildung, mit der intensiven Beschäftigung mit dem Gedankengut des Hellenismus, mit einem von skeptischem Rationalismus getragenen Wissenschaftsverständnis und dem Hang zum Neuplatonismus bis hin zur Aufnahme noch älterer magischer und gnostischer Traditionen. »Wir haben kürzlich vernommen«, schrieb Ibn Haldun im Jahr 1377, »daß in Westeuropa die Geisteswissenschaften blühen, ihre Werke wiederaufleben, daß immer mehr studiert wird und die Zahl der Lehrer und Studenten steigt.« Die Auswirkungen dieses tiefgreifenden psychologischen Wandels in der westlichen Kultur sind noch heute spürbar, haben sie doch der religiösen Weltsicht, die seit dem Mittelalter das Ethos der westlichen Gesellschaft bestimmt hatte, wohl letztlich den Todesstoß versetzt und zum Sieg unserer heutigen säkularen Kultur mit ihren positiven und negativen Seiten geführt. Warum der Islam nicht dieselbe Entwicklung durchgemacht hat, ist eine der wichtigsten Fragen unserer Zeit, deren Beantwortung den Rahmen dieses Buches jedoch sprengen würde. Im Blick auf den Westen aber müssen wir wohl konstatieren, daß die humanistische Vision und das Diktat der christlichen Religion mit ihrer deterministischen Geschichtsauffassung im Grunde immer unversöhnbar waren, liegt doch gerade im Widerspruch zwischen diesen beiden der Kern des westlichen Selbstbewußtseins, erwuchsen hieraus seine größten Triumphe und seine schwersten Niederlagen. In dem Bemühen, diesen Widerspruch auszuloten und zu überwinden, hat die westliche Kultur in Kunst, Musik und Literatur Meisterwerke hervorgebracht, die den Vergleich mit keiner anderen Kultur zu scheuen brauchen. Gleichzeitig aber fiel der Westen mehr als jede andere Kultur dem tiefverwurzelten Zwiespalt seines Wesens zum Opfer, jenem ewigen manichäischen Kampf der zwei Seelen in seiner Brust, der im Europa der Gegenwart seinen furchtbaren Höhepunkt erreichte.

EINE NEUE WELT

BIS INS 13. Jahrhundert hinein waren der Irak, Indien und China die Mutterländer der Zivilisation. Nach den verheerenden Mongolenstürmen jener Zeit kamen bis zum 16. Jahrhundert eine Reihe neuer islamischer Reiche an die Macht, deren Heere bis vor

Ganz links: *Der Moghulkaiser Jahangir umarmt, auf der Weltkugel stehend, Schah Abbas von Persien, ca. 1620. Zur gleichen Zeit, noch während die alten Zivilisationen der Welt (Persien, Indien und das China der Ming-Zeit) in ihrer höchsten Blüte standen, sollte die Karte unter ihren Füßen neu gezeichnet werden.*

Links: *Vor der Kathedrale von St. James, Momostenango, Guatemala, brennt zum Fest von »Acht Affe« ein Feuer auf einem Maya-Altar. Las Casas schrieb 1542: »Alles, was seit der wunderbaren Entdeckung Amerikas geschehen ist, war so außergewöhnlich, daß es für jeden, der es nicht mit eigenen Augen gesehen hat, unglaubwürdig bleiben muß.«*

die Tore Wiens und an die Mündung des Ganges vorrückten: die Türken, die Safawiden in Persien und die Moghuln in Indien. Begrenzt in ihrer geographischen Ausdehnung, dünner besiedelt und ärmer an natürlichen Ressourcen, waren die Länder Westeuropas gezwungen, dem Druck der alten Großmächte Asiens auszuweichen. Infolge einer Verkettung historischer Zufälle am Ende des Jahrhunderts, als die Mongolen im Rückzug begriffen waren, »entdeckte« der Westen die Neue Welt. Dieses Ereignis war ganz eindeutig bestimmend für den gesamten Verlauf der modernen westlichen Geschichte, ein Durchbruch, der weitere unvorstellbare geistige Horizonte eröffnete und nie erträumten Reichtum nach Europa fließen ließ. Vielleicht war die Entdeckung Amerikas wirklich, wie Adam Smith meinte, das wichtigste historische Ereignis überhaupt. Von Mexiko bis zu den Anden eigneten sich die Europäer gierig die nahezu unerschöpflichen Reichtümer der Neuen Welt an, versklavten ihre Ureinwohner und zwangen diesen ihre eigenen Götter auf. Zum ersten Mal in der Geschichte ging eine Zivilisation ganz bewußt darauf aus, eine andere zu vernichten. In Peru und Mittelamerika fielen zwei der sechs ältesten, unabhängig entstandenen Kulturen der Welt den Eindringlingen aus Europa mit ihrer *einen* Wahrheit zum Opfer.

Heute wissen wir, daß 1492 ein Wendepunkt für die eingeborenen Völker der Neuen Welt war, der den Beginn eines systematisch gegen sie geführten Ausrottungskrieges bezeichnete, geführt mit westlichen Waffen, westlicher Religion und westlicher Ideologie. Und diese Jahreszahl markierte zugleich auch den Anfang ihres verzweifelten Kampfes um die Bewahrung ihrer ureigenen Traditionen, Überzeugungen und Bräuche, ihrer angestammten Weltsicht, gegen den überwältigenden Einfluß und Druck der westlichen Kultur. Heute noch, fünfhundert Jahre später, dauert dieser Kampf an. Die Eroberung der Neuen Welt war begleitet von nie dagewesenen Verlusten an Menschenleben. Allein in den hundert Jahren nach Kolumbus starben über zwei Drittel der Bevölkerung des amerikanischen Kontinents durch Krankheit und Gewalt. Kolumbus schrieb an die Königin von Spanien: »Unsere europäische Kultur wird den Eingeborenen Licht in ihre Finsternis bringen, für uns selbst aber werden wir Gold gewinnen, und mit Gold werden wir imstande sein, alles auf der Welt zu tun, was wir tun wollen, ja Seelen ins Paradies zu bringen.«

DIE AUFKLÄRUNG

DURCH DIE ENTDECKUNG der Neuen Welt verlor der Mittelmeerraum, bis dahin das kulturelle Kernland des Westens, mehr und mehr an Bedeutung, und Länder an der Nordwestküste Europas, wie Holland und England, die protestantisch und kapitalistisch geprägt waren, übernahmen eine Führungsrolle. Die Vorzeichen dieses Wandels waren schon lange zuvor erkennbar gewesen. Die gravierenden Unterschiede zwischen den nordeuropäischen Ländern, die nie oder allenfalls oberflächlich romanisiert worden waren, und den Mittelmeerländern lagen in der Sprache, Ernährung, dem Brauchtum, der Kunst und Religion – alles Dinge, die unvermeidlich zum Bruch der individualistisch ausgerichteten Völker Nordwesteuropas mit der geistlichen Autorität Roms führen mußte. Und dies geschah dann mit der Reformation. Die Protestanten in England, die Calvinisten in Holland, die Lutheraner in Deutschland gingen ihren eigenen Weg, und damit verlor Rom seine kulturelle Führungsposition im Westen, auch wenn es ihm gelang, im Zeitalter der Entdeckungen sein geistliches Reich in der Neuen Welt und anderswo zu erneuern und sogar noch auszudehnen.

In Maldon, einer kleinen Hafenstadt an der englischen Ostküste, ist ein Symbol dieses protestantischen, individualistischen Zeitalters erhalten geblieben: die vollständige Bibliothek von Thomas Plume, einem Gelehrten des 17. Jahrhunderts, der in Cambridge die Professur für Astronomie innehatte. In dieser Bibliothek finden wir Spuren der Veränderung der westlichen Weltanschauung unter dem Einfluß von Individualismus und Naturwissenschaft. Plumes siebentausend Bücher versetzen uns zurück in das geistige Klima der neuen, säkularen Kultur des Westens in dem Augenblick, da diese Kultur auf der Schwelle zur Weltherrschaft stand. Da finden sich neben Übersetzungen aus der griechischen und arabischen Wissenschaft Galileos Vision des Kosmos und Descartes, der die Wunder des menschlichen Körpers in ihre Bestandteile zerlegt. Die eigentliche Galionsfigur des neuen Geistes aber war Francis Bacon. Bacon erkannte, daß Wis-

Francis Bacon (1561–1626), der erste Philosoph der modernen Naturwissenschaft. Der moderne Diskurs über den Anspruch der Wissenschaft tendierte – von Galileo bis Hawking – dazu, die »reine, theoretische« Wissenschaft zu betonen, wirklichen Einfluß aber hat die »angewandte« Wissenschaft, die vom politischen, wirtschaftlichen und militärischen Establishment auf die Welt losgelassen wird. In diesem Sinne war Bacon gleichsam der Prophet der modernen Wissenschaft im Dienste von Gewalt und Hegemonie.

senschaft und Technologie in Zukunft dazu eingesetzt würden, um andere Völker des Planeten besitzlos zu machen und die Natur selbst zu unterwerfen. »Bacon hat auf geistigem Gebiet vollzogen, was die politischen Machthaber großer Reiche getan haben«, schrieb der italienische Philosoph Vico. »Wenn sie Macht über die Menschen erlangt haben, richten sie ihre gewaltigen Ressourcen gegen die Natur selbst.« Bacon erscheint heute wie der Prophet unseres Zeitalters; er zeigte den Weg auf, der schließlich zu Weltkriegen, Atomwaffen und in Umweltkrisen führte.

Die folgenschweren Implikationen des neuen Wissenschaftsverständnisses waren Bacon selbst nicht unbekannt, denn wenn seine Einschätzung zutraf, daß »von nun an in menschlichen Angelegenheiten das theoretisch richtig sein wird, was in der Praxis am nützlichsten ist«, dann konnte die Wahrheit in Zukunft von der Nützlichkeit her definiert werden, nicht mehr von der Religion oder der Moral. Und so »konnte der Mensch sich selbst zum Gesetz werden« und war »nicht mehr von Gott abhängig«. Das ist einer der Grundgedanken unserer modernen, westlichen, wissenschaftsorientierten

Zivilisation, die sich daran machte, die gesamte Welt in diesem Sinne auszubeuten und zu unterwerfen.

Für die Kinder dieser Zivilisation stellte sich das Leben als eine Kette von Phänomenen dar, die ohne Ausnahme naturwissenschaftlich erklärbar waren. Die Erde war fortan nicht mehr heilig, sie unterlag vielmehr von jetzt an der westlichen Bestimmung von Raum und Zeit und wurde, ausgehend von einem in Greenwich festgelegten Meridian, kartographisch erfaßt. Als der Jesuit Matteo Ricci den Chinesen zum ersten Mal eine Karte von der ganzen Welt zeigte, waren sie tief beeindruckt vom Wissen dieser sogenannten »Barbaren«. »Bis dahin«, schrieb Ricci, »hatten sie Weltkarten gedruckt, auf denen es nur China gab.« Doch als sie nun sahen, daß die Welt so groß und China nur ein kleines Stück davon war, wurde ihnen klar, daß die Welt sich wirklich verändert hatte.

DIE AMERIKANISCHE UNABHÄNGIGKEIT

SEINEN ERSTEN POLITISCHEN AUSDRUCK fand dieses neue Wissen nicht in Europa, sondern in Amerika. Die riesige Weite des Landes und die verglichen damit relativ geringe Zahl der Ureinwohner machte es den Siedlern leicht, die eingeborenen Amerikaner aus ihrer angestammten Heimat zu vertreiben und ihre eigene, neue Gesellschaft zu etablieren, gestützt auf die Arbeit aus Afrika importierter Sklaven. Man geht davon aus, daß zwischen dem Ende des 17. und dem Anfang des 19. Jahrhunderts über elf Millionen Menschen zu diesem Zweck und damit letztlich zur Steigerung der Profite der weiterverarbeitenden Industrie im europäischen Mutterland aus Afrika nach Amerika verschifft wurden. Es war die größte mit Gewalt erzwungene Völkerwanderung der Geschichte. Bacons utilitaristisches Schreckbild war wahr geworden. Männer wie Jefferson, Franklin und ihre Anhänger waren sich der Ungerechtigkeit der Sklaverei durchaus bewußt. Sie hatten alle Bacon und Hobbes und die führenden Geister der französischen Aufklärung in ihren Bibliotheken stehen, um ihren Glauben an die Vernunft und eine eingeschränkte Demokratie zu rechtfertigen, die die Zukunft formen und allen Menschen bestimmte unveräußerliche Rechte auf Leben, Freiheit und das Streben nach Glück zusichern sollte. Es war eine verführerische Vision für die Armen und Entrechteten in Europa. Zwischen dem 17. und 20. Jahrhundert gelang es Millionen Europäern, den engen traditionellen Grenzen, die ihrem Bedürfnis nach Raum und persönlicher Freiheit gesteckt waren, zu entfliehen und sich auf dem Land, das eigentlich anderen gehörte, festzusetzen, was zu einer totalen Verschiebung des historischen, demographischen und ökologischen Gleichgewichts auf der Welt führte.

Als Jefferson und die Revolutionäre von 1776 das Siegel auf die Verfassung ihrer neugeschaffenen Republik drückten, taten sie dies unter dem Motto des römischen Dichters Vergil, der zur Kaiserzeit gelebt und eine neue Weltordnung angekündigt hatte. Man kann dieses Motto noch heute auf jeder Dollarnote erkennen. Die neue Ordnung beruhte auf dem auf Besitz ausgerichteten Individualismus, dessen Entstehung wir bis ins mittelalterliche England zurückverfolgt haben, und auf der Annahme der grundsätzlichen Überlegenheit des weißen, christlichen, angelsächsischen Menschen. Diese Ideen, verwirklicht auf dem Boden eingeschränkter Demokratien, die von Landeigentümern und Bankiers geführt wurden, sollten zur Grundlage des phänomenalen Erfolges der westlichen Mächte werden.

INDUSTRIELLE REVOLUTION UND WELTHANDEL

BIS DAHIN WAREN die meisten großen technologischen Neuerungen aus Asien gekommen. Der beste Stahl im 17. Jahrhundert stammte aus Indien, ebenso die beste Baumwolle und die besten Textilerzeugnisse. China war lange führend in der Fertigung von Gußeisenteilen und auf vielen anderen Gebieten der Massenproduktion. Doch im Laufe des 18. Jahrhunderts gelang es den Seemächten Nordwesteuropas, die industrielle Revolution im Rücken, durch den massiven Einsatz ihrer Seemacht den Welthandel an sich zu reißen. Damit war eine neue internationale Zivilisationsform geboren, in der die meisten von uns noch heute leben: der Industrie-Kapitalismus – ein System, das sich auf Großkonzerne stützt und von der Ausbeutung der sogenannten Dritten Welt lebt. Seit dieser Zeit hat das Phänomen der Industriestadt das Gesicht der Welt verändert, von den Ebenen Indiens bis hin zum Gelben Fluß in China. Die langfristigen Auswirkungen auf den Menschen, seine Umwelt und die Biosphäre werden erst heute allmählich sichtbar. Im 19. Jahrhundert waren ausländische Beobachter tief beeindruckt vom heroischen Materialismus des neuen Europa. Ein chinesischer Diplomat sagte über die Briten: »Sie sind ein außergewöhnlich begabtes Volk. Wie können wir sie weiter als Barbaren bezeichnen, nun, da sie das Gewand der Zivilisation angezogen haben?« Einige Außenseiter diskutierten sogar die geistigen Verdienste dieser neuen Gesellschaftsform. Hu Shih zum Beispiel verteidigte die Ideologie des materialistischen Westens, weil sie seiner Ansicht nach geistiger war als die Chinas, denn ihre Ideale seien »auf das Streben nach dem Glück der Menschen ausgerichtet, und durch den wachsenden materiellen Wohlstand wird sie auch die geistigen Bedürfnisse der Menschen befriedigen. Durch Fortschritte der Philosophie, Religion und Ethik wird sie die Religionen des Aberglaubens überwinden und einer größeren Zahl Menschen das höchste Glück bringen.« Hu Shih schrieb diese Zeilen in den zwanziger Jahren unseres Jahrhunderts, vor dem Zweiten Weltkrieg und der schmerzhaften und gewaltsamen Geburt eines neuen China. Aber ohne Zweifel werden die Hoffnungen, die er in die Ideologie des Westens setzte, noch heute allenthalben beschworen, von den Konferenzsälen der Mächtigen bis in die Klassenzimmer hinein. Vielleicht wird er eines Tages Recht behalten.

SCHLUSS

UND WO STEHT DER WESTEN heute, in den neunziger Jahren des 20. Jahrhunderts? Können wir wirklich von einem Triumph der westlichen Werte in der ganzen Welt sprechen? Und wenn dem so wäre, wäre es überhaupt wünschenswert? Fünfhundert Jahre nach Kolumbus liegt die Hauptstadt des Westens, ja im Grunde die Hauptstadt der Welt, in der

»Welche Ironie liegt darin«, schrieb ein indischer Kritiker, »daß unsere modernen Lehrer ausgerechnet Engländer sind, denn von allen westlichen Nationen widersetzen sie sich am hartnäckigsten dem Einfluß neuer Vorstellungen und Ideen!«

Neuen Welt: Washington, D.C. Die Vereinigten Staaten haben das mittelalterliche Erbe der Barbaren des Westens angetreten, mit denen sie Sprache, Kultur und Religion gemein haben. Die Monumente in Washington – ägyptische Obelisken, griechische und römische Tempel – künden zugleich davon, daß die Stadt sich nicht nur als rechtmäßige Erbin Europas, sondern auch der alten Kulturen betrachtet. Nie zuvor in der Geschichte lag soviel Macht bei einer einzigen Nation. Die Ideale der neuen Ordnung, für die sie steht, sind, wie schon Hu Shih schrieb, durchaus edler Natur. Man denke nur an das vom Parthenon Athens inspirierte Lincoln Memorial, die Gedenkstätte für einen Mann, der in einem mit brutalster Grausamkeit geführten Bürgerkrieg den Idealen der europäischen Aufklärung und der französischen und amerikanischen Revolution treu blieb: der festen Überzeugung, daß alle Menschen gleich geboren sind, mit dem gleichen Recht auf Freiheit und Glück.

Doch es gibt eine Kehrseite dieser glänzenden Medaille des Westens. Das 20. Jahrhundert war ein Jahrhundert von Kriegen, wie sie die Welt bis dahin kaum je erschüttert haben – Kriege, die direkt oder indirekt von westlichen Mächten in der ganzen Welt ausgetragen wurden. Am traumatischschsten war dabei fraglos der Krieg zwischen 1939 und 1945 mit dem im Kernland europäischer Kultur (in dem Land, in dem die Musik und

Missionarin mit Sänfte, Fukien, ca. 1898. Nach der Ankunft protestantischer Missionare war es rasch vorbei mit dem alten Bild von China: »Ein zweitklassiges Land, dessen Einwohner, die des Lichtes Gottes ermangeln, unfehlbar als minderwertige Wesen gelten müssen.«

Philosophie des Westens ihren sublimsten Ausdruck gefunden hatten) unternommenen systematischen Versuch, ein ganzes Volk auszurotten. Diesem Versuch, der auf verdrehten Theorien von rassischer Hegemonie basierte, fielen Millionen von Menschen zum Opfer. Dieses Geschehen war so entsetzlich, daß es weder zu glauben noch zu beschreiben ist, und mit Sicherheit gibt es dazu keine Parallele in den großen Kulturen der Vergangenheit. Seither gerieten die kleineren und ärmeren Völker der Welt immer wieder zwischen die Mühlsteine fortgesetzter Rivalitäten der Großmächte. Zunächst waren sie dabei lange Zeit grausamen Übergriffen und massiver Ausbeutung ausgesetzt, dann dem nicht weniger hartnäckigen Bemühen, ihnen um jeden Preis die westliche Ideologie und die sogenannten Annehmlichkeiten des Westens aufzudrängen. Als Folge davon erlebten die alten Kulturen der Welt, von Afrika, dem Ursprungsland der Menschheit, bis nach Asien und zum amerikanischen Kontinent, unter dem Ansturm des Westens eine radikale Umkehrung des Bestehenden, im guten wie im schlechten Sinne. Die Kluft zwischen den Reichen und den Armen der Welt ist dabei in den letzten dreißig Jahren immer größer geworden.

Wir leben heute in einer unruhigen Zeit, die sicherlich nicht dazu angetan ist, uns den Glauben an Utopien zu lehren. Doch wenn all das Gerede von einer neuen Weltordnung

Oben: *Die Durbar-Prozession Akbars II., Herrscher in Delhi, ca. 1815; auf Elefanten reitend, mit Hut, die britischen Kolonialherren. »Es ist kaum möglich, die unschätzbaren Vorteile abzusehen, die wir aus der Verbreitung der europäischen Zivilisation unter der Bevölkerung des Ostens ziehen können«, schrieb Macaulay 1833.*

Rechts: *Die Idee des Fortschritts – Entwicklungen in der Kommunikationstechnik und Technologie unter der Herrschaft Königin Viktorias, festgehalten für das Jubiläum von 1887. Der Westen hat nie dagewesene materielle Gewinne errungen und zugleich die Gefahr einer Umweltkatastrophe herbeigeführt.*

im kommenden Jahrhundert Substanz gewinnen soll, dann sollten wir vielleicht noch einmal mit unverstelltem Blick unsere eigene Geschichte betrachten, mit den Augen der anderen, und unsere kollektiven Mythen und hochgepriesenen Ideale in Frage stellen, vielleicht sogar unser kostbarstes Gut, den Gedanken der persönlichen Freiheit. In den Ländern des reichen Westens macht sich eine wachsende Beunruhigung breit – das Gefühl, daß der westliche *Way of Life* moralisch wie praktisch nicht länger tragbar ist angesichts der massiven Umweltverschmutzung und -zerstörung und der ununterbrochen fortdauernden Ausbeutung des größten Teils der Menschheit. Wenn diese Beunruhigung gerechtfertigt ist – und das ist sie zweifellos –, dann läßt sich das Problem, vor dem die nächste Generation steht, auf eine einfache Formel bringen: Reichen die Werte des Westens allein aus, die Unversehrtheit unseres Planeten auch für die Zukunft zu garantieren? Wir haben gesehen, daß diese Werte größtenteils in der Geschichte des Westens wurzeln: individualistisch, auf Konkurrenzkampf und Erwerb ausgerichtet, immer auf Expansion aus, »niemals zufrieden in einem leeren Raum«, wie Pascal es formulierte. Doch die Träger dieser Weltanschauung, die Herren des Westens, haben das Schicksal unseres Planeten in der Hand. Vielleicht ist der Westen gerade im Augenblick seines höchsten Triumphes an jenem Punkt angekommen, an den alle Zivilisationen früher oder später gelangen, an dem es unerläßlich wird, von anderen zu lernen und sich selbst zu wandeln, um die endgültige Katastrophe zu verhüten. Die Umweltkrise und die geistige Krise unserer Tage gehen auf eine bestimmte Zivilisationsform zurück: die Zivilisation des Westens. Vielleicht ist es jetzt an der Zeit für einen Dialog mit den anderen Völkern und Kulturen der Welt, einen Dialog, der alle bisherigen Grenzen sprengt. Es gibt Anzeichen dafür, daß dieser Prozeß bereits in Gang kommt, und wenn ein solcher wechselseitiger Austausch tatsächlich in einem geistigen Klima der Gleichheit stattfinden sollte, so wird er sicherlich dieselben fundamentalen Fragen zum Gegenstand haben, die schon im Achsenzeitalter von Konfuzius, Buddha und ihren Zeitgenossen thematisiert wurden: den Widerspruch zwischen den Ansprüchen auf Freiheit und Gleichheit, den Konflikt zwischen den Ansprüchen des einzelnen und des Kollektivs, zwischen dem Rationalen und dem Spirituellen.

Indien hat uns schon vor langer Zeit gelehrt, daß die Gier nach Besitz uns am Ende zerstören wird und daß das Leben heilig ist – alles Leben, nicht nur das der Menschen. Und die Chinesen glaubten einst, daß die Grundlage des Lebens in der Harmonie zwischen Menschheit und Natur besteht, in der Balance zwischen den Bedürfnissen des einzelnen und der Gesellschaft, im Akzeptieren von Grenzen für unsere Wünsche in einer Welt mit begrenzten Ressourcen. Auch die Kultur des Islam, der der Westen mit tiefem Mißtrauen und wenig Sympathie gegenübersteht, kann der Welt etwas von der Dynamik humanistischer Werte, des Pluralismus und der Spiritualität in einer modernen Gesellschaft vermitteln: den Wert der Tradition. Das Vermächtnis dieser fremden Kulturen spricht heute, am Ende unseres von Zerstörung gezeichneten Jahrhunderts, mit wachsender Dringlichkeit zu uns. Ihre Stimmen sind die Stimmen der Mehrheit der Weltbevölkerung, und ihre Einsichten sind heute gleichsam unsere Regenwälder des Geistes.

»Das Ziel der Zivilisation ist das an einem Ort zur Ruhe gekommene Leben und das Erlangen eines gewissen Luxus. Doch es gibt eine Grenze, die nicht überschritten werden darf. Wenn einem Volk Reichtum und Luxus zuteil werden, folgen meist Verschwendungssucht und Extravaganz«, schrieb der größte aller Historiker, der Araber Ibn Haldun. »Damit aber«, so meinte er, »nimmt die Seele des Menschen Schaden, in ihrem weltlichen Wohlbefinden ebenso wie in ihrem geistig-religiösen Leben.«

RÜCKKEHR NACH URUK

EIN LETZTER GANG auf unserer Suche nach den Ursprüngen der Zivilisation liegt noch vor uns: der Weg zurück an den Ausgangspunkt unserer Reise im Südirak, in den Garten Eden, nach Uruk, zur ersten Stadt der Welt. Hier vollzog sich vor fünftausend Jahren das Revolutionäre, daß Menschen zum ersten Mal anfingen, in Städten zu wohnen und ein Leben zu führen, das heute das Leben des größten Teils der Erdbevölkerung ist. Uruk selbst ist heute eine wüste Mondlandschaft, seine einst so fruchtbaren Felder wurden durch ökologische Katastrophen zerstört. Fünftausend Jahre nach diesen ersten Anfängen der Zivilisation hier im Irak sind wir noch immer fasziniert von den Erfahrungen dieser Menschen, nicht nur von ihrem Erfindungsgeist, sondern auch von ihrem pessi-

Ganz links: *Die Schrecken des Ersten Weltkriegs wandelten das Bild, das nicht-westliche Länder vom Westen hatten. »Westliche Zivilisation?«, sagte Gandhi, »Eine gute Idee.«*

Links: *Indische Ayah mit europäischem Baby. »Der Begegnung von Ost und West auf indischem Boden ist das Glück der Erfüllung versagt geblieben«, schrieb Rabindranath Tagore im Jahr 1901, »doch die großen Errungenschaften beider Welten ergänzen einander, und ihr echtes Zusammenwirken wird unerläßlich sein für eine wahrhaft universale Kultur.«*

»Wütende Stürme versammelten sich und vernichteten die Prophezeiungen und die göttlichen Ideale Sumers.« Südirak, das Ursprungsland urbaner Kultur, im Frühjahr 1991.

mistischen Geschichtsverständnis, von ihrem Kampf um den Frieden, dem Kampf um ein funktionierendes Gesetz und eine brauchbare soziale Ordnung, um die Bewahrung der Erde. Wir haben inzwischen den Weltraum erforscht und das Funktionieren des menschlichen Gehirns, und doch können wir dem uralten Bund mit Mutter Erde, den alle sogenannten primitiven Gesellschaften voraussetzen, nicht entrinnen. Vor fünftausend Jahren, mit den ersten Städten hier im Irak, setzte eine grundlegende Spaltung der menschlichen Psyche ein, eine Neuordnung von Kosmologie und Technologie, ein Wandlungsprozeß, der zu einer Lebensform führte, die abgetrennt ist von der Natur und von ökonomischen Zwängen beherrscht wird, die ältere Verhaltensformen ersetzt haben. In den letzten hundert Jahren ist es dem Westen gelungen, diese Lebensform auf der ganzen Welt heimisch zu machen. Und nun, fünftausend Jahre später, steht die Zivilisation weltweit vor genau denselben Problemen wie ganz zu Beginn: erstarrte politische Strukturen, durch die Wenige die große Mehrheit beherrschen; Überbevölkerung; ungleiche Verteilung der Reichtümer der Erde zwischen Reich und Arm und eine Verschwendung der natürlichen Ressourcen im großen Stil durch die Satten; der Anachronismus des souveränen, unabhängigen Nationalstaates – der ohnehin schon bald im Papierkorb der Geschichte landen wird.

Das zivilisatorische Vermächtnis von hundertfünfzig Generationen beflügelt, wie es sich der alte Dichter aus Uruk, der Verfasser des Gilgamesch-Epos, einst erträumte, unsere Phantasie und macht uns vielleicht sogar frei. Doch unser materieller Erfolg bedroht mittlerweile unsere ganze Spezies, ja sämtliche Spezies dieser Erde, deren Rechte sich allmählich unüberhörbar neben den vielbeschworenen Grundrechten des Menschen geltend zu machen beginnen. Fast unlösbar scheinen die Probleme, die wir unseren Kindern und Kindeskindern für das 21. Jahrhundert hinterlassen.

Die alten Sumerer, die Schöpfer der ersten Zivilisation, hatten einen wunderschönen Mythos über deren Entstehung. Am Anfang stand, so erzählten sie, ein Teufelspakt. Er eröffnete den Weg zu den edelsten Idealen der Menschheit, aber er brachte auch Gewalt, Gier und Zerstörung. All das ist Zivilisation, sagt der sumerische Gott der Weisheit zu Inanna von Uruk, die die erhandelten Gaben fortträgt in ihre Stadt und dann in die ganze Welt. Und wenn du das Gute, das sie spenden kann, haben willst, fährt er fort, dann mußt du alle ihre Wesenszüge widerspruchslos hinnehmen:

... Die Kunst der Macht,
die Kunst der Verstellung,
die Kunst der Aufrichtigkeit,
das Plündern von Städten,
das Dichten von Klageliedern,
die Herzensfreude.

das Handwerk des Zimmermanns,
das Handwerk des Kupferschmieds,
das Handwerk des Schreibers,
das Handwerk des Schmieds,
das Handwerk des Binsenflechters.

... die Kunst der Freundlichkeit,
das Hegen des Feuers,
den ermatteten Arm,
den hungrigen Mund,
die Familiengemeinschaft,
die Nachkommen ...

... Furcht, Bestürzung, Unbehagen,
das Schlichten des Streits,
das Stillen des Herzens ...

All dies will ich dir schenken, heilige Inanna, doch wenn du es angenommen hast, muß alles Fragen erlöschen, und es wird kein Zurück geben.

BIBLIOGRAPHIE

DAS VORLIEGENDE BUCH ist aus Filmdrehbüchern entstanden, wobei Texte, die von Bildern begleitet werden, natürlich eine völlig andere Qualität haben müssen als Texte in einem Buch. Bei einem Buch hofft man im Grunde, den Leser dazu anzuregen, immer weiter zu lesen, vor allem in den Werken jener Gelehrten, auf deren Arbeit sich ein Großteil dieses Buches stützt – Gelehrte wie Simon Leys, Raymond Dawson und Theodore de Bary, die über China berichteten, Barry Kemp, der über Ägypten, und T. F. Madan, der über Indien geschrieben hat. Deshalb habe ich die folgende Bibliographie erstellt, die die wichtigsten der Bücher umfaßt, die ich interessant und nützlich fand.

Zum Irak: Aus naheliegenden Gründen gibt es keinen guten Irakführer (der alte *Guide Bleu* ist noch immer der beste), wohl aber einen ausgezeichneten Atlas, M. Roafs *A Cultural Atlas of Mesopotamia* (1991). Als geschichtliche Grundlage: G. Roux, *Ancient Iraq* (Penguin 1980 ed.). Zur romantischen Geschichte der irakischen Archäologie: Seton Lloyd, *Foundations in the Dust* (1980 ed.). Eine glänzende Zusammenfassung der frühen Religionen liefert T. Jacobsons *The Treasures of Darkness* (1976). S. N. Kramers *History begins at Sumer* (1981 ed.) und *The Sumerians* (1963) sind noch immer Klassiker. Hinweise auf die Ausgrabungsstätten in Uruk, Eridu, Ur, Nippur etc. finden sich in diesen Werken und in S. Lloyds *The Archaeology of Mesopotamia* (1978). Zur sumerischen Literatur und Dichtung: T. Jacobson, *The Harps that once ...* (1987) und S. Delley, *Myths from Mesopotamia* (1989). Übersichtswerke über die islamische Periode: Eine gute Einführung ist A. Houranis *Geschichte der arabischen Völker* (1992); zum mittelalterlichen Bagdad: G. Makdisi, *The Rise of Colleges* (1981) und *Religion, Learning and Science – the Abbasid Period* hrsg. von M. J. L. Young und J. D. Lathan (Cambridge 1990). Gute Einführungen zu den Sufis von Bagdad und Basra liefern J. Baldick, *Mystical Islam* (London 1989) und A. Schimmel, *Mystische Dimensionen des Islam* (1992). M. Momens *Schi'i Islam* (1985), eine der zahlreichen neueren Untersuchungen, gibt eine gute Einführung in den Schiismus. Zu den Mandäern: E. S. Drower, *The Mandaeans of Iraq and Iran* (1962); K. Rudolph, *Mandeism* (1978) und *Die Gnosis* (1990), das zudem eine gute Einführung in den Manichäismus enthält. Ein glänzender Führer für die gesamte Periode ist Peter Browns the *World of Late Antiquity* (1971).

Indien (hrsg. von A. T. Embree, 1988), ist ein hervorragendes Taschenbuch über Indien, *A History of India* (Penguin 1966) von R. Thapar gibt eine gute allgemeine Einführung. Der beste Führer zur Vorgeschichte Indiens ist das Buch von B. und R. Allchin, *The Rise of Civilisation in India and Pakistan* (1982); ein klassisches Werk ist *Mohenjo-Daro and the Indus Civilisation* von Sir John Marshall (1931).

Zum Hinduismus gibt es eine ganze Reihe einführender Werke im Taschenbuchformat, z. B. von J. Brocklebank, R. Zaehner, M. Biardeau und K. Sen; die vielleicht beste Einführung in den hinduistischen Polytheismus ist das Buch *The Gods of India* von A. Danielou (hrsg. 1985). Ein ausgezeichneter Führer für jeden, der sich eingehender mit der indischen Religion befassen möchte, ist das von T. F. Madan herausgegebene Buch *Religion in India* (1991). Über die Pilgerfahrten und heiligen Stätten gibt es mehrere sehr gute Werke: Herausragend ist D. Ecks Benares, *City of Light* (1983), ein Buch, das eine Fülle von Erkenntnissen und Einsichten enthält. Zur Sprache und zur Arya-Frage s. J. P. Mallory, *In Search of the Indo-Europeans* (1991).

Ein glänzendes Werk über China ist *Sources of Chinese Tradition* (hrsg. von de Bary, 1960); eine lesenswerte Einführung liefert *Imperial China* von Raymond Dawson (1964); und *The Burning Forest* von Simon Leys (1988) ist ein unverzichtbares Überblickswerk für das jüngste Schicksal von Chinas »großer Tradition«. *The Legacy of China* (Oxford 1972), hrsg. von R. Dawson, enthält eine informative Sammlung von Essays über Geschichte, Kunst, Wissenschaft und Literatur, die den Leser zu weiterführender Lektüre anregen, darunter *Historians of China and Japan* (hrsg. 1961 von W. G. Beasley und ElG. Pulleyblank); D. Nivison, *The Life and Thought of Chang Hsueh Cheng* (1966); M. Sullivan, *A Short History of Chinese Art* (1967); W. Watson, *China. Kunst und Kultur* (hrsg. 1986); *Wissenschaft und Zivilisation in China*, hrsg. von J. Needham (1984). Unverzichtbare neuere Überblickswerke über die chinesische Vorgeschichte sind die Bücher *Anyang* von Li Chi (1977); *Archeology of Ancient China* (1985) und *Shang Civilisation* (1980) von K. C. Chang. Paul Unschulds Werk *Medizin in China* (1980) enhält einen glänzenden Überblick von der Shang-Zeit bis ins 12. Jahrhundert. Ein wichtiger Aspekt für die Anziehungskraft Kaifengs in der Sung-Zeit waren seine Gasthäuser: das älteste Restaurant der Welt soll Ma Yuxings' Bucket Chicken House in Kaifeng gewesen sein! Angaben zu Büchern über Konfuzius und die frühen Philosophen, die alle in Taschenbuchformat erhältlich sind, kann ich mir sparen; ebenso über die Dichter der Tang-Zeit; dennoch sei der Hinweis auf *Late Tang Poets*, hrsg. von A. C. Graham (Penguin 1965) – ein wahres Schatzkästlein – gestattet. Die meisten berühmten Sung-Schriftsteller sind nicht ins Englische oder Deutsche übersetzt, wenngleich das Buch *Literary Works of Ou-Yang Hsiuh* (1007–72) von R. Egan (1984) hier eine große Lücke schließt. Zu den Beziehungen zwischen Europa und China s. Nigel Cameron, *Barbarians and Mandarins* (hrsg. 1989), und Jerome Chen, *China and the West* (1979). Eine empfehlenswerte Übersicht über die spätere chinesische Geschichte enthält das Werk von J. Spence, *Chinas Weg in die Moderne* (1995). Zur Entstehung der Städte in China s. *The Pivot of the Four Quarters* von Paul Wheatley (1971), ein Werk, das im übrigen für das ganze vorliegende Buch wichtig ist. Unter den Atlanten ist herausragend: *Weltatlas der alten Kulturen. China*, hrsg. von C. Blunden und M. Elvin. Eine fesselnde Übersicht über die große Tradition Chinas schließlich bietet das Buch *East Asian Civilisations* von T. de Bary (1988), dessen glänzendes Schlußkapitel unter anderem meine Vorstellung über Zheng Hes Reisen geprägt hat.

Zu Ägypten gibt es viele ausgezeichnete Einführungen, z. B. T. G. H. James, *Ancient Egypt* (1988), und J. Baines und Ja. Malek, *The Atlas of Ancient Egypt*. Die folgende Bibliographie konzentriert sich auf die frühen und die späten Perioden: M. Hoffman, *Egypt before the Pharaos* (1980), und Walter Emery, *Archaic Egypt* (1961) sind unverzichtbar, ebenso wie das Übersichtswerk von Barry Kemp, *Ancient Egypt: Anatomy of a Civilisation* (1989). Zum hellenistischen Zeitalter: *Egypt after the Pharaos* von Alan Bowman (1986) und *Hellenism in Late Antiquity* von G. Bowerstock (1990). *The Egyptian Hermes* von Garth Fowden (1986) ist eine faszinierende Studie über das späte ägyptische Heidentum. N. Lewis hat zwei wunderbare Studien geschrieben: *Greeks in Ptolemaic Egypt* (1986) und *Life in Egypt under Roman Rule* (1983). Zur Kunst der Spätzeit s. den Ausstellungskatalog: *Cleopatras Egypt*, Brooklyn Museum 1988. Zum Weiterleben der alten Bräuche: E. W. Lane, *The Modern Epyptians* (1836), und *The Ancient Egyptians* von R. David (1982). Die besten Reiseführer für Ägypten sind immer noch die alten Baedekers.

Auch zu Mittelamerika gibt es viele populäre Bücher. Sehr empfehlenswert sind N. Hammond, *Ancient Maya Civilisation* (1982), und *Religion and Empire* von G. W. Conrad und A. A. Demarest (1984), ebenso der *Weltatlas der alten Kulturen. Amerika* von M. Coe, D. Snow und E. Benson. Eine Reihe jüngerer Arbeiten versucht, Vergangenheit und Gegenwart zusammenzusehen: *The View from the Top of the Temple* von K. Pearce (1984), *Time and the Highland Maya* von Barbara Tedlock (1982), und *The Daykeeper* von B. N. und L. M. Colby (1981). Zur spanischen Eroberung: *Ambivalent Conquests* von I. Clendinnen (1987), und *Maya Society Under Colonial Rule* von N. M. Farriss (1984). Zur heutigen Situation s. u. a. *Garrison Guatemala* von G. Black (1984). Von Ronald Wright stammt das Buch *Time Among the Maya* (1989), ein faszinierender Reisebericht aus Belize, Guatemala und Mexiko; er sei allen, die sich auf die Suche nach der alten Welt der Maya machen wollen, wärmstens ans Herz gelegt. Ein *Muß* schließlich ist die Übersetzung des *Popol Vuh* von Dennis Tedlock, gemeinsam mit Andres Xiloj (1985)!

Eine Bibliographie für den Westen aufzustellen, schien mir überflüssig. Das letzte Wort lasse ich Chang Hsueh Cheng, der im Jahr 1797 schrieb: »In hundert Jahren werden auch wir vergangenen Zeiten angehören. Deshalb wollen wir uns an die Stelle unserer Ahnen versetzen. Wie wird es uns wohl ergehen?«

DANK

DIESES BUCH IST das Ergebnis jahrelanger Reisen. Ich danke allen, die mir diese Reisen ermöglichten und mich auf ihnen mit ihren Kenntnissen und ihrer Erfahrung unterstützt haben. Ich möchte mit dem Irak anfangen: Alwan Shihab danke ich dafür, daß er mir mehrere Wochen lang mit seinem Wissen zur Seite stand und uns durch seinen unverwüstlichen Humor bei Laune hielt; Muklus, Mersin und Falah, unseren Fahrern, danke ich für ihre Fürsorge und Freundschaft; und Muhar Abu Gumar für die unvergeßlichen Tage in Warka. Auch Dr. Joseph Habbi in Mosul und der Familie al-Mulla in Irbil gebührt mein Dank, wie den religiösen Autoritäten in Kerbela und der Familie Gailani in Bagdad, die uns großzügigerweise Zutritt zu ihrem Schrein und ihrer Bibliothek gewährte. Der mandäischen Gemeinde in Bagdad danke ich für ihre nie erlahmende Gastfreundschaft, eine Wohltat, die uns auch die Jesiden bei Sheikh Adi erwiesen. Niemals werde ich das wundervolle Mahl unter freiem Himmel vergessen, das ich an diesem idyllischen Ort genoß! Ich danke den amerikanischen und englischen Schulen in Bagdad für ihre Hilfe, vor allem Tony Wilkinson, Erica Hunter, Jeremy Black und Georgina Hermann; außerdem Prof. R. Boehmer in Warka und meinen irakischen Freunden im Ausland.

In Indien bin ich den Direktoren der Museen in Madras und Tanjore für ihre Hilfe zu Dank verpflichtet; außerdem M. Nagaratinam und ihrer Familie für ihre unerschütterliche Freundschaft und Gastfreundschaft auf den vielen Reisen zu den heiligen tamilischen Stätten. Ich danke R. N. Dikshithar und den anderen Priestern des Nataraja-Tempels in Tschidambaram; den Hütern des Minakschi-Tempels in Madurai; den Komitees der Tempel von Jambukesvara und Ramanathasvami, die mir, einem Nicht-Hindu, den Zutritt zu ihrem Heiligtum gestatteten; S. Natarajan, dem »Gemeindegeistlichen« in Konerirajapuram; und den Priestern im Thyagaraja-Tempel in Tiruvarur. Wie immer danke ich S. Kannan und Sushila Ravindranath in Madras. Auch den Mitarbeitern der Asiatischen Gesellschaft sei gedankt. Ein verspäteter Dank gebührt Jyoti Maya Datta und seiner Familie. Ich danke Col. V.P. Singh (i.R.) in Benares, der mir ein ausgezeichneter Stadtführer war; außerdem Ganesh Pandy und seiner Familie, die seit vierhundert Jahren Mahouts in Benares sind. Rustom und Shernaz Gandhi und ihren Mitarbeitern in Allahabad danke ich für ihre Gastfreundschaft bei meinen Besuchen im Hotel Finaro – mit Sicherheit das gemütlichste Hotel in ganz Indien! Dank auch dem Archaeological Service und dem Ministerium für Tourismus in Pakistan für sein Entgegenkommen bei meinem ersten Besuch in Mohendscho-Daro.

China: In Ch'üfu profitierte ich von Mr. Kuos profunder Kenntnis der Heimatstadt von Konfuzius und ihrer Geschichte; ich danke Lao Kung und Ms. Suen in Hsi'an; unserem Fahrer Mr. Yu, der in jenem heißen Juni, als wir mit Lao Kung den Gelben Fluß hinunterfuhren, eine unerschöpfliche Quelle der Kraft und der guten Laune war; dem Imam der Großen Moschee in Hsi'an sei Dank für seine Gastfreundschaft und die Gespräche, die er mit mir führte; ebenso dem Abt des Klosters Xingjiose; Sam Lieu und Peter Bryder, die mir einen Besuch des Cao'an-Tempels bei Quenzhou, dem letzten manichäischen Tempel der Welt, ans Herz legten; Yang Hsi-chang in Anyang und dem Manager und den Mitarbeitern des T'aishan-Hotels, Tai'an. Vor allem aber danke ich He Yuxie, der mir meinen Besuch in China im Jahr 1990 so unvergeßlich gemacht hat.

In Ägpyten gilt mein Dank Hamdi Mohammed Mosa und seiner Familie in Luxor sowie Haggag el Sanousy und Mohammed Khalid abu Zed und ihren Familien für ihre unvergleichliche Gastfreundschaft; den Mitarbeitern des Pharao-Hotels in Luxor; auch den Küstern der Abu'l-Haggag-Moschee in Luxor, dem Abt und den Mönchen des St.-Paulus-Klosters und den religiösen Autoritäten der Al Aksa-Moschee in Kairo.

In Mittelamerika hat mir Jim Conroy auf unseren Reisen durch Guatemala viel beigebracht; Andres Xiloj in Barrio St. Isabel in Momostenango weihte mich Gringo in alte Rituale und Überlieferungen der Hochland-Maya ein; Professor Dennis Tedlock hat unsere Begegnung ermöglicht. Sehr großzügig und hilfreich waren auch die archäologischen Gesellschaften in Guatemala und Honduras. Ich danke Vinny, einem Hort der Kraft und Ruhe auf den Straßen Guatemalas. In Mexiko danke ich Professor Roberto Galliegos, der mir in Teotihuacan seine Zeit und sein Wissen zur Verfügung stellte und mir Zutritt zur heiligen Höhle verschaffte. In Europa habe ich Dr. Gianni Ponti in Rom und Hara Palamidi und Myron Papadakis in Athen zu danken.

Richard Greasey und Roger James bei Central TV kümmerten sich mit ungeheurer Geduld und Freundlichkeit um mein Projekt. Auf der anderen Seite des Atlantik wurde Leo Eaton von Maryland Public TV nicht müde, die Fragen zu stellen, die unbedingt gestellt werden mußten: auch dir, Leo (und Gerry), sei hier gedankt. Jennifer Lawson bei Public TV in Washington danke ich für ihr unerschütterliches Vertrauen in mein Vorhaben. Das Kamera-Team von *Legacy* bestand aus drei Leuten: Peter Harvey, Lynette Frewin und Mike Claydon. Wir reisten zusammen von Jarrow nach Bagdad und weiter nach Südchina. Sanjiv Talreja und Fredy George waren mit mir in Indien und machten ihre Arbeit ganz ausgezeichnet, ebenso Ray Kawata, Bill Bealmear und Carole Everson aus MPT, die mich in Mittelamerika begleiteten. Hal Lindes und Ed Wynne haben die Musik komponiert. Die Filme wurden von Mark und Paul Brown und von Stephen Griffiths und Annie Moore betreut. Danken möchte ich auch der Lektorin dieses Buches, Julia Wigg, für ihre unschätzbare Hilfe bei der Erstellung des Manuskripts, und den beiden Menschen, die gemeinsam mit mir einen Großteil der vergangenen vier Jahre an der Vorbereitung der Fernsehreihe *Legacy* arbeiteten: Peter Spry-Leverton hat die einzelnen Beiträge produziert und führte Regie. Chris Ledger, der Co-Produzent, war seinerseits eine unerschöpfliche Quelle der Unterstützung, der Begeisterung und guten Laune. Zwei bessere Begleiter bei einem solchen Abenteuer kann man sich nicht wünschen.

BILDQUELLEN

Aerofilms, S. 14; *Ägyptisches Museum, Staatliche Museen Preußischer Kulturbesitz, Berlin* (Foto Margarte Büsing), S. 146; *Ashmolean Museum*, S. 22, 29 und 135; *Dirk Bakker*, S. 59 und 81; *Bildarchiv der Österreichischen Nationalbibliothek* (Lichtbildwerkstätte Alpenland), S. 187; *Bodleian Library, Oxford*, S. 178; *Lee Boltin*, S. 175; *British Museum*, S. 20, 22, 24, 29, 31, 95, 97, 108, 115, 141, 151 und 171; *China Tourist Service*, S. 108; *Church Missionary Society*, S. 207; *E. T. Archive*, S. 125 und 208/9; *Mary Evans Picture Library*, S. 125; *Werner Forman Archive*, S. 114, 177 und 195; *Freer Art Gallery, Smithsonian Institution, Washington*, S. 2 und 104/5; *Jennifer Fry*, S. 74 und 75; *Robert Harding Picture Library*, S. 11 (British Library MS Add. 14758–2, f.139), S. 39, 42, 55, 63, 66 (J. H.C. Wilson), 74 (Chester Beatty Library, Dublin), 75, 83 (Sassoon), 120 (Wulf-Diether, Graf zu Castell), 169 und 200 (Freer Gallery of Art); *John Hillelson Agency* (Georg Gerster), S. 23, 30, 46 und 185; *Hirmer Foto Archiv*, S. 33, 135 und 195; *Michael Holford*, S. 145 und 148; *Illustrated London News*, S. 208; *Imperial War Museum*, S. 210; *Magnum*, S. 49 (Sebastiao Salgado) und 212 (Steve McCurry); *Mansell Collection*, S. 127; *Maryland Public Television* (Chris Ledger), S. 42; *National Museum of India/University of Helsinki* (Corpus of Indus Seals and Inscriptions Project, Foto Erja Lahdenperä), S. 56; *National Portrait Gallery, London*, S. 203; *Oriental and India Office Collection, British Library*, S. 78, 87, 88, 89, 126, 206 und 211; *Royal Geographical Society*, S. 23 und 159; *Sächsische Landesbibliothek* (Deutsche Fotothek, Dresden), S. 174; *Secretary of State for Commonwealth Affairs*, S. 88; *Frank Spooner/Gamma* (Francois Gilson), S. 91; *Staatliche Museen zu Berlin*, S. 191; *Thames and Hudson*, S. 135; *Victoria and Albert Museum*, S. 81 und 86; alle übrigen Fotografien (außer S. 178 und 179) sind von Michael Wood.

REGISTER

Die kursiv gedruckten Seitenzahlen beziehen sich auf die Abbildungen

ISBN 3-926901-88-8

Fesselnd schildert Robert Marshall die dramatische Geschichte der Mongolen und korrigiert in diesem reich bebilderten Band das abendländische Klischee vom »barbarischen Nomaden«.

»Von Dschingis-Kahn bis Kubilai-Khan wird das Panorama eines Weltreiches ausgebreitet, das von einer außergewöhnlichen Persönlichkeit begründet wurde und vom Pazifik bis Wien reichte.«
Der Standard, Wien

Die Epoche der Kreuzzüge stellt
der Monty Python-Autor
Terry Jones mit Klarheit und Witz dar
als Geschichte der Schlachten und
des Verrats, voller Tragik und Intrige.
Das reich bebilderte Buch zeigt
die Wurzeln den heutigen Konflikts
zwischen der isalmischen Welt
und dem Abendland.

ISBN 3-926901-79-9

Eine unterhaltende Odyssee durch
die Legenden und Geschichten
von Liebe und Leid, die die Literatur
der europäischen Länder zu diesem
faszinierenden Sagenkreis hervorgebracht hat. Gefangen vom größten
Mythos des Abendlandes erfreut sich
der Leser gleichermaßen an den schönen
Bildern, welche Künstler dieses Kulturkreises zum Thema geschaffen haben.

ISBN 3-89660-001-X